中华文化大博览丛书

青史留芳的

古都古城

胡元斌 编著

中国出版集团　现代出版社

图书在版编目（ＣＩＰ）数据

青史留芳的古都古城 / 胡元斌编著. -- 北京 ：现
代出版社，2017.8
ISBN 978-7-5143-6457-6

Ⅰ．①青… Ⅱ．①胡… Ⅲ．①古城－介绍－中国
Ⅳ．①K928.5

中国版本图书馆CIP数据核字(2017)第211537号

青史留芳的古都古城

作　　者：胡元斌
责任编辑：李　鹏
出版发行：现代出版社
通讯地址：北京市定安门外安华里504号
邮政编码：100011
电　　话：010-64267325 64245264（传真）
网　　址：www.1980xd.com
电子邮箱：xiandai@vip.sina.com
印　　刷：天津兴湘印务有限公司
字　　数：380千字
开　　本：710mm×1000mm　1/16
印　　张：30
版　　次：2018年5月第1版　2018年5月第1次印刷
书　　号：ISBN 978-7-5143-6457-6
定　　价：128.00元

　　习近平总书记在党的十九大报告中指出："深入挖掘中华优秀传统文化蕴含的思想观念、人文精神、道德规范，结合时代要求继承创新，让中华文化展现出永久魅力和时代风采。"同时习总书记指出："中国特色社会主义文化，源自于中华民族五千多年文明历史所孕育的中华优秀传统文化，熔铸于党领导人民在革命、建设、改革中创造的革命文化和社会主义先进文化，植根于中国特色社会主义伟大实践。"

　　我国经过改革开放的历程，推进了民族振兴、国家富强、人民幸福的"中国梦"，推进了伟大复兴的历史进程。文化是立国之根，实现"中国梦"也是我国文化实现伟大复兴的过程，并最终体现在文化的发展繁荣。博大精深的中国优秀传统文化是我们在世界文化激荡中站稳脚跟的根基。中华文化源远流长，积淀着中华民族最深层的精神追求，代表着中华民族独特的精神标识，为中华民族生生不息、发展壮大提供了丰厚滋养。我们要认识中华文化的独特创造、价值理念、鲜明特色，增强文化自信和价值自信。

　　如今，我们正处在改革开放攻坚和经济发展的转型时期，面对世界各国形形色色的文化现象，面对各种眼花缭乱的现代传媒，我们要坚持文化自信，古为今用、洋为中用、推陈出新，有鉴别地加以对待，有扬弃地予以继承，传承和升华中华优秀传统文化，发展中国特色社会主义文化，增强国家文化软实力。

　　浩浩历史长河，熊熊文明薪火，中华文化源远流长，滚滚黄河、滔滔长江，是最直接的源头，这两大文化浪涛经过千百年冲刷洗礼和不断交流、融合以及沉淀，最终形成了求同存异、兼收并蓄的辉煌灿烂的中华文明，也是世界上唯一绵延不绝的古老文化，并始终充满生机与活力。

　　中华文化曾是东方文化摇篮，也是推动世界文明不断前行的动力之一。早在五百年前，中华文化的四大发明催生了欧洲文艺复兴运动和地理大发现。中国四大发明先后传到西方，对于促进西方工业社会发展和形成，起到了重要作用。

中华文化的力量，已经深深熔铸到我们的生命力、创造力和凝聚力中，是我们民族的基因。中华民族的精神，业已深深植根于绵延数千年的优秀文化传统之中，是我们的精神家园。

总之，中国文化博大精深，是中华各族人民五千年来创造、传承下来的物质文明和精神文明的总和，其内容包罗万象，浩若星汉，具有很强的文化纵深，蕴含着丰富的宝藏。我们要实现中华文化的伟大复兴，首先要站在传统文化前沿，薪火相传，一脉相承，弘扬和发展五千年来优秀的、光明的、先进的、科学的、文明的和自豪的文化现象，融合古今中外一切文化精华，构建具有中国特色的现代民族文化，向世界和未来展示中华民族的文化力量、文化价值、文化形态与文化风采。

为此，在有关专家指导下，我们收集整理了大量古今资料和最新研究成果，特别编撰了本套大型书系。主要包括巧夺天工的古建杰作、承载历史的文化遗迹、人杰地灵的物华天宝、千年奇观的名胜古迹、天地精华的自然美景、淳朴浓郁的民风习俗、独具特色的语言文字、异彩纷呈的文学艺术、欢乐祥和的歌舞娱乐、生动感人的戏剧表演、辉煌灿烂的科技教育、修身养性的传统保健、至善至美的伦理道德、意蕴深邃的古老哲学、文明悠久的历史形态、群星闪耀的杰出人物等，充分显示了中华民族厚重的文化底蕴和强大的民族凝聚力，具有极强的系统性、广博性和规模性。

本套书系的特点是全景展现，纵横捭阖，内容采取讲故事的方式进行叙述，语言通俗，明白晓畅，图文并茂，形象直观，古风古韵，格调高雅，具有很强的可读性、欣赏性、知识性和延伸性，能够让广大读者全面触摸和感受中国文化的丰富内涵，增强中华儿女民族自尊心和文化自豪感，并能很好地继承和弘扬中国文化，创造具有中国特色的先进民族文化。

古都遗韵

古都的厚重历史遗韵

古都商丘

　　古都商丘位于我国河南省最东部，是华夏文明的发祥地，也是我国夏朝和商朝最早建都的城市，有5000年的文明史，4600余年的建城史，是我国历史文化名城之一。

　　商丘是我国钻木取火和中华商人、商品和商业的发源地，也是"三皇五帝"时期夏朝、商朝、周朝宋国、西汉梁国和南宋等朝的建都之地。

　　此外，古都商丘还孕育了主导我国2000多年的封建历史，及以儒家为主体、道家和墨家与之争鸣的中华民族本源的思想体系。

三皇五帝开创中华远古文明

商丘位于亚欧大陆东岸，我国东部，简称商或宋，拥有1500多年的建都史、4600多年的建城史，是我国六朝古都之一，也是我国历史文化名城。因商人、商品、商业发源于商丘，商朝建都于商丘，商丘被誉为"三商之源、华商之都"。

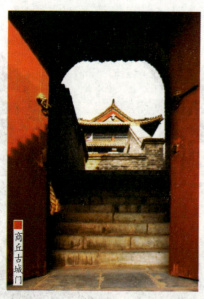

商丘古城门

商丘的历史非常悠久。早在上古时期，商丘就已经是上古帝王之都。"三皇五帝"之中的颛顼与帝喾先后建都于商丘。后来帝喾之子契，也就是阏伯受封于商，即后来的商丘。此外，汉字的创造者仓颉也曾在商丘境内活动。他们和商丘人一起创造了我国古老的文明。

燧人氏学会了钻木取火，他又将取火方法教给部族成员，人类由此迈向了文明。后来，为了表达对燧人氏的感激

■ 燧人氏钻木取火

与崇敬，人们推奉他为"三皇之首"。燧人氏死后就葬于商丘古城西南的燧皇陵。

燧皇陵位于商丘古城西南处，历经多次修复和扩建，占地面积约293平方千米。

墓冢呈方锥形，前面延伸有神道，两侧有龙凤麒麟等石像生，周围有松柏环绕，郁郁葱葱。陵前高台可容纳1500人同时祭拜。陵园内绿草成茵，繁花似锦。

燧人氏墓冢高大，经历代重修，燧皇陵已形成一个占地面积4万多平方米的陵园，长达5千米的围墙和墙瓦古色古香，陵门3楹，十分壮观。进入燧皇陵，首先看到的是一条神道，神道两边，有排列整齐的石雕，庄严肃穆，燧人氏墓冢和雕像矗立于陵区的中心，四周翠柏环抱，绿草如茵。

炎皇又称炎帝，朱襄氏是炎帝的别号，就是我国

三皇五帝 三皇起源于民间传说，最为流行的说法是羲皇、燧皇和炎皇。五帝在中华文化中，一般指我国上古传说中的5位圣明君主。最为流行的说法是黄帝、颛顼、帝喾、尧和舜，其次是朝廷官方祭祀礼仪的专用词汇，是最高祭祀等级的仪式之一。

炎帝 华夏始祖之一，他与黄帝并称为中华始祖，我国远古时期部落首领。炎帝又称赤帝，距今6000年至5500年生于宝鸡姜水之岸。炎帝制耒耜，种五谷，治麻为布，作五弦琴，削木为弓，制作陶器，成为中华民族的人文初祖。他与黄帝结盟并逐渐形成了华夏族，因此形成了炎黄子孙。

传说中的神农氏，是我国传说中农业和医药的发明者，为"三皇"之一，死后被人们运回了祖居地和建都地商丘柘城东处。炎皇曾以陈州为都，陈州的柘城，就是后来的商丘柘城，当时属于陈州辖区，所以说炎帝神农氏就曾定都于商丘。

炎皇神农氏德高望重，他在这里安葬并建祠供世代祭祀。炎帝陵就是朱襄陵，位于河南柘城县东5千米处，是商丘市重点文物保护单位。这座古老的寺院，石碑、古树具有600多年的历史，后世又对先祖殿和先祖墓不断重建和整修。

仓颉是黄帝的史官，相传汉字就是他创造的。他的坟墓位于商丘虞城。颛顼是黄帝的后裔，黄帝死后，因颛顼有圣德，就立他为帝。颛顼定都于帝丘，就是后来的河南濮阳西南，死后葬于商丘聊城。

颛顼的侄子帝喾曾在商丘建都。他前承炎黄，后

■燧皇陵

■ 帝喾 姓姬，名俊，号高辛氏，河南商丘人，是"三皇五帝"中的第三位帝王，即黄帝的曾孙，前承炎黄，后启尧舜，奠定华夏根基，是华夏民族的共同人文始祖，商族的第一位先公，深受百姓爱戴。

启尧舜，奠定了华夏的根基，是我们华夏民族的共同人文始祖，也是商族的第一位先公。帝喾从小德行高尚，聪明能干。他15岁时就被颛顼选为助手，因有功被封于辛，就是商丘的高辛。

帝喾成为天下共主后，统领8个部落，把亳作为都城，亳都就是河南商丘。帝喾在位期间，游察四方，向百姓普施恩德，并以仁德、信义和勤劳施教于民，各部落以和睦友好为上，各部落互相亲善，友好往来。

据有关考证，仅帝喾一系，就派生出1000多个姓氏，遍布海内外。在《百家姓》中，有240多个源于商丘。也就是说，商丘是中华姓氏的重要发源地。

帝喾死后葬于他的故地辛，就是商丘睢阳，墓地为高丘。在帝喾陵前，建有帝喾祠和禅门等建筑。

帝喾陵后世经过多次修复，殿宇雄伟壮观，松柏苍郁，碑碣林立。梁上绘有彩龙，栩栩如生。在庙堂内中央有一口古井，相传大旱之年求雨多有灵验，所以被人们誉为"灵井"。陵前存有帝喾祠、沐浴室、更衣亭和禅门等古建筑，院中有大量碑刻。

相传帝喾的次妃简狄，因吃玄鸟卵而生阏伯，阏伯也就是商的始祖。因"玄鸟生商"的传说，商丘古

《百家姓》 一本关于中文姓氏的书，成书于北宋初年。原收集姓氏411个，后增补到504个，其中单姓444个，复姓60个。《百家姓》《三字经》与《千字文》并称"三百千"，是我国古代幼儿的启蒙读物。"赵钱孙李"成为《百家姓》前四姓，是因为百家姓形成于宋朝的吴越钱塘地区。

太白金星 金星，我国古代称它为太白或太白金星。它是每天傍晚天快黑时，西南方出现最早的一颗很亮的星，比太阳落得还晚，所以叫"长庚星"，又因它出来的比太阳早，所以又叫"启明星"，后也指神话传说中的天神。

时也被称为"燕城"。

后来，帝喾封忠诚而勤勉的阏伯在商丘任"火正"，专门负责管理火种与祭祀星辰。从此，阏伯就成了商的"火正"，封号为"商"。同时，帝喾封实沈率族人去了大夏，令他在大夏筑高台观测天象，主要观测参星，即太白金星。

阏伯被封到"商"后，终日为火事操劳，让火经久不息。大家感激阏伯，尊他为"火神"。阏伯在商管火的同时，还筑台观察星辰，以此为依据测定一年的自然变化和年成好坏，为我国古老的天文学做出了贡献。

阏伯死后，人们怀念他的功德，就以最高的葬礼把阏伯安葬在他生前存放火种和观察星辰的高地上，并将那里尊称为"阏伯台"，或"火星台""火神台"。

■ 阏伯台

火神台位于商丘古城西南，为圆形夯土筑成，台

高35米，台基周长270米，是我国最早的授时台，也是我国唯一的民用授时台。

后来，阏伯死后还被尊为"商星"，而他的弟弟实沈死后被尊为"参星"。传说在"商星"和"参星"这两个星宿中，只有一个落下的时候，另一个才会升起。

此后，由于阏伯生前的封号为"商"，按照当时的风俗，悼念他的人每人都要往他坟上添一包黄土。因而，他的墓冢被堆得越来越大，这座墓冢从此便被人们尊称为"商丘"。时间长了，"商丘"便成了这里的地名了。

阅读链接

商丘是中华姓氏的重要发源地，据有关考证，仅帝喾一系，就派生出姓氏1200多个，其中单姓700多个，复姓400多个，遍布海内外。

除帝喾后裔外，有据可查姓氏在商丘的，还有葛、虞、陶、陈、田、桑、邹、犬、火、睢等。汉民族人口最多的100个大姓氏中，帝喾之后占59个。在《百家姓》438个姓氏中，有242个源于商丘。

我国台湾省的"陈、林、黄、张、李、王、吴、刘、蔡、杨"十大姓氏中，有7个姓氏的"根"就在商丘。后来姓氏中，朱、傅、宋、葛、汤、虞、华、龙等千余个姓氏的"根"在商丘。

商汤把亳都作为开国之都

相传，我国最早有文献记载的一位夏族首领鲧是颛顼的后裔。鲧死后，他的儿子禹因治水有功被舜推举为继承人。后来，禹的儿子启被民众拥戴为夏族联盟首领。

启在晚年逐渐疏于朝政。后来，东夷族有穷氏首领后羿趁机掌握了夏政权。

后羿独承王位以后不久，

■ **后羿** 本称"司羿"，当时一位射师被任命为羽林军教头。此后这一显赫职务就在该家族内部世代传承。到了夏初，因太康不理朝政，作为羽林军教头的司羿发动宫廷政变，摄取夏政，史称后羿。后羿后来被家臣寒浞所杀。

即被寒浞杀死，但他怀有身孕的王后成功逃生，并生下了少康。

少康长大后，忠诚有德，果敢精明，受到虞国首领虞思赏识。少康势力日益强大，后来攻克旧都，诛杀寒浞。夏由此复国，建都纶邑，就是后来的商丘夏邑。

少康病死后，他的儿子杼继位。杼的统治，使夏朝进入了最鼎盛时期。

少康的子孙夏桀继位以后，不思改革，骄奢自恣，夏朝进一步衰落。但在这一时期，活动在黄河下游的商部落逐渐强盛起来。阏伯的第六世孙，商部族首领、华夏的经商始祖王亥与他的部族在商丘一带的

伊尹画像

商汤画像

少康 姒少康的伯祖夏王姒太康，在东夷有穷氏首领后羿叛乱下失国，姒少康的父亲夏后氏首领姒相被寒浞杀死，姒少康是姒相的遗腹子。姒少康长大后，志在复国。他与夏后氏遗臣伯靡等人合力，攻灭了寒浞，恢复了夏王朝的统治。姒少康大有作为，史称少康中兴。

王亥 河南商丘人，子姓，又名振，商部落族的第七任首领。王亥开创了华夏商业贸易的先河，人们把从事贸易活动的商部落人称为"商人"，把用于交换的物品叫"商品"。

商汤塑像

活动日益频繁。

大约在公元前1600年，商汤在名相伊尹的谋划下，采取措施，削弱夏朝实力。后来，商汤俘获了夏桀，夏桀因放逐而被饿死。

不久，在方国部落的支持下，商汤正式称"王"于亳，就是后来的河南商丘，夏朝从此宣告灭亡。

据古文献记载，亳城在山东曹县南部，曹南山的南面，在它旁边就是蒙城。而大蒙城在曹县以北，蒙城与北亳相距约15千米。如果按照这一记载数字推算，亳城恰好位于后来的曹县土山集一带。

商汤建国后便扩建亳都，继续征伐，以拓展商朝的统治区。在商汤统治期间，社会安定，国力强盛。不仅商国内的众多诸侯当时前往商都亳邑进行朝会，就连西方的氐羌族人也来表示对商的臣服，承认商的王权。

商代是我国历史上的第二个奴隶制国家，也是我国第一个有直接的同时期的文字记载的王朝。

商汤以后至仲丁时期，仍然实行兄终弟及，也就是无弟就传子的继承制度。

仲壬在位时期商朝日益兴盛。其子太甲继位后，由四朝元老伊尹辅政。太甲在位期间，百姓安居乐业。太甲被后世尊称为守成之主"太宗"和商代的"盛君"。

诸侯 古代中央政权所分封的各国国君的统称。周代分公、侯、伯、子、男五等，汉朝分王、侯二等。周制，诸侯名义上需服从王室的政令，向王室纳贡、述职、服役，以及出兵勤王等。汉时诸侯国由皇帝派相或长吏治理，王、侯仅食赋税。

仲壬 中壬、燕壬、工壬、其壬、南壬，姓子名庸，是我国商朝的一位君王。在位时期商朝兴盛。仲壬继位后，由伊尹辅政，基本上遵守汤制定的法制，朝政相对比较稳定，国家日益强盛。

从太甲到太戊，是商王朝巩固和发展的时期。太甲去世后，其子沃丁继位，仍以伊尹为相。自商汤至沃丁，伊尹已是商代五朝右相了。

相传，伊尹不但是我国中草药煎服发明的第一人，他还精于烹饪，在烹饪方面有许多发明创造，他被后人尊为"烹饪鼻祖"。

伊尹死后，安葬在商丘虞城。伊尹墓位于商丘市虞城县谷熟镇南，周围古柏环绕，绿木参天。伊尹墓前建有伊尹祠。墓冢高3米、周长50米。有的古柏距今已有1400多年的历史，最大的直径3米多。这些古柏四季葱茏，遮天蔽日，蔚为壮观。

到雍己继位时，不思进取，政事荒废，商朝开始衰落，甚至发生过诸侯不来朝会的情况，但由于商王朝的基础较为厚实，所以其统治依然比较稳定。

雍己之后，他的弟弟太戊继任，起用了伊尹的儿子伊陟为相。在太戊的励精图治下，商王朝又得以复兴了。

太戊时期的农业生产已经达到较高的发展水平，生产工具以石、骨、蚌制成的斧、刀、镰为主。农业生产规模已

■ 名相伊尹塑像

太戊 姓子，名密。商的第九位国王。汤的五世孙，太甲孙。死后追谥为中宗。甲骨文中记载大太戊、天戊，是商王太庚的儿子，商王小甲、雍己的弟弟。商朝复兴后，太戊与祖乙、太甲并称为三示，即3个有贡献的国君。

相当大，畜牧业发达，并且掌握了猪的阉割技术，开始了人工养淡水鱼。

随着农业和手工业生产的发展，商业也有了一定程度的发展。各部落商品频繁交易活动衍生了"商文化"。商丘因是商部族的起源聚居地和商朝最早的建都地以及商人、商业和商文化的发源地，商丘被誉为"三商之源"和"华商之都"。

陶文、玉石文、金文和甲骨文几种文字在当时并行使用，但最主要使用的还是一种刻在甲骨上的甲骨文，兼有象形、指事、会意、形声、假借等多种造字方法，甲骨卜辞中，总共发现单字4000多个。

商代的历法已趋于完备，是我国设置闰月的开端。此外，乐舞《桑林》和《大护》已成为宫廷音乐

■ 郑州商代遗址

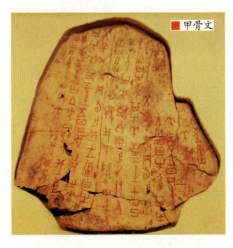
甲骨文

的主要形式，而《周易·归妹上六》和《易·屯六二》则是商代广泛传唱的民歌。

太戊时期，商朝得到了70多年的稳定发展。但到了太戊晚年，一些诸侯方伯趁机利用商朝王室的混乱，不断扩大势力。当时，东南诸夷兴起，对商王朝，时而臣服，时而反叛。

太戊死后，太戊之子仲丁继位。从仲丁开始，商王室混乱加剧。后来，由于亳都遭受严重水患，亳都奴隶主贵族势力的困扰，以及对诸侯与方国控制的需要，仲丁迁都于嚣，就是河南郑州。

从此，商代结束了在商丘长达200余年的都城历史。

《周易》周文王著，我国古哲学书籍，是建立在阴阳二元论基础上对事物运行规律加以论证和描述的书籍。书中对于天地万物进行性状归类，天干地支五行论，甚至精确到可以对事物的未来发展做出较为准确的预测。

阅读链接

太甲在四朝元老伊尹的辅政和督促下，前两年的政绩很好，但是从第三年起，他就开始不遵守商汤的法制了。他变得暴虐乱德，一味贪图享乐。伊尹百般规劝无效，便只好由自己摄政，将太甲送去商汤墓地附近的桐宫，今河南省偃师县西南居住，让他自己反省，史称"伊尹放太甲"。

太甲在桐宫3年，悔过自责，伊尹又将他迎回亳都，还政于他。重新当政的太甲勤俭爱民、诸侯亲附，百姓安居乐业，社会得以安定，太甲被称为守成之主"太宗"。后世政治家更推之为商朝的"盛君"。

微子祠及汉代梁园和梁孝王墓

　　约公元前1063年，微子就封于宋，成为周时宋国的始祖、国君。宋国都城城址的平面呈长方形，东墙长2.9千米，南墙长约3.5千米，西墙长3千米，北墙长约3.2千米，总面积10平方千米。由此可见，当时的

微子祠

■汉高祖（前256—前195年），刘邦，公元前202年，刘邦即位，定都长安，建立汉朝，史称西汉。汉朝开国皇帝，我国历史上杰出的政治家、战略家。他对汉族的发展，我国的统一强大，以及汉文化的发扬有突出的贡献。

宋国都城规模已经不小了。

　　微子死后葬于宋国故地，并建有微子祠，其祠庙在宋国都城外的皇林中，微子墓前有石碑与石器，碑前有拜殿3楹，内设牌位和祭器。

　　在秦代时，商丘分属砀郡与陈郡。公元前202年，汉高祖刘邦建立西汉政权后，商丘睢阳人灌婴担任了丞相。由于他推行与民生息政策，提倡减免赋税，鼓励农业生产，促成了西汉政治经济的繁荣。同年，汉高祖刘邦改砀郡为梁国，属豫州，治所在睢阳，就是后来的河南商丘。

　　公元前161年，梁孝王刘武奉命就封于睢阳。他"筑东苑，方三百余里，广睢阳城七十里，大治宫室……"生活奢侈豪华犹如帝王般：

　　　　以窦太后少子故，有宠，王四十余城，居天下膏腴之地，赏赐不可胜道，府库金钱且百巨万，珠玉宝器多于京师。

　　此外，梁孝王还在睢阳东南平台一带大兴土木，建造了规模宏大、富丽堂皇的梁园以作游赏宴宾之所。后来，他又在梁园内建造了许多亭台楼阁以及百

微子　子姓，名启，世称微子、微子启，"微"是国号，"子"是爵位。宋国开国远祖，第一代国君。微子是商王帝乙的长子，纣王的庶兄，《吕氏春秋》称微子、微仲与纣王三人同母。微子死后葬于宋国故地，河南商丘睢阳区建有微子祠。

■ 司马相如与卓文君石刻

枚乘 字叔，西汉著名的辞赋家。秦建治时古淮阴人。枚乘因在七国叛乱前后两次上谏吴王而显名。文学上的主要成就是辞赋，《汉书·艺文志》著录"枚乘赋九篇"。

灵山、落猿岩、栖龙岫、雁池、鹤洲和凫渚等景观，种植了松柏、梧桐和青竹等奇木佳树。

建成后的梁园周围150千米，宫观相连，奇果佳树，错杂其间，珍禽异兽，出没其中，使这里成了景色秀丽的人间天堂，是我国历史上著名的园林之一。

梁孝王刘武喜好招揽文人谋士，他常在园中设宴，文学家司马相如、辞赋家枚乘等经常应召而至，成为竹荫蔽日的梁园宾客。后谋士公孙诡和散文家邹阳等人也都于梁园做了梁客。他们一起吟诗弹唱，在梁圆形成了极具影响的梁园文学。

梁孝王死后，葬于睢阳山东，就是后来商丘永城的芒砀山上。整个陵墓群完全是由数以万计的民工用锤子斩山作椁，穿石为藏，结构复杂，气势恢宏，宛如一座地下宫殿，其工程之浩繁，技艺之精湛，令人叹为观止。

梁孝王墓位于永城东北的芒砀山南脉保安山东侧山腰。梁孝王的墓葬群斩山为椁，穿石而藏，墓门向东，墓长56米。

芒砀山西汉梁王陵墓群是目前我国所发现的年代最早、规模最大的汉墓群。梁孝王墓结构复杂，气势恢宏，宛如地下宫殿群。特别值得一提的是，这一陵墓群是在炸药还没有问世的西汉，完全由无数民工用锤子一下一下地敲凿出来。其工程之浩繁、技艺之高超令人叹为观止。

梁孝王墓中，梁孝王穿了一件用金丝和玉片编织而成的金缕玉衣。其墓室中的珍宝更是无数。据史书记载，掘墓者得到的珍宝就装了72船，民间小规模的偷盗更是不计其数。

墓内所出土的汉代壁画、金缕玉衣、镏金车马器、骑兵俑及大量精美的玉器等更堪称稀世之宝。

■梁孝王（约前184—前144年），刘武，西汉时期的贵族，与馆陶公主、汉景帝同为窦太后所出，汉文帝嫡次子。刘武在位期间曾带兵抵御七国之乱中吴王刘濞的进攻，功劳极大。前144年病逝，葬于永城芒砀山。他在位23年，谥号为孝，故号梁孝王。他死后梁国一分为五。

青史留芳的古都古城

雕刻 指用各种可塑材料或可雕、可刻的硬质材料，创造出具有一定空间的可视、可触的艺术形象，借以反映社会生活、表达艺术家的审美感受、审美情感、审美理想的艺术。石雕的历史可以追溯到距今一二十万年前的旧石器时代中期。从那时候起，石雕便一直沿传至今。

西汉梁王陵墓群现已发现大小汉墓18座，其中更以汉高祖刘邦的孙子梁孝王刘武及王后墓的规模最为宏大、最为著名。

梁孝王王后墓纵深210米，是迄今国内发现的最大的石室陵墓，墓内各种生活设施，如客厅、卧室、壁橱、粮仓、冰窖、马厩、兵器库、厕所等一应俱全。最让人称奇的是其中有实物为证的、在我国最早使用的、雕刻精美的石制坐便器。

在梁孝王墓和王后墓之间有一条地下通道，叫"黄泉道"，是梁孝王和王后死后灵魂幽会的通道，后人所谓"命归黄泉"或"黄泉路"之说即源于此。

在僖山汉墓出土的金缕玉衣做工精细、质地纯正，历经2000多年仍精美异常。柿园汉墓壁画以青龙、白虎、朱雀、玄武四神为主题，四周衬托缭绕的云气和绶带，画艺精绝，气势磅礴，被称为"敦煌前的敦煌"，其中所出土的容貌秀美、栩栩如生的断臂

■ 金缕玉衣

■ 梁孝王陵入口

仕女俑更被称为"中国的维纳斯"。

芒砀山西汉梁王陵墓群是国家级重点文物保护单位，是我国乃至世界罕见的大型石室陵墓群。

梁孝王墓"四神云气图"壁画发现于西汉早期梁国王陵区的柿园墓。在众多的壁画遗存中，墓室壁画很少，西汉早期的则更为稀少。因而，该壁画就成为我国时代最早，墓葬级别最高的墓葬壁画珍品。

然而，因岁月悠久，壁画的破坏逐渐显现，日趋严重。表面绘彩层起翘剥落，颜料褪色，局部有网格纹显现。地仗层有龟裂分层现象。画面有通透性开裂。

壁画固定件有松脱现象。壁画表面显现后背木龙骨变形前顶的痕迹，壁画整体弯曲变形严重，交接处

壁画 人类历史上最古老的绘画形式之一。作为建筑物的附属部分，它的装饰和美化功能使它成为环境艺术的一个重要方面。壁画分为粗底壁画、刷底壁画和装贴壁画等。

■ 芒砀山上的兵马
俑局部

产生裂缝。画面在局部产生翘曲开裂。

梁孝王墓在史书上多有记载。《史记·梁孝王世家》《述征记》《水经注·获水》以及清光绪年间的《永城县志·古迹》中都有所记载。据《太平寰宇记》记载：

回廊 指曲折环绕的走廊，有顶棚的散步处。廊指屋檐下的过道、房屋内的通道或独立有顶的通道。包括回廊和游廊，具有遮阳、防雨、小憩等功能。廊是建筑的组成部分，也是构成建筑外观特点和划分空间格局的重要手段。常配有几何纹样的栏杆、坐凳、美人靠等装饰性建筑构件。

梁孝王墓在县（北）五十里，高四丈，周回一里，砀山南岭山。

梁孝王墓被发现最早可追溯至东汉末年，该墓坐西面东，开凿于距山顶20米处。

从墓道口至西回廊西壁全长96米，南北最宽处即回廊北耳室北壁至回廊南耳室南壁32米，最高处为3米，总面积约612平方米，总容积约1367立方米。全墓由墓道、甬道、主室、回廊及10多间侧室、耳室、角室和排水系统组成。

墓道呈东西向，由斜坡墓道和平底墓道两部分组成。斜坡墓道全长32.2米，上口宽2.59米，底宽2.78米，平底墓道的西端深入山体部分是封闭式墓道，两侧石墙之上，底端为燕尾槽的石板扣合成两面坡式，两坡的顶端用上宽下窄的梯形石板扣压。

这种扣合方法减轻了顶部压力，极其坚固，至今保存完好。

墓道近墓门处南北各开凿一个耳室，南耳室东西最长处5.1米。北耳室东西长5.3米，南北最宽处4.46米，这两个应是车马室、过墓门，东高西底的雨道，是从墓道通向主室的通道，由门道、斜坡甬道和平底甬道3部分组成。

在斜坡甬道的西端南北两侧各开凿一个耳室。北耳室南北最长处12.88米，东西最宽处9.9米，高2米至

> **耳室** 正屋两面的小室。宋代以前墓穴的砖室，两旁砖壁中有小室，也称耳室。我国古代大规模的古墓里常设有耳室。普通人家的耳室一般位于正屋两侧，恰如两耳在人脸的两侧，因而得名。耳室一般作为仓库使用。

■ 梁孝王陵

2.18米，总容积约233立方米。南耳室东西长4.56米，南北宽处4.6米，内高2.1米，是藏兵器的地方。

甬道西端连接主室，主室是整座墓葬的核心，平面东西呈长方形，东西长9.65米，南北宽4.7米，高3米，室四壁垂直，表面光平。

主室底部为东西长5.45米，南北宽3.65米，深0.4米的凹坑，坑底平坦，四壁垂直，四角规整，凹坑的东壁是一条通向回廊的下水道。主室的南北两侧各开有3个耳室。

北侧的3个耳室整齐规整，皆为正方形，每边长2.3米，作为储藏室和庖厨室。南侧的东侧室为棺床室，东、南、西三面为石壁。北面是和主室相通的空间，室底高出主室底部0.4米，南部底端有一通向水井室的不规则洞孔。

南面西侧耳室和棺床室有门相通，连成套间，内呈近正方形，四壁垂直，底平坦，室底中央为一向下开凿的石坑，作为浴室。最西边的耳室和主室相通，呈南北长方形。

芒砀山梁孝王墓兵马俑群

■ 梁孝王墓中的相思道

主室外围建有回廊，围绕主室和主室外侧室一周，平面略呈正方形，东回廊中部与主室相通。回廊四角皆有耳室，平面呈方形，每边长4.7米，是放置陪葬品的地方。回廊东、西、南三面还有排水沟，将各室的积水排入南回廊的水井，利用水井内的自然岩缝，将水排出。

梁孝王墓工程浩大，气势恢宏，结构规整，布局合理，建筑艺术高超，这在火药尚未发明的西汉时期，用人工开凿如此浩大的工程，其难度可想而知，这充分体现了古代劳动人民的聪明才智。

公元前196年，皇子刘恢被封为梁王。公元前181年，刘恢被封为赵王，吕后的弟弟吕产被封为梁王。但吕产一直待在京城长安，并没有到梁国赴任。吕产被朝中大臣杀掉后，公元前178年，汉文帝的小儿子刘揖被封为梁王。

刘恢 汉高祖刘邦的儿子，公元前196年，高祖诛梁王彭越后，立刘恢为梁王，定都于大梁。在其受封为梁王的第二年，叱咤风云一生的刘邦去世。刘邦的次子刘盈继承皇位，就是汉惠帝。刘盈性格软弱，朝廷大权由他的母亲吕后掌握。公元前181年，刘恢殉情自杀。

梁孝王塑像

公元前169年，刘揖从马上摔下而死，谥为梁怀王。刘揖去世后，没有子孙继承王位。大臣贾谊认为梁国位置重要，他向汉文帝建议说应该选择可靠的人为梁王。文帝听取贾谊的建议，封淮阳王刘武为梁王，这就是梁孝王。梁孝王刘武过着奢侈豪华的帝王般生活。

一般的王陵都是劈山后用巨石修砌，但梁孝王墓却不同。梁孝王墓"斩山作椁，穿石为藏"，工程之浩大、结构之独特、布局之对称，在历史上都是罕见的。

而今在历史的长河中经过2000多年的沉淀洗礼后，梁王墓已难见昔日的辉煌，徒留空荡荡的墓室与伤痕累累的芒砀山展现在世人的眼前。唐代大诗人李白曾有诗说：

梁王官阙今安在？枚马先归不相待。
舞影歌声散绿池，空余汴水东流海。

青史留芳的古都古城

在宋国始祖微子后代里，最有名的人物之一就是孔子，他的祖上是宋国王族。孔子是我国古代伟大的思想家和教育家，儒家学派创始人。他编撰了我国第一部编年体史书《春秋》。

墨家学派创始人墨子也是宋微子后裔。此外，宋国时期的商丘名人还有：道家学派的创始人老子、战国时政治家惠施和儒家的代表人物孟子以及道家学派的代表人物庄子等。

北朝时期在虞城始建木兰祠

到了北朝时期，商丘先后为北魏、东魏、北齐的梁郡，属南兖州，辖襄邑和淮阳两县。相传，替父从军的巾帼英雄花木兰也是商丘人。后世为纪念她替父从军，在商丘虞城兴建了木兰祠。

木兰祠位于虞城县城南的营廓镇大周庄村，距虞城县城35千米。该祠始建于唐代，金、元、清各代曾有重修。

■花木兰（412—502年），本姓朱，北魏人，巾帼英雄。花木兰的事迹流传至今。她忠孝节义，以替父从军击败入侵民族而闻名天下，唐朝皇帝追封为"孝烈将军"。

青史留芳的古都古城

木兰祠曾占地万余平方米，有大门、大殿、献殿、后楼和配房等。大殿内有英姿飒爽的花木兰戎装立像和记载花木兰代父从军、征战疆场、凯旋的雕塑和组画。

大门过道两侧，各有一泥塑高大战马。木兰祠围墙内外，植有柏树和槐树。环境优美，庄严肃穆。

578年，突厥入侵幽州，周武帝宇文邕率五路大军亲征。因父年老，弟年幼，木兰便女扮男装，代父从军。木兰征战疆场12年，屡立战功。戍边归来，隋文帝欲封她为尚书，她坚辞不受。归家后，脱去戎装，又现女儿真面目。

木兰女扮男装的事情闻达皇上，皇上非常爱慕，欲选进宫中，木兰抗旨自杀，唐初追封为"孝烈将军"，后人为了祭祀她，就在其故里商丘虞城县营廓镇建造了木兰祠。

木兰祠祠内有祠碑两通：一通为1334年所立的

■ 木兰祠正门

《孝烈将军祠像辨正记》碑，碑文载有对木兰身份、受封孝烈将军的确认及《木兰辞》全文。另一通则是1806年所立的《孝烈将军祠辨误正名记》碑。

《孝烈将军像辨正记》碑，立于该祠大门内东侧。碑为青石，通高3.6米，宽1米，碑首前后皆为深浮雕的二龙云里戏珠，布局对称，造型大方。

篆字题名《孝烈将军像辨正记》，碑四边刻有图案，上边用夸张浪漫的手法，刻有二龙戏珠，龙头大而逼真，龙身简而细小，穿入流云，生动美妙。

■ 木兰祠碑亭

两边阴刻牡丹花纹，线条活泼流畅，古朴而不俗。碑文正书31行，满68字，其刻书精美，苍劲有力。龟座高0.7米，龟形伸头直尾，四肢半曲，似起似卧，栩栩如生。碑文下款：元朝元统二年，祖居归德汤德立石，侯有造撰文、曹州李克均、李英刻石。

后世又重修碑楼，顶为轿形，尖顶四脊，合瓦挑角，17层封檐，前后园门，古朴典雅，碑楼四周砌有围墙。

《孝烈将军辨误正名记》碑，立于该祠大门外西侧。通高2.14米，宽0.78米，方座，碑额刻有深浮雕

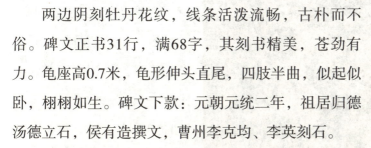

阴刻 一种独特的雕刻方式。阴刻是将笔画显示平面物体之下的立体线条。阴刻为凹形状，凹陷下去的字是阴字，凸出来的字是阳字。平时刻图章一般都刻凸出来的字，这就是阳刻。刻图章如果刻凹陷下去的字，这就是阴刻。

篆字 大篆和小篆的统称，也称篆书。大篆指甲骨文、金文、籀文、六国文字，它们保存着古代象形文字的明显特点。小篆也称秦篆，是秦国的通用文字，大篆的简化字体。

盘龙，篆字题名，碑文正书，归德府商丘县庠生孟毓谦撰文，归德府商丘县邑大学生孟毓鹤书丹，芒山石工张握玉刻石。

兴建最早的景点花木兰祠，始建于唐代，后金太和年间，敦武校尉归德府谷熟县营城镇酒都监乌答撒忽剌重修大殿、献殿各3间，并塑木兰像。1334年，睢阳府尹梁思温倡议，募捐2500贯钱重修扩建。

1806年，该祠僧人坚科、坚让等，再次募资修祠、立碑。历经扩建的木兰祠占地10多平方千米，各类建筑120多间，另有祠地约266平方千米，住持僧人10多人。

祠围墙内外，植有柏树、槐树。大门过道两侧，各有一泥塑高大战马。大殿内塑有木兰闺装像，献殿内塑有木兰戎装像，后楼塑有木兰全家像。祠殿内外，有历代官府、名人撰文、题诗、书画及60多通香火碑。

每年农历四月初八是木兰的生日，周边官府带领乡民前来致祭，后发展成连续五日的香火古会。可惜，这

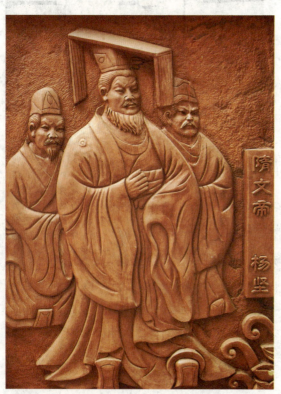

■ 杨坚（541—604年），即隋文帝，隋朝开国皇帝。他在位期间成功地统一了严重分裂数百年的中国，并开创了先进的选官制度，发展文化经济。使得我国成为盛世之国。他在位期间，疆域辽阔，是我国农耕文明的巅峰时期。杨坚是西方人眼中最伟大的中国皇帝之一，被尊为"圣人可汗"。

座恢宏壮观的祠宇毁于战火。后世仅存有元代和清代两通祠碑，碑文详细记载了木兰身世、事迹和历代修祠情况。

在隋代，隋文帝杨坚于开皇初年废梁郡，596年置宋州，607年复置梁郡。隋炀帝为了维护中央政权统治，加强对江南的控制，兴修水利并发展漕运，隋炀帝于605年至610年先后征发数百万民工，人工开凿了一条我国历史上著名的大运河。

■《木兰从军》木雕

大运河以洛阳为中心，北起涿郡，即今北京，南达余杭，即今浙江杭州，全长2000多千米，由永济渠、通济渠、邗沟和江南河四大段组成，把黄河、淮河、长江等几大水系连接在一起，成了我国南北交通的大动脉，对促进我国南北的政治、经济和文化交流都起到了极大的推动作用。

大运河商丘段是通济渠的一段，西接开封，东连安徽宿县，是运河上较为重要的一段，沿途经过睢县、宁陵、睢阳区、虞城、夏邑和永城等地，全长约200千米。

隋炀帝 杨广，华阴人，生于京师长安，是隋朝第二代皇帝。604年继位。他在位期间修建大运河，营建东都迁都洛阳城，开创科举制度，亲征吐谷浑，三征高句丽。因为滥用民力，造成天下大乱直接以致隋朝的灭亡。618年，他在江都被部下缢杀。

通济渠示意图

为了方便游幸的船队遮阴避暑，隋朝还在通济渠两岸筑堤植柳，形成了隋堤上一道亮丽风景。

通济渠开通后，自梁郡西到京师，南达江淮，北到幽燕，十分便利，漕运商旅，八方聚集，大大促进了梁郡的商业活动。

在运河沿线尤其是京师附近，修建了许多官仓，可储存从江南漕运而来的粮食，多者千万石，少者也不下百万石。

后来，隋代经济重心虽南移江南，但政治中心仍然在黄河之滨，这一新的政治格局，使隋王朝京师所需和转漕给养，仰赖于南粮北运的状况特别明显。如隋炀帝征高句丽的军需物资就是通过运河迅速调运的。

青史留芳的古都古城

阅读链接

历史上，有关巾帼英雄花木兰的住处及姓氏，说法不一。其中有说花木兰姓魏，家居亳州的，因为亳州至今遗址尚存。

《亳州志·烈女志》记载，木兰，魏姓，西汉谯城东魏村人。魏园村为淮北一普通村落，高约5米的木兰出征塑像，为故里平添无限光彩。村民指其村后即木兰故居，墓冢犹存。墓周苍松环护，翠竹成林，春来芍花飘香，蔚为壮观。

又据《光绪亳州志》记载：木兰祠在关外，相传祠左右即木兰之家。今祠已毁，遗址尚在。

宋代增修崇法寺塔和微子祠

安史之乱以后，唐朝日趋衰落，自此陷入长期藩镇割据、叛乱呈现多事之秋。在朝廷危难之际，宋州始终能站在唐朝廷一边，宋州人以其忠勇精神，凭战略要地，富庶的经济，帮助朝廷平定数次叛乱，保护沟通江淮的漕运通道，确保了朝廷财赋来源，巩固和稳定了唐朝的统治。

758年，唐肃宗改睢阳郡为宋州。772年，淮西节度使李希烈叛乱，以重兵围攻睢阳，河南节度使田神功抱病与叛军大战两天两夜，积劳成疾。773年，田神功病死，其弟田神玉自封为汴宋节度留后。

在当时，大书法家颜真卿听闻田神功病危的消息后，尤为感动，亲自撰写了一篇900多字的短文，

颜真卿画像

田神功 河北南宫人。唐朝大将，参与平定安史之乱有功于国，此后又参与平定淮西节度使李希烈的叛乱，但也纵兵祸乱了富庶的江淮地区。唐玄宗天宝末年，田神功当过县吏。史思明让他与大将南德信、刘从谏率兵南略江淮，田神功趁机再次归顺朝廷，受封鸿胪卿。

青史留芳的古都古城

题为《唐宋州八关斋会报德记》，刻于石壁。

后来，百姓有感于田神功对百姓的护佑之心，也出于对大书法家颜真卿书法艺术的推崇，在商丘城南门外的古宋河畔建了座"八关斋"。

八关斋位于商丘城南500米处。院内有一座造型优美的八角亭，在亭内有一座八棱石幢。石幢高3.2米，每面宽0.5米，上面有颜真卿晚年撰写的《宋州八关斋会报德记》。

碑文记载，田神功在安史之乱中解了宋州之围。772年，田神功得了病，几个月后病才痊愈。宋州刺史徐向等为了逢迎田神功，在城南开元寺设八关斋会，邀请一千僧人赴斋。石碑最初称为颜鲁公碑，因碑文所记载的是八关斋的佛事，后人便逐渐将此碑叫成八关斋了。

八关斋历千余载，几度兴废，又几经重修，才得

■ 八关斋

以存留后世。

北宋定都开封后，宋州成了宋都开封的东南门户，近可屏蔽淮徐，远可南通吴越，地理位置十分重要。这里成了北宋经济收入的重要支柱之一。

宋州当时的整个码头，北岸占地约24万平方米，南岸占地约24万平方米。宋州境内的通济渠仍然水丰河宽，每年经宋州从江南运往京城开封的物品种类繁多，数量惊人。

到了北宋中期，佛教兴盛起来。1098年，历时6年的崇法寺塔终于在商丘永城的崇法寺内建成。崇法寺塔为八角楼阁式9层砖塔，塔体为锥柱形，每层檐下均有仰莲相托。

崇法寺建于隋代，1093年，崇法寺塔开始兴建。直到1098年才宣告建成，历时6年的时间。因塔建于寺内，故名崇法寺塔。永城人吕永辉曾作诗赞道：

东林古寺迹仍留，七级浮屠踞上游。
保障江淮称巨镇，屏藩梁宋护中州。

崇法寺塔位于商丘永城市东关崇法寺内。后来，寺院被废弃，仅存9层砖塔。砖塔高34.6米，楼阁式八

■ 宋代北寺塔

通济渠 又称汴河，隋唐大运河的首期工程，连接了黄河与淮河，贯通了西安到扬州，全长650千米。历经隋、唐、五代、宋、辽、西夏、金、元8个朝代，通航720年。南宋时期，运河河床逐渐淤塞断流。元、明、清时期，朝廷将河道直接取直，由北京直通苏杭。

角形，塔底座边长3米，塔底层直径7.7米。塔体为锥柱形，每层檐下均有仰莲相托。仰望塔身，如九朵莲花开放。塔每层均设有东南西北4门。八角皆有石龙头，龙头上系有铁铃，每当风起，铿锵齐鸣，悦耳动听。

在塔的底层建有地宫。地宫内有棺床和石匣。塔底北门有青石走道，一直通到塔顶。内壁镶有651块深绿色琉璃佛像砖，构图为一佛两菩萨。它是我国古代砖塔建筑艺术的代表之作。

崇法寺塔整体由地宫、塔基、塔身和塔刹四部分组成。崇法寺地宫呈方形，顶为藻井，地宫中央砖砌莲花依柱棺床，上置长方形石函。惜地宫被盗一空，在后人清理过程中才见地宫真面目。

据石碑铭文记载，石函内供奉有佛舍利，并以金、银、玛瑙、水晶、玉石等七宝供养，同时还有唐宋两朝的铜钱和稻谷。从而可知，此塔是专为佛陀生身舍利而建的。

在塔基座内装木骨，上承宝塔，下护地宫，坚实而稳固，与塔身、塔刹组成了和谐庄严、高雅的统一体，堪称楼阁式古塔的精品。八角九层塔身为砖砌楼阁式，青砖叠砌仿木结构，层层出檐，逐层内收，每

■宋代大相国寺佛塔

036

青史留芳的古都古城

佛陀 意为觉者、知者。佛陀简称为佛，其意为"觉悟者"。本指释迦牟尼，后演为觉悟真理者的总称。为佛教用语。又作浮头、没驮、步他、馞陀、复豆、浮屠、浮图。

层外壁转角有砖制仿木圆柱，外檐建仿木镂空围栏，增强了美感，表现了多变的轮廓。

塔檐是由莲花瓣石叠砌而成，平座用斗拱承托，显得层层叠叠，极富装饰性。挑檐角配以石雕龙头，口衔风铎，微风吹动，叮咚作响，使人心旷神怡，宠辱皆忘。塔的第一层高5米，直径7.7米，东西南北各辟一圭形门，东南西3门内建佛龛，北门为登塔门，由此门进入塔心，环绕而上可至塔顶端。内部采用穿心、回廊、方形壁内折和实心砌体等不同结构，十分坚固。

塔的每层均开明窗，方向和造型与圭门相同，门窗外部上方及两端镶有651块黄绿釉佛像砖。5块刻有

斗拱 我国建筑特有的一种结构。在立柱和横梁交接处，从柱顶上的一层层探出呈弓形的承重结构叫拱，拱与拱之间垫的方形木块叫斗。两者合称斗拱。斗拱也被作为中国建筑学会的会徽。

037

■ 开封铁塔

施主 僧道等称施舍财物给佛寺或道观的人，也泛称一般的在家人；道士对俗家或者香客的尊称；实行布施的主人，即指施与僧众衣食，或出资举行法会等信众。音译为檀越、陀那钵底、陀那婆，又作布施家。又梵汉兼举而称檀越施主、檀那主、檀主。

塔铭和施主姓名的釉砖，把塔身装点得绚丽多彩。这些明窗有利于采光、眺望，并能缓和强风推力，可见设计者的别具匠心。

塔的最顶端为塔刹，塔尖高指云际。紧连刹身的是伞盖，接下来上小下大的7个相轮由中心刹杆穿套支撑，塔刹下部是金属刹基，由刹杆穿过刹基与古塔相接连成一体。

崇法寺塔历经900多年的风雨剥蚀，明清虽经几次修复，仍有破损。清代末年，该塔曾遭雷击留有裂缝，1938年又遭日军炮击，残存8层，高28.9米。后来，寺塔经过大修才恢复原貌，向世人重新展现了我国古代高层建筑艺术的高超。

崇法寺塔在我国的建塔历史中具有重要的地位，是在我国建塔历史上具有特殊意义的一座塔。因为它的造型艺术是介于我国造塔艺术的南北两种造塔艺术融合的一种形式。

商丘位于古代南北文化交流的缓冲地带，南北

■ 宋代名刹灵岩寺

方文化的融合在这里表现得十分明显。崇法寺塔正是这种文化融合的产物。我国南方的造塔艺术多是砖砌，用砖为主的结构，但是角梁、踏步等都用木头制作。北方塔就用砖石代替，石塔比较多，好些地方都使用石头代替，用石头制作。

还有一点，就是该塔的内部结构形式有各种变化，如果按照南方塔的造型，它的角梁和踏步本来应该用木头的，但是崇法寺塔是用石制，角梁用龙头，挑出一个角梁，下面一个风铃。

宋代崇法寺塔具有很高的历史价值。众多历史名人足踏永城，曾留下不朽的诗篇。明代著名诗人李先芳由商丘入永城途中写道：

宋代明福寺塔

三月轻风麦浪生，黄河岸上晚波平。
村原处处垂杨柳，一路青青到永城。

阅读链接

宋代，在应天府市镇商业的基础上，城市贸易更加活跃，甚至有丝绸的大宗经营。

异地人来应天府定居的也有增无减，应天府成了当时仅次于国都东京的经济重心。加之宋朝提倡以文治国，应天府也逐渐发展成为宋代的文化教育中心。

在当时，应天府最为著名的书院名叫"应天书院"，位于后来的商丘睢阳。应天书院为宋州虞城人杨悫所办私学。杨悫死后，他的学生戚同文继续在宋州从事教育。北宋政权建立后，实行开科取士，因这里人才辈出，百余名学子科举中第者竟多达五六十人，从学者纷至沓来。

明清时期商丘风水八卦古城

朱元璋画像

宋代以后，商丘的地位下降。金、元时期应天府更名为归德府，属于河南布政使司，由于黄河水患与历年战争，归德府的城市规模较宋代缩小了许多。1368年，明太祖朱元璋降归德府为归德州，属开封府管辖。

1502年，归德州城毁于黄河水患。次年，知州杨泰在旧城北面，以元代城墙为南城墙重筑新城。历时8年，新城于1511年基本竣工。

1511年，归德州迁城。应天书院从旧城迁往新归德府城内，建有大成殿、明伦堂、月牙池等建筑。

■ 歇山式建筑

后来，应天书院又在商丘城西北隅以社学改建，沿用旧名。但短暂的辉煌后很快又被废止。

大成殿与明伦堂位于商丘，原为归德府文庙建筑的组成部分，这两座建筑均为歇山式建筑。归德府文庙又称孔庙、夫子庙，为河南规模最大的文庙，也是我国唯一的学堂建在大殿右侧的文庙，始建于明朝嘉靖年间，距今也有近600年的历史了。

大成殿为祭孔之地，殿内立有孔子和其弟子的牌位，大殿面阔7间，进深3间，为单檐歇山式木构建筑。大殿前后墙壁原为辟格扇门和坎窗。

明伦堂为明清归德州府儒学所在地学堂，也是应试地，在大成殿西30米处，是历代封建社会对圣人对先师孔子的朝拜祭祀之处，是尊孔儒师们"宣教化、育贤才、善民俗"的讲学之所。

1513年，归德州城又增建了四门外楼。1537年夏，黄河水在商丘决口，河水泛滥，灌归德府城。此

布政使司 也就是承宣布政使司，其是明清两朝的地方行政机关。明朝时为国家一级行政区，简称为布政使司、布政司、藩司，俗称"省"，负责一级行政区的民事事务。布政使司还设左、右承宣布政使各一人，就是一级行政区最高行政长官。布政司、提刑按察使司、都指挥使司合称为"三司"。

■ 微子祠明伦堂

后，由于河水漫流，归德府一带灾害连年，直至清代时黄河水向北改道，商丘一带才少有黄河水灾。

归德州城后经过多次修补完善，直至1540年在城墙外约500米的圆周上筑起新的城郭才形成城墙、城湖、城郭三位一体的独特格局。归德州城城门为拱券式，建有东西南北四门，互不相对，各自错开方向，所以归德州城有"四门八开"之说。

此外，在归德州城的南门两侧建有两个水门，将水排进护城河。宽阔的护城河环绕全城。城南河面较宽，南北500多米，东西1.3千米，水下叠压着春秋宋国都城、秦汉和隋唐时期的睢阳城、宋朝的应天府南京城、元朝的归德府城等6座都城、古城。

归德州城内地势呈龟背形状，砖城内面积1130平方米，93条街道的总体格局形如棋盘与方孔圆钱，内方外圆，在古代的八卦学寓天圆地方，天地相生，招

■ 明伦堂

财进宝之意。

1545年，归德州升为归德府。

1612年，归德府的知府郑三俊重建微子祠，使其形成规模。

微子祠始建于唐代天宝年间，后经历代毁坏，历代重修。整座祠院占地面积6650平方米，南北长70米，东西宽95米，由微子祠、先贤堂和微子墓3个院落组成。微子祠位于中间，占地2450平方米，南北长70米，东西宽35米。在微子祠的东西两侧分别为先贤堂和微子墓，占地面积都是2100平方米，南北长70米，东西宽30米。整座院落设计科学，布局合理，环境优美。

微子祠后来被辟为景区，景区由微子祠、先贤堂和微子墓3部分组成。微子祠居中，存有过厅、照壁、东西厢房，两厢房之间有一铜质巨型香炉。香炉

照壁 我国传统建筑特有的部分，明朝时期特别流行。一般来讲，照壁指在大门内的屏蔽物，古人称为萧墙。在旧时，人们认为自己宅中不断有鬼来访，修上一堵墙，以断鬼的来路。另一说法为照壁是中国受风水意识影响而产生的一种独具特色的建筑形式，称影壁或屏风墙。

宰相 辅助帝王掌管国事的最高官员的通称。宰相最早起源于春秋时期。管仲就是我国历史上第一位杰出的宰相。到了战国时期，宰相的职位在各个诸侯国都建立了起来。"宰"的意思是主宰，"相"本为相礼之人，字意有辅佐之意。"宰相"联称，始见于《韩非子·显学》。

往北15米处放一三檐铸铁熏炉，熏炉向北为祭祀台，台正中放一大型铜质香坛。祭台北端坐落微子祠。

微子祠东侧是先贤堂，有大殿，殿内供奉着宋氏先祖的牌位。两侧有碑廊。西侧是微子墓，有碑亭、神道、石像生和墓冢等，建筑布局精巧别致。

明代嘉靖年间以后至清代初年，归德府城内出过大学士，也就是宰相、尚书以及十几位侍郎、巡抚、吏卒、总兵以及著名文人，因此，归德府城内不仅四合院鳞次栉比，官府、官宅以及名人建筑也很多。

归德府城著名的壮悔堂系侯方域所建，是他曾经的著书之处。壮悔堂庄重典雅，古色古香。

壮悔堂五脊之上形态别致、姿势各异的奇兽独具风采。楼里门窗和槅扇的镂花剔线精致。26根圆柱上龙凤浮雕栩栩如生，根根圆柱同62根横梁巧妙扣合的木质结构浑然天成，使楼的内部骨架形成了一个完善

■唐代祠堂

■ 清代建筑模型

的整体，即使拆去四壁，楼堂仍安然无恙，建筑技巧令人叫绝。

　　清代末期，归德府出现了陈、蔡、穆、柴、尚、孟、胡"七大家"。穆炳坛家族兄弟8人有田千顷，为清代归德府城内的一家富商，是当时的"七大家"之一。穆氏四合院便是穆炳坛家的故居，也是商丘比较完整、最具有代表性的四合院建筑群之一。

　　穆炳坛所盖的四合院结构大方，造型别致，穆氏四合院分前后两院，按照传统的建筑形式，坐北朝南，以中轴线为中心，左右对称，前低后高的形式而建，反映了长幼有序、男女有别的封建礼制。

　　前院侧房放置车马、轿子等物。正中是通往中宅的建筑。中宅院正堂屋5间，进深3间，东西厢房各3

轿　一种靠人或畜扛、载而行，供人乘坐的交通工具，曾在东西方各国广泛流行。就其结构而言，轿子是安装在两根杠上可移动的床、坐椅、坐兜或睡椅，有篷或无篷。轿子最早是由车演化而来。在我国大约有4000年的历史。据史书记载，轿子的原始雏形产生于夏朝初期。

商丘古城城门

间。正堂屋是供主人使用的客房和书橱。厢房通常是杂用间和男仆的住处。

　　后院为后楼，是全院的核心建筑，也是全宅的生活区。它上下两层，双层屋顶，五脊六兽。室内用博古架隔扇划分空间，上部装纸顶棚，门窗皆用巨木雕刻，玲珑剔透，花草人物图案形象生动，不拘一格，千变万化。

阅读链接

　　据史料记载，归德府于1558年全面修缮建成时，四城墙均高6米，顶宽6米，周长约4.3千米。四城门：南为拱阳门（门洞全长21米，台高8米），北为拱辰门，东为宾阳门，西为垤泽门。各门上建有城门楼。四门外各建有扭头门一座。

　　城墙四面共有9座敌台，西门向南的第一个马面呈半圆形建筑，其余皆呈凸出墙外马头形。城墙上有垛口3600个。城墙角各有一处角台，形制相同，大小不等。

　　城墙外3.5米为护城河，宽处500米，窄处25米，水深1~5米，绕城一周。护城河外550米处的护城土堤，基宽20米，顶宽7米，高5米，周长9千米。

古都洛阳位于河南西部，因地处古洛水北岸而得名，有着数千年文明史、建城史和建都史。从夏朝开始，先后有商、西周、东周、东汉、曹魏、西晋、北魏、隋、唐、后梁、后唐和后晋等13个王朝在此建都。

洛阳历史曾用名或别名：斟鄩、西亳、洛邑、洛师、成周、王城、雒阳、中京、伊洛、河洛、河南、洛州和三川等。

洛阳是我国历史上唯一被命名为"神都"的城市，也是我国建都最早、朝代最多和历史最长的都城。

古都洛阳

先秦时成为群雄必争之地

古都洛阳北靠邙山，南向伊阙，东靠虎牢关，西靠函谷关，洛水穿流而过，四周群山环绕、雄关林立，因而有"八关都邑""山河拱戴，形势甲于天下"之称和"八方辐辏""九州腹地"与"十省通衢"之说。

洛阳青铜侍者俑

洛阳在我国历史上是历朝历代诸侯群雄逐鹿中原的必争之地，远古羲皇、女娲、黄帝、尧、舜和禹等神话，也多传于此。据传，洛阳城是我国最早的历史文献"河图洛书"的出现地和人文始祖羲皇的祭祀地。

《河图》与《洛书》两幅远古流传下来的神秘图案，历来被认为是河洛文化的开端，是中华文化阴阳五行术的源头。如太极、八卦、周易、六

■ 洛阳出土的武器

甲、九星和风水等古老文化，都可追溯到《河图》与《洛书》。

在羲皇之后，五帝中的帝喾及其儿子挚都曾建都于亳邑，就是后来的洛阳偃师城关。到了夏朝，洛阳一带更是夏民族建邦立国的腹地。夏朝第一位国王禹，最早建都在阳城，后来迁都到阳翟。阳城在登封，阳翟在禹州，都离洛阳不远。

洛阳偃师二里头一带，曾是夏代帝王太康、仲康和夏桀都城斟鄩的所在地，其都城规模宏大，总面积3.75平方千米，内有大型宫殿。

公元前16世纪，夏亡商立。商汤攻下夏都斟鄩之后，在夏都附近另建了一座新都，史称"西亳"。西亳在洛阳偃师一带，北依邙山，南临洛河，是控制东西的交通要道，其布局主要强调了以王权为中心的统治理念。

西亳宫城西部宫殿建筑遗址平面为长方形，东西长51米、南北宽32米，用夯土筑成，是以正殿为主

《河图》　传说中伏羲通过龙马身上的图案，与自己的观察，画出的"八卦"，而龙马身上的图案就叫作"河图"。八卦源于阴阳概念一分为二，文王八卦源于天文历法，但它的"根"是《河图》。

■ 周代贵族武器

青史留芳的古都古城

体、东、西和南三面有廊庑的封闭式宫殿建筑。在整个建筑的外围，还有一道厚约2米的围墙，将宫殿建筑封闭起来，自成一体。

据战国时魏国史官所著史书《竹书纪年》记载，商朝自盘庚实行双都制后，商朝曾两次在西亳建都。既有南都西亳城，就是后来的洛阳，又有北都殷城，就是后来的安阳，洛阳与安阳成了姊妹都城。

在商朝末年，我国西部的一个历史悠久的周族部落崛起了，势力相当强大。周族原是与夏族和商族同称为我国原始社会末期的三大部族，夏、商两朝时期，周是其属国。

后来，周武王姬发决心灭掉商朝，于是他在公元前1066年率众东下，经洛阳北部孟津渡河，一举推翻了商朝的统治，商亡周兴，定都镐京，就是陕西西安，史称"西周"。

西周初建后，周武王决定在洛阳白马寺东南处另建一座城邑，也就是洛邑。可他还未来得及营建，第二年就于镐京病故了。他的儿子周成王即位，因其年幼，他的叔父周公辅佐代政。

后来，周公按照周武王的遗愿营建了规模浩大的洛邑。这一次，西周王朝在洛阳营建了两座城堡，一座是王城，一座是成周。两座城以海河为分界线，东西相距10多千米，东边的成周城又名下都，在白马寺东的霍泉以南；西边的叫王城，在涧河两岸。

西周因实行一国两都制，正式国都为镐京，在陕西西安，称为宗周。而洛邑在河南洛阳，作为周朝的陪都，称为成周。在当时，洛邑和镐京两个都城都设有最高官署的卿事寮。周公在洛邑辅政，周武王的弟弟召公在镐京辅政。

据史料记载，洛邑城东西"六里十一步"，南北"九里一百步"，城内有大庙、新造、滤宫、室榭和

■ 洛阳出土的错金银铜鼎

周公 姓姬名旦，又称周公旦，也称叔旦，谥"文公"。他是周代周文王的儿子，是西周初期杰出的政治家、军事家和思想家。他曾先后辅助周武王灭商、周成王治国。他制定和完善宗法、分封等各种制度，使西周奴隶制获得进一步的巩固。

各大室等，相当壮观。王城作为周公召见诸侯和处理政务之用，他常居王城。成周城是大臣们居住和处理政务的地方，也是商末贵族被管制的地方，周公曾率八师兵力戍卫在此。

周成王执政的第五年，他迁都于成周，并将象征王权的重器九鼎也迁到了成周。自此，周康王、周昭王、周穆王、周共王和周懿王诸王均曾在这里主政，洛邑从此成了西周王朝的东方重镇。

在西周时期，由于周公施以仁政，洛邑迅速发展为"富冠海内，皆为天下名都"。洛邑当时出现了采用竖式鼓风炉进行熔炼和铸造工艺流程复杂的青铜冶铸作坊。商业经济出现了前所未有的繁荣，成为四方贡纳的集中点和商品贸易的聚散地。周公死后，他的儿子君陈承袭周公的职位，继续镇守在洛邑。后来，在周幽王时期，关中发生大地震，灾难严重，加之内

■ 周代天子权力的象征——六驾马车

政腐败，社会黑暗，宫廷分裂，周幽王于公元前771年被杀。

公元前770年，少数民族犬戎攻破镐京，经大肆掠夺后，西都镐京被抢劫一空，难以成都。镐京当时处于西北犬戎人的威胁之下，而周朝兵力又不强。为了避开犬戎的侵袭，周平王废弃了镐京，全部迁都于洛邑，史称"东周"，直至公元前257年为秦所灭。

东周都城洛邑扩建后，北墙全长约2.9千米，墙外有护城壕沟；东墙长约1千米；西城墙迂回长约3.7千

犬戎 我国古代一个少数民族名，即猃狁，也称西戎。西周中期以来，随着周王朝实力的削弱，共、懿、孝、夷四王仅能守成，而西北地区的戎狄逐渐兴盛。特别是猃狁，进一步加强对周朝的压力，不时入侵。周宣王时期曾经打败犬戎。犬戎后来被秦国所灭。

周代宫廷编钟

米；南城墙城周约15千米。城内宫殿建筑，排列有序，郭城四周各有3个城门，每门有3条路。王宫建筑在中央大道上，城内布局完全按照奴隶制的礼制设计，城外南郊还设有明堂。

在东周时期，洛邑又新出现了一些如制骨、制陶和石料场等手工作坊，农业也有了较大的进步，仅洛邑就有74座借粮仓窖。

公元前518年，儒家学派创始人孔子曾到周都洛邑向老子求学，他们谈天说地、纵横古今，被后世传为佳话。

在战国时期，洛河名叫洛水，因洛邑位居洛水之北，"水北为阳"，所以洛邑也就改名叫洛阳，并一直沿用。

青史留芳的古都古城

阅读链接

传说，远古时，在洛阳东北孟津县境内的黄河中浮出龙马，龙马将它背负的"河图"献给了羲皇。羲皇正在茫然之际，忽见龙马，便顿觉茅塞顿开，这龙马的形态与自己心中的意念不谋而合。于是他依据龙马身上的图案，而演成八卦，后来八卦又成为《周易》的来源。

据我国古代哲学书籍《易·系辞上》记载："河出图，洛出书，圣人则之。"河图上，排列成数阵的黑点和白点，蕴藏着无穷的奥秘。洛书上，纵横斜3条线上的3个数字，其和皆等于15，十分奇妙。

东汉时期成为政治经济中心

　　秦代时，秦始皇在洛阳设置三川郡，成为全国 40 郡之首，郡治设成周故城，统辖洛阳及三门峡等地。当时，洛阳在军事上是"秦陇之襟喉"和"四方必争之地"，先后为文信侯吕不韦和河南王申阳的封邑。

　　西汉时期，三川郡改为河南郡。"河南"正式成为行政区划中的一个地理名词。汉高祖刘邦曾以洛阳为都数月，意图建都洛阳。

　　后因谋士张良等认为洛阳"虽有此固，四面受敌，非用武之国"，而"关中左殽右函，陇蜀沃野千里，阻三面而固守，独一面以制诸侯"，西汉正式建都于咸阳。

　　新莽末年，海内分崩，刘秀在家乡

■ 刘秀（前5—57年），东汉开国皇帝，著名的政治家、军事家。新莽末年，刘秀在家乡乘势起兵。公元25年，刘秀在河北登基称帝，以"汉"为其国号，史称"东汉"。刘秀在位33年，成就了历史上"风化最美、儒学最盛"的时代。

青史留芳的古都古城

长安 西安的古称，从西周到唐代先后有13个王朝及政权建都于长安。是我国历史上建都时间最早、历时最长、朝代最多的古都，是我国历史上影响力最大都城，是中华文明的发源地、中华民族的摇篮、中华文化的杰出代表。

乘势起兵，他就是后来的汉世祖光武皇帝。公元22年，汉延宗更始帝刘玄建立更始政权后，建都于洛阳，次年迁都长安。

公元25年时，刘秀与更始政权公开决裂。后来，刘秀迫降了数十万铜马农民军，实力大增，当时关中的人都称河北的刘秀为"铜马帝"。刘秀在众将拥戴下，登基称帝于河北鄗城，即河北邢台。

为了表达刘氏重兴汉室之意，光武帝刘秀改元"建武"，仍以"汉"为其国号，史称"东汉""后汉"。光武帝定都洛阳。自此，在196年的统治中，其中有14个皇帝以洛阳为都，共有165年之久。

东汉时期的洛阳为天下名都，洛阳城最初是刘秀在周代成周城、秦三川郡治基础上营建起来的。此后，洛阳一直是全国政治上举足轻重、经济和文化繁荣发达的都市，曾一度为世界第一流的大城市。

洛阳城垣绵亘断续，高出地面一两米，部分高

■洛阳古迹白马寺

出5~7米，城址呈不规则长方形，周长约14千米。建有城门10余座，城内外宫殿建筑布局完全按照奴隶制礼制设计，宫城建筑分南北两宫。

南宫为议政的皇城，宫殿楼阁鳞次栉比，朱雀门宏伟壮观，峻极连天；北宫为皇宫寝居的宫城，崇楼高阁，风景秀美，规模最大的德阳殿，"周旋容万人，阶高二丈，画屋朱梁，玉阶金柱，四十五里外观之与天地"。

■ 洛阳汉代石刻

洛阳城有纵横24条街，街的两侧种植栗、漆、梓、桐4种行道树。官署民宅星罗棋布。东汉恢复对西域的统治后，为了保卫"丝绸之路"的顺畅，促进我国和中西亚各国的经济文化交流，朝廷在洛阳城内建有招待四方夷族和外国使臣的胡桃宫。

在洛阳城西有我国最早的佛寺白马寺，我国僧院从白马寺开始便泛称为寺，因此白马寺被尊为"祖庭"和"释源"。在洛阳城外南郊有我国古代的最高学府太学、国家天文台灵台以及太庙明堂和辟雍。

光武时期是儒学最盛的时代。光武帝建国后，他继承了西汉时期独尊儒术的传统，在洛阳偃师修建了面积达5万平方米的太学，设置博士，各以家法传授诸经。他还常到太学巡视和学生交谈。在他的倡导下，许多郡县都兴办学校，民间也出现很多私学。

辟雍 也作璧雍，本为西周天子为教育贵族子弟设立的大学。取四周有水，形如璧环为名。南为成均、北为上庠，东为东序，西为瞽宗，中为辟雍。其中以辟雍为最尊。西汉以后，历代皆有辟雍，除北宋末年作为太学之预备学校外，多为祭祀用。北京国子监内的辟雍，就是乾隆时期建造，作为皇帝讲学之所。

■ 王莽（前45—23年），字巨君，新朝建立者，即新始祖。王莽谦恭俭让，礼贤下士。西汉末年，社会矛盾激化，王莽被看作"周公再世"。公元8年，王莽代汉建新，建元"始建国"，宣布推行新政，史称"王莽改制"。

王充 字仲任，先祖从魏郡元城迁徙到会稽。王充年少时就成了孤儿，乡里人都称赞他孝顺。后来到京城，到太学里学习，拜扶风人班彪为师。《论衡》是王充的代表作品，也是我国历史上一部不朽的无神论著作。

光武帝巡幸鲁地时，曾遣大司空祭祀孔子，后来他又封孔子后裔孔志为褒成侯，用以表示他尊孔崇儒。

同时，鉴于西汉末年的一些官僚、名士醉心利禄，依附于王莽代汉，光武帝对于王莽时期这些隐居不仕的官僚、名士加以表彰、礼聘，并表扬他们忠于汉室、不仕二姓的"高风亮节"。

东汉时期科学文化繁荣昌盛，我国古代四大发明中造纸术的改造者蔡伦试制的"蔡侯纸"，天文学家、地理学家张衡创制的浑天仪、候风仪和地动仪，科学家马均发明的指南车、记里鼓车、龙骨水车等，都是在洛阳研制成功的。

文学家许慎著有《说文解字》，哲学家王充作有《论衡》，史学家班固、班昭兄妹著有我国第一部体例完备、内容丰富的断代史《汉书》等，也都成书于洛阳。

当时，今文经学与古文经学争论激烈，公元79年时汉章帝刘炟曾特意在白虎观大会群儒，议五经异同，并命班固编成《白虎通义》一书，作为定论。太学门前所立"熹平石经"就是当时的官定样本。

此外，我国唯一的"林、庙"合祀的古代经典建筑就位于洛阳城南，此庙为祭祀以忠义和勇猛见称的东汉末年名将关羽而建，俗称"关林庙"。

关林庙占地12万平方米，舞楼、大门、仪门、拜殿、大殿、二殿、三殿、奉敕碑亭和关冢，构成了关林庙巍峨宏大的建筑格局。其主体建筑上的龙首之多，为中原之最。

关林庙正门为5开间3门道，朱漆大门镶有81颗金黄乳钉，享有我国帝王的尊贵品级。殿宇盖显高耸、飞翅凌空、气势峥嵘。厅中塑有关羽头戴12冕旒王冠，身着龙袍的坐像。

东汉末年，汉王室衰落。随后董卓进京，逼宫杀帝。曹操当时已是军中高级将领，因拒绝董卓拉拢，被迫逃出洛阳。之后，他号召天下英雄讨伐董卓，迅速得到关东各路英雄的响应。

董卓闻讯后，将汉献帝刘协和洛阳民众迁往长安，就是后来的陕西西安，并于190年一把大火焚烧了洛阳宫室，洛阳都城的大部分建筑被付之一炬。

在196年的时候，被董卓劫持到西安的汉献帝在董卓死后，历尽千辛万苦，又回到了当时仍旧是一片废墟，而且破败不堪的首都洛阳。在洛阳，汉献帝和百官们的饮食起居，形同乞丐。

曹操得知这一消息后，在8月时果断地采纳了谋士毛玠"奉天子以令不臣"的建议，派兵进驻洛阳。曹操控制了刘协，并迁都许昌，"挟天子以令诸侯"。

■ 汉代武士复原像

汉献帝 刘协，字伯和，又字合。汉灵帝第三子，汉朝最后一任皇帝。初封陈留王，189年董卓废刘辩，立刘协为皇帝。196年，曹操控制了刘协，并迁都许昌。220年，曹操病死，刘协被曹丕控制，随后被迫禅位于曹丕。234年，刘协病死，葬于禅陵，谥号孝献皇帝。

儒学 儒家学说，起源于东周春秋时期，是道家、墨家、法家和阴阳家等诸子百家之一，汉朝汉武帝时期起，成为我国社会的正统思想。如果从孔子时代算起，儒家已具有2000多年的历史。随着社会的变化与发展，儒家学说从内容、形式到社会功能上也在不断地发生变化与发展。

219年，魏王曹操回到已经荒废的帝都洛阳，下令重建北部尉廨，就是他曾经在洛阳做县尉时的官署，兴修建始殿，也就是汉都洛阳的宫殿。但洛阳重建还没完成，220年正月曹操就在洛阳病逝世了。

随后，曹操之子曹丕，就是后来的魏文帝继任丞相、魏王。此后，曹丕受禅登基，以"魏"代"汉"，史称"曹魏""汉魏"，定都洛阳，历时46年。

魏文帝修复洛阳城后，洛阳城的面积达到了4万平方米。考古发现，其中心建筑为一座高8米，南北41米，东西31米的方形夯土高台。

明堂遗址位于灵台遗址东，主体建筑南北64米，东西63米，厚2.5米。辟雍遗址在明堂遗址东侧，长宽各170米，由4个不同方位的"品"字形夯基构成。

魏文帝在位时，他下令人口达10万人的郡国每年察举孝廉一人，重修孔庙，封孔子后人为宗圣侯，恢复太学，置五经课试之法，设立春秋穀梁博士。由于他力推儒学文化。魏国在短期内复兴了封建正统文化。

后来，魏明帝曹叡继位后，曹魏与蜀汉、东吴多次发生战事。魏明帝重用曹真、张郃、司

■ 魏文帝（187—226年），曹丕，三国著名的政治家、诗人，曹魏的开国皇帝。《燕歌行》代表他最高的诗歌成就。《燕歌行》采用乐府体裁，以句句用韵的七言诗形式写作，是我国最早最完整的七言诗。

洛阳汉代石马

马懿、满宠等名将作战，都成功地抵御了这些内外战争。

234年，蜀汉丞相诸葛亮死后，魏蜀边境上的情况有所减缓。

238年，魏明帝命司马懿平定了辽东。之后，又开始在魏都洛阳城的西北角大兴土木，建了一座豪华峻丽的金墉城，由3座毗连的小城组成，平面呈"目"字形，南北约1千米，东西250米，城外有河水环绕。

阅读链接

东汉政权建立以后，光武帝又逐步扫平了各方势力，最终统一全国。他在位期间，励精图治，偃武修文，中央集权，归于尚书，简化机构，裁减冗员，抑制豪强势力，实行度田政策，社会经济逐渐得到恢复并兴盛，史称"光武中兴"。

同时，光武帝还特别注意民生，与民休息，释放奴婢和刑徒，整顿吏治，提倡节俭，薄赋敛，省刑法等。各项政策措施，都不同程度地实行，使得垦田、人口都有大幅度的增加，从而为东汉前期80年间国家强盛的"明章之治"奠定了物质基础。

北魏至唐武周时期的京都

386年，拓跋珪改国号"魏"，建都平城，就是后来的山西大同。史称"北魏"。

439年，太武帝拓跋焘统一北方。493年，北魏孝文帝拓跋宏决定迁都洛阳，皇帝改姓元。

孝文帝迁到洛阳后，将洛阳扩建为外郭、内郭和宫城3部分。内郭

北魏帝王墓

隋唐洛阳城池图

城为汉魏晋时旧城，宫城总范围南北1398米，东西660米。城内经纬通达，宫城南面的东西大街将京城划为南北两部分，与此交叉的铜驼街，从宫城南出，为京城中心大道。

■ 隋唐时期的洛阳城池图

朝廷衙署和社庙分布于京城中心大道两旁。城内外300多个里坊，整齐划一，而且有严格的管理制度，其后为隋唐长安和洛阳城所效仿。城南扩建有金陵、燕然、扶桑和龟慈4夷馆。

东魏、西魏以后，洛阳一带因战乱而沦为废墟。581年，北周静帝宇文阐禅让帝位于杨坚，杨坚就是隋文帝，建国隋朝，定都大兴城，就是后来的西安。隋朝结束了自东晋末年以来长达近300年的分裂局面。

604年，隋炀帝杨广继位后，决定迁都洛阳。隋炀帝认为"洛阳自古之都，王畿之内，天地之所合，阴阳之所合，控以三河，固以四塞，水陆通，供赋等"，是帝王建都的理想之地。同年，隋炀帝杨广巡视洛阳，并下令在洛阳故王城东，汉魏城以西9千米

孝文帝 魏孝文帝拓跋宏，是献文帝拓跋弘的长子，北魏王朝的第六位皇帝，原名拓跋宏，后改为元宏。杰出的政治家、改革家。即位时仅4岁，490年亲政后，进一步推行改革。孝文帝的改革，对各族人民的融合和各族的发展，起了积极作用。

■ 李世民（599—649年），唐太宗，唐朝第二位皇帝，在位23年，年号贞观。他不仅是著名的政治家、军事家，还是一位书法家和诗人。626年登基后，开创了著名的"贞观之治"，被各族人民尊称为"天可汗"，为唐朝全盛时期的开元盛世奠定了重要基础。

禁苑 唐朝3座宫城之外又有3座大型苑囿，分别为西内苑、东内苑和禁苑。三苑之中，禁苑的规模最大。禁苑原是隋代大兴苑。因其中又包含东内苑、西内苑两个小苑，故也称为"三苑"。

之处营建东京。

历时1年，一座周长达27千米的宫殿苑囿都城拔地而起。隋都洛阳城分宫城、皇城和外郭城等。外郭城也称罗城，是官吏的私宅和百姓居住之地，设3市103坊，布局状如棋盘。

宫城又名紫微城、太初宫，位于都城的西北角，是议事殿阁和宫寝所在地，宫城四面有10个城门。皇城又叫太微城，环绕宫城东、西、南三面，为皇戚府第和衙署所在地。

为了沟通江南经济地区、关中政治地区与燕、赵、辽东等军事地区的运输与经济发展，隋炀帝于605年推动隋唐大运河的建造，从而使洛阳成为南北交通枢纽，洛阳也迅速成为国际性商业都市。

唐朝立国之时，全国还没有统一。621年，唐高祖李渊之子秦王李世民率兵东征，威逼洛阳。

李世民在王世充献出东都后，严令大军不得杀戮，商肆由亲军严守，战士以功行赏，保证了东都洛阳百姓的生命财产。

在唐代，洛阳的行政区变化很大。但河南郡改为都畿道河南府，仍以洛阳为中心。辖区比隋朝的河南郡有所扩大，加入了后来的禹州、新密、洛宁、济源、温县和孟州。

626年，秦王李世民继唐高祖李渊之位，史称唐太宗。他在位期间，任用贤能，从善如流，闻过即改，开创了初唐盛世的局面。在他即位不久，便在洛阳举行第一次科举考试，以达到招贤纳士、选拔人才之目的。

此外，唐太宗还下诏改洛阳为洛阳宫，并修洛阳宫，以备巡幸。他曾3次去洛阳处理政务及外事，在洛阳宫居住处理政务达两年之久。

649年，唐太宗驾崩，他的儿子李治继位。李治就是唐高宗。657年，高宗与武则天率满朝文武来到洛阳宫，改洛阳宫为东都。

上阳宫是唐高宗时期修建的毗连于宫城西的大型宫苑型离宫，又称"西苑"。当时洛阳花圃极盛，西苑也是我国历史上著名的禁苑。西苑北起邙山，南至伊阙诸山，西止新安境内，周围114千米。其内造16院，名花绿草，冬日也剪彩为荷。人造海中的仙山高出水面30多米。

后来，唐高宗因病懒于朝政，武则天便逐渐掌握了大权。在武则天执政的半个世纪中，社会经济快速发展。

702年，武则天于庭州置北庭都护府，就是后来的新疆吉木萨尔北破城子，取代金山都护府，管理

李治 字为善，唐太宗李世民第九子。643年，被册立为皇太子。649年即位于长安太极殿，唐朝第三任皇帝，开创了有贞观遗风的"永徽之治"。唐代的版图，以高宗时为最大。李治在位34年，驾崩后葬于乾陵，庙号高宗，谥号天皇大帝。

■ 武则天（624—705年），女政治家和诗人，我国历史上唯一正统的女皇帝，也是年龄最大，寿命最长的皇帝之一。683年，她作为唐中宗、唐睿宗的皇太后临朝称制，后自立为皇帝，定洛阳为都，改称神都，建立武周王朝。

西突厥故地，仍隶属于安西都护府，巩固了唐朝中央政府对西域地区的管辖。

在神都宫城中，最为壮观雄伟的为应天门北乾元门内的正殿乾元殿，武则天用作明堂后称万象神宫，是进行大朝会、上尊号、大赦、改元、献俘等礼仪活动的重要殿堂。

明堂有上、中、下3层，上施铁凤，高3米余饰以黄金。中有巨木10围，上下贯通，下施铁渠，为辟雍之象。

在神都宫城四面有10个城门，其中有一座名叫"应天门"的正南门，在都城门中最为尊崇，若冬至，除旧布新，当万国朝贡使者等重大庆典时，皇帝均登临其上。武则天的登基大典就是在此门举行。而且皇帝们接见外使也常在这座门上。

应天门由门楼、朵楼、阙楼、廊庑等部分组成。朵楼为方形夯土台基，外砌土衬石及散水石。在朵楼东西里侧，紧贴城墙有登楼的上下马道，宽约5米。阙楼东西宽约32米，连接朵楼与阙楼之间的廊庑长38米，宽约11米，高约4米。夯土基础两侧分布着整齐的柱洞，洞外侧砌有青石基础，以腰铁相连。

■隋唐洛阳城国家遗址公园

在神都城南还设有四方馆，以接待四方来客。在皇城外东北角的嘉仓城建有当时全国最大的地下粮仓，储粮量达1亿多千克。在城外还有洛口仓和回洛仓等，为京都储纳或转运粮食。

洛阳漕运非常发达，隋运河开凿，以洛阳为中心，西到长安，东至海南达余杭，北抵源郡。洛阳城内渠道如网，处处通漕。北市开一新潭，经常有万余艘舟船停泊于此，商贩贸易，异常繁荣。

隋运河示意图

在这一时期里，著名文学家、诗人李白、杜甫、白居易、贺知章、王昌龄、韩愈、张说、刘希夷、刘禹锡和李贺等均有描绘洛阳的优美隽永的诗文传世。在上清宫、天宫寺、福先寺等有画圣吴道子创作的壁画，其"吴带当风"的风格为当世所推崇。

725年，唐朝画家、天文仪器制造家梁令瓒除与高僧一行用铜铸造了著名的浑天仪外，他还制造发明了全世界最早的自动报时的机械钟。高僧一行实测子午线及撰新历《大衍历》使天文历算又出现了一个新的高潮。

洛阳寺庙林立，多教汇聚于此地。尤其佛教在洛

大赦 赦免的一种，指国家最高权力机关，对某一时期内的不特定犯罪分子免除其刑罚的制度。大赦的适用范围较为广泛，凡在某一时期内犯一定罪的所有罪犯，都可适用，而不以特定的人为限。我国古代皇帝以施恩为名，常赦免犯人。如在皇帝登基、更换年号、立皇后、立太子等情况下，常颁布大赦令。

龙门石窟

阳又形成高峰，佛、道、儒三家渗透融合，使佛教的经论、仪规、造像几乎完全中国化。唐立寺造像靡费巨额，龙门石窟中规模最大、雕造极精的奉先寺石窟，就是这时期雕琢艺术水平的最高代表。

唐玄宗后期，由于他怠慢朝政，宠信奸臣，加上政策失误和重用安禄山等佞臣，导致了后来长达8年的安史之乱，为唐朝中衰埋下了伏笔。"安史之乱"后，唐朝的中央权力被大大削弱，而节度使的权势越来越大，最终形成割据势力导致了唐朝的覆灭。

阅读链接

北魏时期推崇佛教，城内外佛寺达1367所，其中以皇家首刹高达270米的永宁寺木塔最为壮丽。北魏晚期，由于胡灵太后大力推行佛教，使当时的佛教盛极一时，在她的支持下，北魏时期在洛阳兴建了许多石窟，如希玄寺和广化寺。

希玄寺位于洛阳巩义，仅佛像就有7743座。其中，《帝后礼佛图》是我国唯一的石刻图雕，具有极高的价值。

广化寺位于洛阳龙门石窟，建有高山门、天王殿、伽蓝殿、三藏殿和地藏殿五大建筑。

相继作为后梁后唐后晋的都城

901年，宣武节度使朱温晋封梁王后，通过历年征战，势力更加庞大。904年，他发兵长安，挟持唐昭宗李晔迁都洛阳。

之后，朱温仍担心唐昭宗有朝一日东山再起，就谋害了唐昭宗，然后又借皇后之命，立13岁的李柷为帝。李柷就是唐哀帝。

907年，朱温更名为朱晃，就是后来的梁太祖。他在废掉唐哀宗后自立为皇帝，改元开平，国号"大梁"，史称"后梁"。朱温即位后，他升汴州为开封府，就是后来的河南开封，建了后梁的西都。从此，唐朝灭亡。

洛阳出土的武士

909年，后梁太祖迁都洛阳。由于他与占据太原的沙陀贵族李克用、李存勖父子连年征战，损耗了大量的人力和财物，逐渐丧失了军事上的优势。后因他晚年未定

青史留芳的古都古城

■ 洛阳出土的宋代砖刻

皇位继承人，皇室内部矛盾尖锐。

912年，梁太祖营寨被李存勖夜袭后，他退到了洛阳，而且病入膏肓。913年，梁太祖四子朱友贞继位，又迁都开封。他就是梁末帝。之后，双方多次交战，均以梁末帝失败告终。但晋军也因此元气大伤，梁晋战争沉寂了一段时期。

923年，晋王李存勖在魏州，即河北大名称帝，国号"大唐"，史称"后唐"，他就是后唐庄宗。后唐乘后梁西攻泽州，派大将李嗣源率骑兵5000袭击郓州。后梁启用王彦章为帅，北讨后唐，结果被俘斩。923年，后梁灭亡。

923年，后唐庄宗李存勖迁都洛阳，改西都为洛京，后又称东都。后来，由于唐庄宗宠用宦官，重用伶人并委以军国大事，朝廷上下离心离德，将士百姓怨气冲天。唐庄宗最终在926年死于兵变。

后唐末年，后唐河东节度使石敬瑭在晋阳，就是在后来的山西太原起兵。由于他的势力不足以与后唐对抗，于是他后来勾结契丹，认辽太宗耶律德光为父，并将幽云十六州拱手献给契丹，另加岁贡帛30万匹。

936年，在辽太宗耶律德光的帮助下，石敬瑭攻入洛阳，灭掉了后唐。随后，辽太宗耶律德光册封石敬瑭为大晋皇帝，建都洛阳，国号"晋"，史称"后晋"。

后晋高祖死时，立他的侄子石重贵为继承人，他登基后决定渐渐脱离对契丹的依附，于是他首先宣称对耶律德光称孙，但不称臣。

自944年契丹伐晋，连续两次交战，互有胜负。947年，契丹再次南下，后晋重臣杜重威降契丹，石重贵被迫投降。后晋之后，后汉、后周相继将开封作为国都，洛阳则作为陪都。

自后梁起，后唐、后晋相继建都于洛阳，均以后梁河南尹张全义修葺的宫城为都，城郭规模、建筑布局无大改观，皇城、宫城远非隋唐洛阳盛况，城周长五十二里九十六步。

由于战乱和朝代的频繁更迭，洛阳的历史从此走到了衰落的阶段。至北宋时期，宋太祖赵匡胤在汴京称帝后，洛阳再未做过国都。但它仍然保留了其河南府仍以西京洛阳为中心，管辖后来的巩义、登封、渑池、偃师、孟津、伊川、新安、宜阳、洛宁和嵩县。

作为北宋的陪都，其城郭、宫室和清渠经多次修葺，仍保持五代时旧观。由于年久失修，加之后来金人入主中原，尽焚宫阙，这座古城最后荡然无存。

洛阳名园林立，有"天下名园重洛阳"和"洛阳花木甲天下"之称誉，北宋文学家、名臣李格非游洛阳时，曾撰成《洛阳名园记》。"生居洛阳"是当时士大夫们向往的地方。

契丹 中古出现在我国东北地区的一个民族。自北魏开始，契丹族就开始在辽河上游一带活动，唐末建立了强大的地方政权。907年，建立契丹国，后改称辽，统治我国北方。辽代末年，女真族起事，辽帝国迅速走向灭亡，1125年为金所灭，其余部建立了西辽王国，延续了93年。

■ 司马光（1019—1086年），字君实，号迂叟，世称涑水先生。北宋政治家、文学家、史学家。历仕仁宗、英宗、神宗、哲宗四朝，卒赠太师、温国公，谥文正，主持编纂了我国历史上第一部编年体通史《资治通鉴》。

大学"国子监"设立于洛阳。北宋卓越的政治家、文学家赵普和吕蒙正、富弼、文彦博、欧阳修等都曾居住洛阳。史学家司马光在洛阳写出了《资治通鉴》，文学家欧阳修在洛阳编著《集古录》，理学家程颐、程颢、张载和邵雍在洛阳留下了《二程全书》等名著。

在北宋时期，由于朝廷对佛教的极力推崇，仅洛阳一带就兴建了许多寺庙，其中最知名的庙宇，如北宋时期所建的观音寺与南宋时期所建的灵山寺。观音寺位于洛阳城南汝阳，又称"下寺"，仿洛阳白马寺布局，寺内存有大量壁画，人物形象栩栩如生。

灵山寺位于洛阳灵山北麓。灵山寺有四大奇观一直为人称道：一为寺门向北开，我国绝大多数寺院都是坐北向南，而灵山寺却是坐南向北；二为寺院有山门，灵山寺与别的寺院不同，独有城楼式山门；三为佛像有胡须，这在全国也是独有的；四为寺院与尼姑庵紧连，这在别的地方也是极少见的。

金灭北宋后，洛阳再次遭到毁灭性打击，元气大伤，从此沦为一个地方性城市。金朝将洛阳定为中京，设金昌府，并置洛阳县，重建洛阳城。金代时所建洛阳新城，就是后来洛阳老城的前身，规模很小。

1234年，蒙古族在全力灭金后，又火速进入了灭宋的战争中，而洛阳地处战争腹地，再遭劫难，百业凋零，经济萧条。

元朝时期，洛阳设河南江北行省，此后河南所指代的范围，不再限于河洛地区，而是作为河南江北行省或者河南省的次级行政区而存在。这一时期，河南府路向西扩展，纳入了灵宝、陕县和洛宁等地。

到了明朝时期，河南府进一步扩大，又增加了卢氏、栾川、嵩县和伊川大部。1368年，明太祖朱元璋在洛阳置河南府，并于1408年把他的儿子伊厉王朱彝封藩洛阳。1601年，明神宗朱翊钧把其第三子福恭王朱常询又封藩洛阳。洛阳作为明朝藩王的封地长达250年之久。

明代洛阳城是伊王、福王的封邑和河南府、洛阳县的治所，建筑规模比金、元有所扩大。1373年，明威将军陆龄依金在元旧址筑砖城，挖掘城壕。城周长约4千米，墙高13.3米，壕深约16.7米，阔10米。

明代洛阳城开四门，东曰建春，西名丽景，南称长夏，北为安喜。城门上建阙楼，外筑月城，环城设39座敌台。万历初年，河南守道杨俊民又改四门名称为东"长春"、西"瑞光"、南"熏风"、北"拱辰"。崇祯末年，又在城外筑一道墙，高约4.3米，宽3.3米、周

洛阳寺院远景

洛阳出土的元代建筑石刻

长16.5千米。

在清代时期，清朝在洛阳置府治，设洛阳县。在明府王府的废墟上重建的洛阳知府衙门，曾做过光绪皇帝的行宫。清代洛阳城与明代洛阳城相同。历任知府、知县都对城郭街道有所修缮。

1645年至1649年，守道赵文蔚和知府金本利用福王残垣废砖，修砌加固了四面城墙，建城楼8座。1705年以后，分别重修了四面城门楼，且定名为东"迎恩"、西"方安"、南"望涂"、北"长庆"。

清代洛阳城内东西、南北两条主干道。分东南、西北、东北、西南四隅。河南府署及通判署、教授署、推官署、经币署、察衙署均分布在四隅街巷内。

阅读链接

灵山寺有两孔石窟。东面窟里的石雕佛像，额题是"何须面壁"，两侧挂着"莫向他山借石；还来此地做人"的一副对联，所含禅机耐人寻味。西面窟额题"圣泽日新"，窟内有一股清泉流出，经石桥绕向前院，注入东西汤王池。

石窟后建有一座高台，上有大汤王殿及东西厢房。台上栽植数株银杏树和"扭筋莲花柏"，游人可在此尽享前人留下的余荫。观音寺中还有汤王池、洗心井等名景，池中或井中的水位不论旱涝，始终如一，堪称一绝。

古都郑州

郑州是河南省的省会，位于河南中部偏北，在万里母亲河黄河南岸，是中原地区的大都会。郑州是五帝、夏、商三朝的腹地，为中华民族的发祥地之一，孕育了中华民族极其光辉灿烂的文化。

郑州历史悠久，早在5000前，它就是黄帝的都邑。此后，夏、商、管、郑、韩五朝相继以郑州为都，隋、唐、五代、宋、金、元、明和清8代均在郑州设州。

从轩辕故里祠到商汤建都

公元前3000年左右的仰韶文化时期，也就是新石器时代的中晚期，在我国的中原一带居住着一个以熊为图腾的有熊氏部落。

有熊氏部落首领有个儿子叫轩辕。轩辕长大后被人们拥立为有熊氏部落的首领，人称黄帝。据说，轩辕黄帝非常有才华，发明创造繁多，成就辉煌，被尊为中华民族的"人文始祖"。后来，人们为了纪念他，便在黄帝建都的地方新郑，修建了轩辕故里祠。

这座祠堂始建于汉代，明清时期均有修建。1751年，新郑县令徐朝柱在祠前立了一通"轩辕故里"碑。

■ 轩辕　中华民族始祖，人文初祖，我国远古时期部落联盟首领。他播百谷草木，大力发展生产，始制衣冠，建造舟车，发明指南车，定算数，制音律，创医学等。曾战胜炎帝于阪泉，战胜蚩尤于涿鹿，诸侯尊为天子，被视为中华民族的始祖。因土是黄色的，所以称为黄帝。

■ 黄帝故里

在河南新郑市区轩辕路的黄帝故里景区内，主要有正殿、东西配殿和祠前庭等。正殿5间，大殿门楣上写着"文明始祖"四字。中央供奉轩辕黄帝中年金身塑像，上面有"人文初祖"4字匾额。

在大殿四周的墙壁上是8幅壁画，生动地展示了黄帝一生的丰功伟绩。在大殿后边有黄帝的出生地轩辕丘。

东西配殿各3间，东配殿内塑有黄帝的元妃嫘祖"先蚕娘"像。西配殿内塑有黄帝的次妃嫫姆"先织娘"像。

祠前庭3间，以图片展示河南新郑的裴李岗、仰韶和龙山文化时期文物。祠庭院内，还树有"林则徐拜祖碑"和世界客属总会拜祖碑等。

除了这座轩辕故里祠，在河南新郑地区距离县城西北约8千米处的裴李岗村西，还有一处我国8000年

仰韶文化 黄河中游地区重要的新石器时代文化，因在河南渑池县仰韶村被发现而得名。但仰韶文化以陕西华山为中心分布，分布最为密集的地区在陕西关中、陕北一带。仰韶文化的持续时间大约在公元前5000年至前3000年，分布在整个黄河中游从今天的甘肃省到河南省之间。

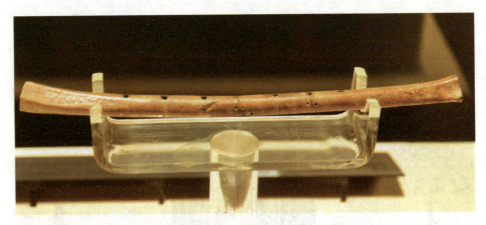

■ 裴李岗遗址出土的骨笛

契 契玄王，尧时司徒。子姓，河南商丘人，帝喾的儿子，唐尧的异母弟，生母为简狄。有娀氏有两个女儿，大女儿叫简狄，小女儿叫建疵，两人都长得非常的美丽动人。传说，简狄因吞食了燕卵而生契。

夏桀 又名癸、履癸，商汤把他谥号桀，是凶猛的意思。桀是夏朝第16代君主发的儿子，在位52年。履癸文武双全，但荒淫无度，暴虐无道。商汤在名相伊尹谋划下，起兵伐桀，后被放逐而饿死，是历史上著名的暴君。

前的人类文化遗存——裴李岗遗址。

此遗址面积达2万平方米。该遗址的发现填补了我国仰韶文化以前新石器时代早期的一段历史空白。从此处发掘出墓葬114座、陶窑1座、灰坑10多个，还有几处残破的穴居房基。

此遗址出土各种器物400多件，包括石器、陶器、骨器以及陶纺轮、陶塑猪头、羊头等原始艺术品。

这些遗址的发现，标志着我华夏子民从8000年前便已存在，这对我国的史前文明研究具有十分重要的意义。

公元前2070年至公元前1600年，夏朝的禹建都于登封阳城王城岗，禹的儿子启建立了我国历史上第一个奴隶制王朝。从此，以嵩山为中心的伊洛河和颍河上游一带以及山西南部是夏人的活动中心。

商部落从君主契开始至商汤共迁徙8次，公元前1675年，商汤以"吊民伐罪"的名义攻占夏朝国都封丘，灭掉夏桀，创立我国历史上第二个奴隶制王朝，商汤建都今郑州市区一带，史称西亳。

商代都城有内外两重城垣，内城城垣呈长方形，外城城垣呈圆形围绕着内城。其"外圆内方"的城郭布局体现了古人"天圆地方"的宇宙观。

商代城周长达7千米，面积4430平方米。墙体是采用分段版筑法逐段夯筑而成，夯层较薄，夯窝密集，相当坚固。在城墙内外两侧都建有夯土结构的护城坡。

在城东北部有大型宫殿，城四周有铸铜、制陶等手工业作坊及大面积住房和水井等。宫殿区近40万平方米基址都用红土与黄土夯筑而成。台基平面多呈长方形，表面排列有整齐的柱穴，柱穴底部有柱基石。

在宫殿区内，不仅有我国最早的原始青釉瓷尊和商代王室专用的青铜方鼎，还有专门用于贵族祭祀活动的地方。这些古老的建筑群，后来被作为"郑州商城遗址"，保存至今。

郑州商城遗址坐落在郑州商代遗址中部，也就

青釉 我国瓷器著名的传统颜色釉，亦称"青瓷釉"。古代南方青釉，是瓷器最早的颜色釉。所谓"青釉"，颜色并不是纯粹的青，有月白、天青、粉青、梅子青、豆青、豆绿、翠青等，但多少总能泛出一点青绿色。同时，古人往往将青、绿、蓝3种颜色，统一称为"青色"。

■ 商代都城遗址

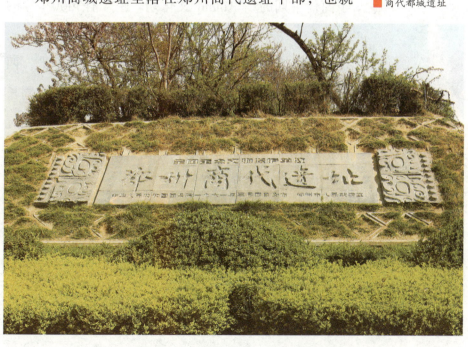

■ 郑州商代遗址

二里岗文化 商代前期重要文化遗址，位于河南郑州市东南部，时代早于殷墟。包括上下文化层，陶器多是泥质灰陶和夹砂灰陶。下层的鬲、瓶、斝多作卷沿、薄胎、高锥足，饰以细绳纹。以该遗址为代表的同类遗存称二里岗文化。

是郑州市区偏东的郑县旧城及北关一带。城墙始筑于商代中期的二里mmq文化期，距今有3600多年的历史。

商城遗址近似长方形，北城墙长约1.69千米，西墙长约1.8千米，南墙和东墙长度均为1.7千米，周长近7千米。城墙底宽20米左右，顶宽5米多，其高度复原后约10米。以全部城墙长、宽、高计算，郑州商城约用夯土量为87万立方米。

城墙周长6.96千米，有11个缺口，其中，有的可能是城门。城内东北部有宫殿区，宫殿基址多处，其中心有用石板砌筑的人工蓄水设施。城中还有小型房址和水井遗址。城外有居民区、墓地、铸铜遗址及制陶制骨作坊址等。

小型墓的随葬品以陶器为主，中型墓多数随葬有青铜礼器、玉石器及象牙器，一座墓中有人殉。后人在南城外侧还发现一段外郭城墙。

此外，还有两处铜器窖藏，内有杜岭方鼎及圆鼎、提梁卣、牛首尊等，被认为是商王宣的礼器。遗址中还有原始瓷器和刻辞卜骨等。

在商城周围，还有与商城同时期的铸铜、制陶、制骨等作坊遗址4处、铜器窖藏两处及100多座中小型墓葬。出土的遗物以陶器最多，青铜器、石器、骨器次之，并有蚌器、玉器、原始瓷器、印纹硬陶、白陶器、象牙器等。

在杜岭铜器窖藏中出土的一件方鼎，高1米，重86.4千克，已成为郑州市的象征。这些古老的文物与古迹，对于研究商代历史和古代城市发展史都具有重要价值。

礼器 我国古代贵族在举行祭祀、宴飨、征伐及丧葬等礼仪活动中使用的器物。用来表明使用者的身份、等级与权力。商周青铜礼器又泛称彝器。礼器是在原始社会晚期随着氏族贵族的出现而产生的。在龙山文化大墓中，出土有彩绘龙盘及鼍鼓，在良渚文化的一些大墓中，出土有玉琮、玉璧等。

阅读链接

新中国成立后，新郑市政府以轩辕故里祠为中心，经过整修、扩建和改造，建成了黄帝故里景区。全区共分5个区域：中华姓氏广场、轩辕故里祠前区、轩辕故里祠、拜祖广场、轩辕丘与黄帝纪念馆区。

其中，中华姓氏广场占地1.7万平方米，在广场的中心，有一座中华第一鼎，名为黄帝宝鼎。此鼎高6.99米，鼎口直径4.7米，腹深2.8米，耳高1.5米，足高2.8米，重24吨，鼎足为熊足，取意轩辕黄帝系有熊氏。鼎腹饰九龙，造型庄严、凝重、大气，被誉为"天下第一鼎"。

轩辕故里祠前区，由南向北依次为汉代石阙、日晷、指南车、四柱石坊、轩辕桥与姬水河、"轩辕黄帝之碑"。

春秋时期的郑韩故城遗址

公元前765年，郑武公将都城迁往溱洧，即河南郑州隶属的新郑一带。此后，郑国一直以该地为都，郑武公给该地取名新郑。公元前375年，韩国灭掉郑国迁都新郑。

公元前230年，秦王嬴政派内史腾率军突然南下渡过黄河，攻破新郑，韩国灭亡。新郑作为郑国和韩国国都达500年之久，为此，在现存的新郑市区周围，还保留着当时古都的建都遗址——郑韩故城遗址。

郑韩故城是目前世界上在同一时期保存最完整、城墙最高、面积最大的古城。

古城是依据双泊河和黄水河两岸附近的地势建成的，周长约38千米。中部有一道南北向的隔墙，这道隔墙

■ 秦始皇嬴政

■ 郑韩故城

也就是一条分界线,将故城分为西城和东城。其中,西城也称"主城"或"内城",东城也称"外城"或"外郭城"。

其中,西城内分布有韩国宫城和宫殿区、缫丝作坊遗址。东城内分布有郑国宫庙遗址、祭祀遗址、铸铜遗址和韩国铸铁、制骨、制玉、制陶等多处遗址。

除了西城的南墙和西墙外,其余部分大都可以找到城墙或墙基痕迹。所有城墙全是用黄土或红黏土分层夯筑而成,夯层厚度一般为0.1米左右,但也有厚达0.12~0.19米的,从每层夯面观察,当时使用的是圆形平底夯,夯窝口径0.05~0.06米,城墙一般都夯筑得比较坚固。

在郑韩故城西城中部,今花园村西一带,还有一座规模较小的城址,略呈长方形,东西长约500米,南北宽约320米,城墙墙基宽10~13米,全部掩埋在地面以下,深0.3~1米,也是分层夯筑而成的。

春秋 我国历史阶段之一。关于这一时期,一般有两种说法:一种说法认为是公元前770年至前476年;另一种说法认为是公元前770年至前403年。孔子曾经编了一部《春秋》,书中记载的时间跨度与春秋时代大体相当,所以后人就将这一历史阶段称为春秋时期,基本上是东周的前半期。

在西城内的西北部，今阁老坟村西，还有一个高出地面约8米的夯土台基，《新郑县志》称为梳洗台，群众称它为梳妆台。

台基底部南北长约135米，东西残宽约80米，台上发现3眼水井和埋入地下的陶排水管道。

在阁老坟村北，还有一处地下建筑遗存，人们一般都把它称为"地下室"。它是从地面向下挖成的一座口部略大于底部的长方形建筑，口部南北长约8.9米，东西宽约2.9米，四壁全是用土夯筑起来的，东南角处挖筑一条宽0.56~1.15米的台阶式走道，这是出入地下室的唯一通道。

室内底部偏东侧，还有一处南北成行的五眼井，这五眼井全是用陶制井圈逐层叠筑而成的，井圈直径一般为0.76~0.98米，井的间距为0.3~0.65米，井的深度为1.76~2.46米，均在地下水位以上。

在地下室和5眼井的填土中，包含有大量的猪、牛、羊、鸡等动物的骨骼，占其所含遗物总数的1/3左右。

为此，人们推断，这座地下建筑可能是为了满足统治阶级的需要而建造的一所储藏食品的大型窖穴。

根据地层关系和出土遗物来看，"梳妆台"的建造使用时间，经

春秋古城遗址

历了春秋、战国两个历史阶段，地下室是战国时期的建筑遗存。

战国青铜器武王戈

在郑韩故城东城内，还有好几处手工业作坊遗址。主要有小昊楼村北的春秋战国时期铸铜器作坊遗址，张龙庄村南的春秋战国时期制骨器作坊遗址，仓城村北的战国时期铸铁器作坊遗址等。

此外，在白庙范村北还有一个战国兵器坑，里面有戈、爪、剑等铜兵器180多件，其中不少都带铭文，这些文物为研究我国古代的制陶、制玉作坊提供了重要的历史线索。

另外，在郑韩故城内外，还有几处春秋战国时期的墓地，这些古老的历史遗迹，为研究我国春秋战国时期郑国和韩国的历史文化提供了重要的实物资料。

阅读链接

郑韩故城遗址发现于1923年，当时最先发现的是新郑李家楼郑伯墓。新中国成立后，1961年，此地被国务院公布为第一批全国重点文物保护单位。1964年河南省文化局文物工作队在新郑设立工作站，开始了长期不断的考古勘探与发掘。

首先，考古学者发现了郑城的地理位置，以及郑韩两国的官殿基址。

在1984年至1988年间，考古学者又在东城，今新郑市政府以北，发现了春秋时期密集的大型建筑群。1993年，又在东城中部偏南侧的金城路发现郑国多座礼乐器坑和殉马坑。

1996年至1998年，又在郑韩故城东城郑国祭祀遗址东南部的一些春秋坑井中，发现了手工业作坊遗址。

从南北朝寺庙至北宋巩县八陵

　　魏晋南北朝时期，佛教和道教兴盛。郑州由于距离洛阳比较近，加之中岳嵩山雄伟的气势、优美的环境，受到了上自帝王下至普通僧尼的青睐，纷纷在这里建寺立庙，使郑州地区成了佛道文化的圣地。

少林寺石牌坊

郑州地区著名的少林寺、嵩岳寺、永泰寺、巩义石窟寺和中岳庙等都在这一时期建立。

古代印度高僧达摩云游至嵩山少林寺面壁9年，传衣钵于和尚慧可。此后，达摩被人尊为中国禅宗初祖，少林寺的禅宗祖庭地位也由此确立。

少林寺位于河南省郑州市登封嵩山五乳峰下，是少林武术的发源地。由于其坐落嵩山的腹地少室山下的茂密丛林中，所以取名"少林寺"，寺内有少林寺院、塔林、达摩洞、初祖庵等景点，更拥有传承千年的少林"禅、武、医"文化。少林寺因少林功夫而名扬天下，号称"天下第一名刹"。

嵩岳寺，又名大塔寺，位于在郑州市登封西北的太室山南麓，早先是北魏皇室的一座离宫，后改建为佛寺。此寺的建造年代在508年至520年之间，最少也有1450年的历史。

嵩岳寺背倚太室诸峰，群山环抱，林泉秀美，曲尽山居之妙，是为胜景之地。特别是嵩岳寺塔是我国现存最早的密檐式砖塔，塔高约45米，驰名中外。

嵩山永泰寺

青史留芳的古都古城

赵弘殷 宋宣祖，北宋开国君主宋太祖赵匡胤的父亲。少骁勇善战，初事后唐镕，有功，留典禁军，迁护圣都指挥使。入后周，以功累迁至检校司徒，封天水县男，与子匡胤分典禁兵。宋初追尊武昭皇帝，庙号宣祖。

永泰寺，位于河南省郑州市登封西北的太室山西麓，坐东朝西，面对少林寺，背依气势巍巍的望都峰，北临秀丽多姿的子晋峰，南有知崖万壑的少室山和碧波荡漾的少林水库。

永泰寺是佛教禅宗传入中原后营建的第一座女僧寺院，也是我国现存始建年代最早的尼僧佛寺。

中岳庙即指嵩山中岳庙，位于河南嵩山南麓的太室山脚下，河南省登封市城东4千米。它背依黄盖峰，面对玉案山，西有望朝岭，东有牧子岗，群山环

抱，布局严谨，规模宏伟，红墙黄瓦，金碧辉煌。

中岳庙总面积11万平方米，为中州祠宇之冠，是五岳中现存规模最大、保存较完整的古建筑群，也是河南省规模最巨、最完整的古代建筑群。如此宏大而又幽雅庄严的庙宇在全国也是罕见的，此为华夏文明圣地。

960年，赵匡胤建立了宋朝，定都开封。之后，郑州于1105年被建为西辅，属京西北路，升奉宁军，地位高于府、州，下辖管城、荥泽、原武、新郑和荥阳。在宋朝统治郑州期间，宋代的皇帝们认为郑州的巩县，北依嵩山，南临洛水，形势险要，这是"王气"和"龙脉"的所在地。

为此，北宋的9个皇帝，除了宋徽宗和宋钦宗两位皇帝外，其余7个皇帝及宋太祖赵匡胤的父亲赵弘殷都葬在巩县，通称七帝八陵，也称"北宋八陵"或"巩县八陵"，再加上后妃和宗室亲王、王孙及功臣名将等共有陵墓近千座。

北宋皇陵群从963年开始营建，前后经营达160多

禅宗　佛教分为九乘佛法，禅宗是教外别传的第十乘。禅宗又名佛心宗摄持一切乘。汉传佛教宗派之一，始于菩提达摩，盛于六祖惠能，中晚唐之后成为汉传佛教的主流，也是汉传佛教最主要的象征之一。其核心思想为：不立文字，教外别传，直指人心，见性成佛。

089

五朝都城

古都郑州

■北宋皇陵

■ 巩县八陵的永昭
陵石像

年，形成了一个规模庞大、气势雄伟的皇家陵墓群。各陵园都由上宫、宫城、地宫和下宫4部分组成，围绕陵园还建筑有寺院、庙宇和行宫等。陵台植有松柏，横竖成行，四季常青。

这8座陵墓包括：宋宣祖的永安陵、宋太祖的永昌陵、宋太宗的永熙陵、宋真宗的永定陵、宋仁宗的永昭陵、宋英宗的永厚陵、宋神宗的永裕陵和宋哲宗的永泰陵。

其中，宋太祖赵匡胤的永昌陵不像唐代那样以峰为陵，而是人工筑坟。

整个陵园统称"兆域"。

里面的石刻主要分布在上宫的神道两侧，它对称排列，造型有武将、文臣、客使，以及羊、马等动物。刀法洗练，线条简明，形象逼真生动，有浓厚的晚唐遗风。

石狮子 就是用石头雕刻出来的狮子，是在我国传统建筑中经常使用的一种装饰物。在我国的宫殿、寺庙、佛塔、桥梁、府邸、园林、陵墓以及印钮上都会看到它。但是更多的时候，"石狮"是专门指放在大门左右两侧的一对狮子。

宋太宗赵炅的永熙陵是八陵中最宏伟的一座，陵址在西村，距县城约5千米。永熙陵的石刻气势非凡，雄伟壮观。

人物形象气宇轩昂，较为高大，暗示对宋太宗丰功伟绩的赞颂和北宋初年上升时期的景象。其中的石羊昂首静卧，形象优美，是不可多得的精品。

宋真宗赵恒的永定陵的陵址在芝田。现存的地面雕刻造像是宋陵中保存最完整的一个。该陵石象造型硕大，象座四围刻的牡丹缠枝花纹是宋陵中所独有的纹样。永定陵神道上的石狮子，是古代动物雕塑的优秀作品之一。

宋仁宗的永昭陵内石刻较之以往笔法细腻，比例协调适度。因宋代对外实行结盟政策，使得外来使节频繁入宋，在石刻上也有所反映，永昭陵的客使形象，体质厚重，轮廓线条简练明确，刻画入微，达到了形神兼备的艺术效果。

永厚陵的石刻和永昭陵的艺术风格相似。永裕陵的石刻艺术表现手法较为写实，生活气息浓厚。

这些陵墓堪称露天艺术博物馆，是研究宋代典章制度和石刻艺术的十分珍贵的实物资料。

阅读链接

据说，北宋皇帝赵匡胤自选陵墓还有这样一个传说：

赵匡胤非常想迁都洛阳，但被他的弟弟赵光义和群臣阻拦，心中非常悲苦。当他从洛阳回开封经过巩义时，他祭奠埋在这里的父亲，更加悲从中来。

于是，他登上阙台，面向西方，要来弯弓，对臣下说："我生不能居西京，死当葬此地！"

说完，他便弯弓搭箭，响箭向西北飞驰而去，箭落的地方就是后来的宋太祖赵匡胤的永昌陵。

从元代观星台到明初的城隍庙

金代至元代时期，郑州的土地大量荒芜，经济发展基本处于停滞状态，唯有天文学取得了一定成就，天文学家郭守敬和王恂主持在全国设立了27个天文观测台，郑州登封的观测台则是全国观测中心。

这座观测台又名观星台，位于登封市城东南7.5千米的告成镇周公庙内，距周公测景台20米，是我国现存最古老的天文台，世界上著名的天文科学建筑物。

观星台由台身与石圭、表槽组成。台身上小下大，形似覆斗。台面呈方形，用水磨砖砌造。台高9.46

■ 郭守敬（1231—1316年)，字若思，河北人。元朝的天文学家、数学家、水利专家和仪器制造专家。郭守敬曾担任都水监。1276年郭守敬修订新历法《授时历》。《授时历》是当时世界上最先进的一种历法。

■ 郭守敬观星台

米，连台顶小屋通高12.62米。台下边宽16米多，上边约为下边之半。

在台身北面，有两个对称的出入口，筑有砖石踏道和梯栏。台顶各边有明显收缩，并砌有女儿墙，台顶两端小屋中间，由台底到台顶，有凹槽的"高表"。在凹槽正北是36块青石平铺的俗称量天尺的"石圭"。石圭通长31米。

在观星台内，还有一"测景台"，据说，它是我国古代周文王的第四个儿子姬旦修建，是古代祖先测量日影，验证四时的仪器。周在灭商之后，建立了周王朝，俗话说"得中原者得天下"，周王朝因此要在中原建都，也就是现在的洛阳，为了政治统治的需要，也为了寻求营建东都洛阳的准确天文依据，周公姬旦才修建了"测景台"。

观星台建于元朝初年，距今已有700年的历史，对于研究我国天文史和建筑史都具有极高的价值。在

王恂　元代数学家、文学家。王恂任太史令期间，分掌天文观测和推算方面的工作。他在《授时历》时的贡献与郭守敬齐名。王恂死后，他创造的历律计算法由郭守敬等整理成《推步》七卷、《立成》二卷、《历议拟稿》三卷、《转神选择》二卷、《上中下注释》十二卷留传后世。

■ 郭守敬纪念馆

观星台上，还有各种天文仪器，包括沈括浮漏、正方案、仰仪、景符和日晷等。除了测量日影的功能之外，当年的观星台上可能还有观测星象等设施。

在元末明初时，随着回族人口进入郑州，他们所信仰的伊斯兰教也随之带入郑州，而且在郑州的北大街兴建了郑州清真寺，又名北大清真寺，这是我国伊斯兰教在郑州建造最早、规模最大的清真寺。

郑州清真寺位于北大街128号，占地约1.1万平方米，为两进院对称，是我国的传统宫殿式建筑。主要由大门、望月楼、大殿、南北讲堂、浴室和殡仪馆组成。

其中，望月楼大殿也称礼拜殿，是清真寺的主体建筑，高约10米，面阔5间，进深4间，有卷棚、前殿、后殿和庑殿式后窑。

望月楼又名唤醒楼，为伊斯兰教寺院中特有的

日晷 本义指太阳的影子。现代的"日晷"指的是我国古代利用日影测得时刻的一种计时仪器，又称"日规"。其原理就是利用太阳的投影方向来测定并划分时刻，通常由晷针和晷面组成，按晷面放置的方向，可分为赤道、地平、竖立、斜立等形式。

建筑，是阿訇观月和斋戒之用。望月楼小巧玲珑，造型、结构艺术等皆为此寺之精华，其两侧各有硬山单披式掖门。

礼拜殿前两侧是讲堂和硬山单披式掖门，并有陪房、沐浴室等。郑州清真寺殿宇前后相连，组合一处，称为勾连搭式，可容纳500多人同时做礼拜。

随着这座清真寺的建立，到了明朝初年，在郑州城内，又建成了著名的城隍庙。

郑州城隍庙全称郑州城隍灵佑侯庙，又名纪信庙，该庙始建于何时，文献缺乏确切记载，现存建筑建于1501年。

城隍庙整个庙宇坐北面南，山门、前殿、戏楼、大殿、寝宫和东西廊庑等建筑，沿中轴线依次排列，层次分明，布局结构合理。而且都是琉璃瓦覆盖，卷

■ 郑州城隍庙戏台

■ 郑州文庙

棚出厦，飞檐四出，造型精致，结构紧凑。

整个建筑红砖绿瓦，雕梁画栋，既凝重端庄，又古朴典雅，是郑州市绝无仅有的明清建筑精品。

其中，庙内歇山式双层戏楼，堪称郑州之最。戏楼高达15米，歇山式双层建筑，正脊浮雕数条游龙，有凤凰在上下飞舞，有荷花、狮子在左右陪衬，异常生动。

大殿正脊两端雕有吞脊吻兽，两侧刻滚龙数条，装饰有凤凰、牡丹。殿上刻有八仙过海及苍松翠柏、人物鸟兽，构图和谐精致，左右对称，绝妙异常。殿内还专门供奉汉高祖刘邦麾下的大将纪信。

每年庙会时节，台上古乐喧天，丝弦阵阵，台下游人如痴如醉。加之杂耍、民间工艺品，各种名优小吃缤纷上市，更给城隍庙平添不少光彩。

在郑州城内，除了北大清真寺和城隍庙以外，还有著名的文庙、孔氏家庙、关帝庙和晋王庙等。

其中，郑州文庙始建于东汉明帝永平年间，共有殿宇廊亭200多间，占地约5万平方米，东西各有一座过街牌坊。

1738年曾经大规模修建，1876年遭火焚，建筑毁废殆尽。以后虽又修复，规模已远不如前，后来仅存

麒麟 亦作"骐麟"，简称"麟"，外形像鹿，头上独角，全身有鳞甲，尾像牛尾。它是我国古籍中记载的一种动物，与凤、龟、龙共称为"四灵"，是神的坐骑，古人把麒麟当作仁兽、瑞兽。雄性称麒，雌性称麟。麒麟是吉祥神兽，主太平、长寿。

有大成殿和戟门两座古建筑及几间小厢房。

大成殿坐北朝南，殿宇雄伟高大、庄严肃穆。它的建筑形式为古代歇山式建筑，其殿顶构造复杂，工艺精湛，堪称一绝。

大殿最高处称"脊"，脊的两端各有两米高的龙头形构件，称为"吻"，其意为龙司降雨，是防火的标志。脊的正中央高耸着一个双层楼阁建筑构件，上塑麒麟、大象等祥瑞饰物。

脊面上塑有"二龙戏珠""蜘蛛盘丝""凤凰牡丹"等吉祥图案，造型优美，生动传神。

大殿顶面覆盖绿色琉璃瓦，与脊饰光彩交映。大殿的东、西侧面是"两山"，两山的"博风"上，有玉皇大帝、如来说法、八仙过海、戏曲人物等图案，构图精美、制作细致。

殿檐下面是令人眼花缭乱的"五踩重昂斗拱"，木工结构复杂，彩绘繁缛，显示了古代工匠高超的工艺水平。

殿宇内梁架椽檩上的木雕、彩绘更是构思精妙，让人叹为观止。

郑州作为一座文化古城，境内的文物资源众多，有古城、古文化、古墓葬、古建筑、古关隘和古战场在内的遗址遗迹达1万多处。

■ 康百万庄园

■ 杜甫（712—770年），字子美，自号少陵野老，世称"杜工部""杜老""杜少陵"等。盛唐时期伟大的现实主义诗人。他的诗保留下来的有1400多首，备受推崇。杜甫被世人尊为"诗圣"，其诗被称为"诗史"。

其中，天地之中历史建筑群是世界文化遗产，包括最早的天文建筑观星台、最大的道教建筑群中岳庙、东汉三阙、会善寺、宋代四大书院之一的嵩阳书院、嵩岳寺塔和嵩山少林寺建筑群，等等。

这些古迹中，康百万庄园位于河南省郑州市下辖巩义康店镇，是康氏家族先祖康绍敬建造的府邸；郑州郭家大院近邻郑州商城遗址南城墙，是"郑州最后的四合院"；杜甫故里位于巩义市西北的康店镇康店村西部邙岭上，是我国唐代诗人杜甫的出生和安葬地。

阅读链接

作为古老的历史文化名城之一，郑州不仅有以文物古迹为主的旅游文化，它还拥有饮食文化、戏曲文化等多方面。

其中，郑州面食名吃有合记羊肉烩面、萧记三鲜烩面、杨记牛肉拉面、蔡记蒸饺、葛记焖饼等。郑州人以面食为主，有蒸馒头、摊煎饼、油炸的菜角。郑州号称"烩面之城"，烩面馆遍布大街小巷。豫菜是郑州颇具地方特色的菜系。如"鲤鱼焙面""童子鸡""套四宝"是当地的豫菜代表。

同时，河南是戏曲大省。除了传统的豫剧、曲剧和越调三大剧种外，还有10多个地方剧种，几百年来戏曲一直都是郑州城乡居民文化生活的主要组成部分。

古都安阳

安阳位于河南省最北部，地处南北交通要冲，东接齐鲁，西依太行，北濒幽燕，南望中原，西部为山区，东部为平原。

安阳作为七朝古都，具有深厚的历史文化积淀。据考古发现，早在2.5万年前的旧石器时代晚期，人类就在安阳留下了活动的遗迹，创造了著名的"小南海文化"。

自商王盘庚率领部族迁徙安阳，相继有三国时的曹魏，十六国时期的后赵、冉魏、前燕，北朝时期的东魏、北齐等在此建都。

武丁为纪念亡妻建成妇好墓

相传，在4500年前，颛顼帝和帝喾帝在安阳境内建都。他们前承炎黄，后启尧舜，奠定了华夏文明的根基，他们都是贤明的帝王，被后世尊为华夏人文始祖。历史上确定安阳建都的最早文字记载，据商都殷墟甲骨文考古发掘证实为我国商代时期。

在公元前1300年，商王盘庚率领臣民从山东奄，即今山东曲阜，

妇好墓遗址

迁都于殷，即今安阳市区小屯村，安阳遂为殷商国都。

安阳古都内现存的商都殷墟位于安阳市西北，面积约30平方千米，整个殷墟区大致分为宫殿区、王陵区、一般墓葬区、手工业作坊区、平民居住区和奴隶居住区，是我国第一个有文献记载并为甲骨文和考古发掘所证实的商代都城遗址。

从殷墟的规模、面积和宫殿的宏伟，出土文物的质量之精、之美、之奇，数量之巨，都可以充分证明它当时不仅是全国，而且是东方政治、经济和文化中心。商灭亡后，这里逐渐沦为废墟。

作为商代晚期的国都，殷墟依托洹河，地理位置优越，形成了以宫殿宗庙区为中心的环形、分层、放射状分布的总体规划形式，体现出了一个高度繁荣都城的宏大气派。

濒河而建的殷墟宫殿建筑以土木为主要建筑材料，形式多样，对我国古代的宫殿宗庙建筑产生了重要的影响。以宗族为单位的民居，成片分布，并铺设了陶制排水管道。其聚族而居、聚族而葬的形式，一直延续至今。

12座王陵大墓和数量惊人的人殉和祭拜用品则组成了我国目前已知最早的、最完整的王陵墓葬群，代

■甲骨文

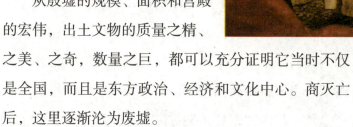

人殉　用活人为死去的氏族首领、家长、奴隶主或封建主殉葬。人殉是阶级对抗的产物，也是一种残忍而野蛮的宗教行为，它出现于原始社会末期，盛行于奴隶制时代。殉葬者多是死者的近亲、近臣和近侍，以及战争中的俘虏等。在阶级出现的时代里，人殉成为一种广泛流行的古代丧葬仪式。

■ 二帝陵遗址

青史留芳的古都古城

武丁 姓子，名昭，是我国商朝时期第二十三位国王，著名军事统帅。他是商王盘庚的侄子，父亲是商王小乙。庙号为高宗。他在位时，攻打鬼方，任用贤臣傅说为相，妻子妇好为将军，商朝再度强盛，史称"武丁中兴"。

表了我国古代早期王陵建设的最高水平。

除了古老的商都殷墟之外，我国后人还在安阳所辖内黄县城东南30千米处，发现了古人为了纪念上古时期三皇五帝中高阳氏颛顼和高辛氏帝喾而修建的两座皇陵，称为二帝陵，又称高王庙。距今约有4500年的历史。

二帝陵始建年代不详。它坐北面南，占地350多平方米。沿着主轴线有御桥、山门、祭拜殿和陵冢等建筑。由于清代一场铺天盖地的沙尘暴的掩埋，东侧的建筑群至今未能全部清理出来。墓冢位于鲋鰅山之阳，东为颛顼陵，西为帝喾陵。

二帝陵的围墙东西长160多米，南北宽66米，陵墓至大殿有3条甬道，甬道为砖石所砌。大殿在半山腰，殿内有历代碑刻40多通，院内共有元、明、清历代御祭碑碣165通，其中一通是元代重修记事碑。从山上走下，山门右侧有一眼宋代砖井，至今井水甘甜可口。站此远眺，可见御桥。

公元前1250年，殷商的第二十二任皇帝武丁登基。武丁即王位后，提拔傅说执政。傅说原为刑徒，被武丁发现，加以重用。武丁还任用甘盘为大臣，以此二人"接天下之政，治天下之民"，力求巩固统治，增强国力，使商王朝得以大治。

在武丁的统治下，商王朝的经济推向极盛，他也因此被称作"中兴之王"，后人又称他为武丁大帝。这位武丁之所以在统治期间，取得了很好的政绩，一方面源于他会用人，另一方面还源于他有一个好妻子。

商王武丁的妻子名叫妇好，她是我国历史上第一位有据可查的女将军。她的名字叫"好"，"妇"则是一种亲属称谓，而她的另一个称号是"母辛"。当年，武丁通过一连串的战争将商朝的版图扩大了数倍，而为武丁带兵东征西讨的大将就是他的王后妇好。

妇好死后，武丁不循皇家礼俗，厚葬妇好于宫殿之侧，为祭祀妇好，武丁又在其墓地上建造宗庙，甲骨卜辞称其为"母辛宗"的享堂。这座为妇好兴建的陵墓保存至今，后人称它为"妇好墓"。该墓地位于河南省安阳市境内，是我国现存唯一能与甲骨文相印证而确定其年代与墓主身份的商王室墓葬。

整座墓地为长方形竖穴，南北长5.6米，东西宽4米，深8米。墓室上部有一与墓口大小相似的夯土房基，是用于祭祀的建筑。

墓内有二层台和腰坑，东、西

商王武丁妻子妇好塑像

妇好

鼎 古代烹煮用的器物，一般是三足两耳。一般来说鼎有三足的圆鼎和四足的方鼎两类，又可分有盖的和无盖的两种。鼎是最重要青铜器物种之一，是用来烹煮肉和盛贮肉类的器具。三代及秦汉延续2000多年，鼎一直是最常见和最神秘的礼器。

两壁各有一个长条形壁龛。葬具为木椁和木棺，椁长5米，宽3.4~3.6米，高1.3米。椁室在潜水面下，大部塌毁，棺木也已腐朽，从残迹可知曾多次髹漆，其上还附有一层麻布和一层薄绢。

墓室有殉葬者16人，其中4人在椁顶上部的填土中，2人在东壁龛中，1人在西壁龛中，1人在腰坑中，8人在椁内棺外。另外还殉狗6只，1只在腰坑中，余均埋在椁顶上部。

妇好墓虽然墓室不大，但保存完好，随葬品极为丰富，有不同质料的随葬品1928件，有青铜器、玉器，宝石器、象牙器、骨器、蚌器等。

其中，最能体现殷墟文化发展水平的是青铜器和玉器。青铜器共468件，以礼器和武器为主，礼器类别较全，有炊器、食器、酒器、水器等。多成对或成组，妇好铭文的鸮尊、盉、小方鼎各一对，成组的如圆鼎12件，每组6件，铜斗8件，每组4件。司母辛铭

■ 妇好墓入口

文的有大方鼎、四足觥各一对。其他铭文的，有成对的方壶、方尊、圆斝等，且多配有10觚、10爵。

■ 妇好墓中的鼎

这些青铜器中，刻有铭文的铜礼器有190件，其中铸"妇好"铭文的共109件，占有铭文铜器的半数以上，并且多数为大型重器和造型新颖别致的器物。

此外，还有贝6800余枚和海螺2枚，分别放在棺椁内和填土中。填土中有陶爵、石磬、象牙杯、玉臼、石牛、骨笄、箭镞等，椁内放置大量青铜礼器，棺内则主要放置玉器、贝等饰物。

这些精美绝伦的随葬品，反映了商代高度发达的手工业制造水平，为我国后人研究古老的殷商文化提供了重要的依据。

铭文 铜器研究中的术语。本指古人在青铜礼器上加铸铭文以记铸造该器的缘由、所纪念或祭祀的人物等，后来就泛指在各类器物上特意留下的记录该器物制作的时间、地点、工匠姓名、作坊名称等的文字。

阅读链接

关于妇好和她的陵墓，以及武丁的故事，人们都是从妇好墓中挖掘出来的甲骨文中的记载而得知的。但是由于这些甲骨文的年代不同，为此，关于妇好墓中的主人和墓葬年代的问题，主要有两种意见：

一种认为，墓主人妇好是第一期甲骨卜辞中所称的"妇好"，即武丁的配偶，庙号称"辛"，乙、辛周祭祀谱中称为"妣辛"，死于武丁晚期。

另一种则认为，墓主人妇好是三四期甲骨卜辞中的"妇好"，即商朝的第二十七位皇帝康丁的配偶"妣辛"。

纣王命人修建首座国家监狱

商代末期，商朝的最后一位帝王纣王为巩固自己的统治，在安阳的汤阴县城北的羑里城建造了世界最早的国家监狱羑里城。

这时，商朝西陲的一个诸侯国领袖周文王姬昌因广施仁德，礼贤下士，发展生产，深得人民的拥戴。这件事被商纣

■ 姬昌（前1152—前1056年），周文王，即殷商西伯，又称周侯，周季历的儿子，姬姓，名昌。先秦时期贵族有姓有氏，男子称氏、女子称姓。故周文王虽姬姓，却不叫姬昌。姬昌一说在东汉时期成型。传说他在羑里根据伏羲氏的研究成果继续演绎易经八卦。

王听说后，他非常的不高兴，便将周文王囚禁在了羑里城。

周文王被囚后，在羑里城潜心治学，将伏羲的先天八卦推演成六十四卦并系以卦爻辞，提出"刚柔相对，变在其中"的富有朴素辩证法的观点，完成了《周易》这部千古不朽的著作。

《周易》以占筮的形式推测自然和社会的变化，内容几乎涵盖了人类社会的全部内容，被誉为"群经之首"。羑里城由此成为风靡全球的周易发祥地，以其博大精深的文化内涵而名扬海内外。

后来，人们为了纪念周文王，就在他曾经被囚的羑里城遗址建起了文王庙。文王庙坐北朝南，主要建筑有演绎坊、山门、大殿、拜殿、演绎台、洗心亭、玩占亭、吐儿冢，还有御碑、文王易碑和岣嵝碑等。这羑里城和文王庙一直保存至今，位于河南安阳市汤阴县。

羑里城遗址，是一片高出地面3米多的土台，南北长105米，东西宽103米，面积达万余平方米。台上有文王庙，坐北向南，古柏苍翠。

■ 周文王陵

六十四卦 《周易》里的"六十四卦"，图像上是由两个八卦上下组合而成。按照一定的规律演化。在阴阳的变化中，阐述哲学思想。对我国传统文化具有相当程度的影响。

缪篆 汉代摹制印章用的一种篆书体。王莽六书之一。形体平方匀整，饶有隶意，而笔势由小篆的圆匀婉转演变为屈曲缠绕。具绸缪之义，故名。清代则将汉魏印采用的多体篆文统称为"缪篆"，也称"摹印篆"。

现存建筑有演易坊、山门、周文王演易台、古殿基址，还有《周文王羑里城》《禹碑》《文王易》等碑刻10余通，这对我国研究《周易》和历史、书法，具有重要的史料价值。

文王庙建在羑里城遗址之上，坐北朝南，现存建筑是1542年重建。

在城台的南下端，建有青石牌坊一座，上镌楷书大字"演易坊"。山门前两侧，各有碑石一通。西侧巨碑上刻"周文王羑里城"6个如斗大字。东侧方碑，则是著名的"禹碑"，又作《岣嵝碑》。上面写着77字，其书法非符篆，又非缪篆，颇为奇特。

拾级而上，山门巍峨屹立。参天的古柏布满了庙院。院内西侧便是演易台，相传这里是西伯姬昌被囚演易之所。上下两层，均是3间，楼高13米，建在1米

■ 文王坊

周文王羑里城

多高的砖石台基上。门额上阳镂"演易台"3字。

林立在庙院中的碑刻，均是明清以来帝王、文武官员以及文人学士颂扬文王的诗、赋、篇章。其中最为引人瞩目的是《文王易》碑，上镂《周易》六十四卦及其释卦辞文，是研究《周易》的重要资料。

此外，在羑里城的遗址中，还有一处蕴含丰富的龙山至商周时期的文化遗址，厚达7米的文化层断面依稀可见远古时期人们居住、生活的情景。此遗址已被列为国家级重点文物保护单位。

阅读链接

据说，周文王姬昌在羑里城里被关了7年。后来，他的臣子闳夭等人为营救文王出狱，找来很多美女、宝马、珠玉献给纣王。

纣王见了非常高兴地说："仅美女就足够了，又何必献出这么多的宝物呢！"

于是便下令赦免了文王出狱，并赏给他弓、矢、斧、钺，授权姬昌讨伐商朝那些不听命的诸侯。这就是我国历史书中说的文王"羑里之厄"。

古都内外寺院和佛塔的兴建

安阳地处中原，368年佛教传入安阳后，当地就在城西麻水村修建了第一座寺院龙岩寺。后来，由于战火，这座寺院已不复存在。

南北朝时期，东魏孝静帝定都安阳城以北的邺都城，并大兴佛教，在东魏境内大建寺院。这时的安阳为邺城的陪都，受东魏大兴佛教的影响，安阳市西南25千米处的宝山山谷之中，修建起了宝山寺。

宝山寺

宝山寺又名灵泉寺，为东魏高僧道凭法师所创。寺院周围八山环抱，状若莲台。后来，隋朝建立后，开国皇帝隋文帝杨坚不仅为宝山寺御题了寺名"灵泉禅寺"，还诏请寺僧灵裕法师到长安，封灵泉寺为全国最高僧官"国统"，统管全国寺院僧尼。历史上，灵泉寺号称"河朔第一古刹"。

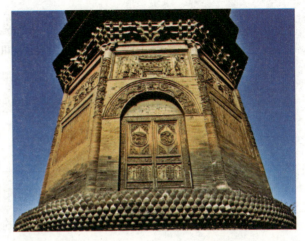

■ 天宁寺古塔

不过，现在此寺早已被毁，寺内只剩精美的唐代九级石塔1对，隋狮1对，唐碑3通。寺院东西两山计有石窟247座，是我国现存规模最大、时代最早、延续时间最长的摩崖浮雕塔林。

从隋唐到五代，安阳佛教处于兴盛时期，道教也有很大发展。到了隋朝，由于隋文帝从小是被尼姑养大，所以他当上皇帝后，命人在中原大地上大建寺院。在这一时期，安阳城内西北处修建了著名的寺院天宁寺。不过，这座天宁寺最终成为安阳城的重要古迹源于在寺院旁边的一座佛塔。

这座佛塔名为天宁寺塔，据说始建于五代十国的后周太祖郭威时期。此塔现在位于安阳市中心，坐落在一个高达2米的砖砌台基上，塔高38.6米，周长40米，平面为八角形。天宁寺塔七层莲花座下依平台，托承塔身。

塔顶为高10米的塔刹，宽敞的塔顶平台可容纳

道凭 道凭法师，生于姓韩的贫苦农民家庭。12岁因生活所迫，在其父亲的带领下，往西步行数十里，到贵乡县邺寺削发为僧，法号道凭。

郭威 字文仲，小名"郭雀儿"，五代后周的建立者。郭威即位后，减轻赋税，削减严刑峻法，任用贤臣，君臣合力，逐渐改革了一些弊政，使北方地区的经济、政治形势渐渐趋向好转。郭威在五代十国时期，是一个清廉勤政的皇帝。

券门 古代由于平时有许多士兵是守在城下的，一旦有战事发生，就要登城参加战斗，所以在城墙内侧每隔不远就建有一个圆拱形小门，称作"券门"，有石阶通到城墙顶上。

200多人。其浮屠五级上有平台，下有券门，每层周围有小圆窗。塔身五层八面，层层出檐，顶大底小，形若伞状。塔身底层的四正面有雕塑精致的圆券门，门顶用砖雕刻有"二龙戏珠"。

天宁寺塔为砖木结构，以砖砌为主，塔的最下层塔身较高，立于莲花座之上。塔的八面壁上分别饰有直棂窗、圆券门和佛画故事砖雕，其刻工细致，形象逼真，造型动人。最下面的是塔基，塔基上是一个圆形莲花座，莲瓣共7层，上下交错，左右舒展，上承塔身，下护塔基，把塔装饰得更为美丽。

这种平台、莲座、辽式塔身、藏式塔刹的形式，世所罕见。再加上塔身下部8根盘龙柱之间，极其精美的佛教故事浮雕，历代名人登临后都赞叹有加。

为此，后来，该塔成为安阳城的重要标志。作为代表安阳古都文风的象征，天灵寺塔又名为"文峰塔"。但是，这座文峰塔却并不是安阳地区的第一座佛塔。那么，第一座佛塔，又是哪一座呢？

这便是始建于唐代德宗年间，素有我国"第一华塔"之称的修定寺塔。

此塔位于安阳市西北约35千米清凉山东南麓，也称为"唐塔"。因其门楣上镌刻着三世佛，故又称"三生宝塔"。因塔身表面为橘红色，因此也

■ 天宁寺古塔

叫作红塔。

唐塔

塔身呈正方形，通高约16米。塔的四面装有马蹄形团花角柱，两侧加滚龙攀缘柱。上檐外挑，形成雨棚，凹腰葫芦饰为顶盖，其装饰面积达300多平方米，无一处空白，远看其外貌如一顶坐北朝南华贵的方轿。这种佛、道的大融合体现了唐代文化中外交融、兼收并蓄的特点，是我国古代塔中的珍品。

在这座佛塔的旁边，还有因塔而命名的一座寺院修定寺。整个寺院布局坐北朝南，有3重院落，主要殿堂有天王殿、大佛殿、二佛殿及铁瓦殿，4座大殿排列得错落有致。著名的修定寺塔就在天王殿与铁瓦殿之间。

阅读链接

关于安阳文峰塔的建造时间存在两种说法。一种说法是《安阳县志》上记载建于952年。另外一种说法认为文峰塔建于1065年，这在明成化年间的《河南总志》中有述。那么这两种说法哪一种更为确切呢？这要从塔开始说起。

汉明帝时佛教传入洛阳，他死后，葬于西北的显节陵，内建一印度式塔。这个时期的佛塔具有明显的印度氏造型风格。

唐朝时，佛塔多不设基座，塔基本都是四边形，而到了五代时期，塔已经过渡到六边形和八边形了。

在南北朝时期，河南嵩山嵩岳寺塔是保存至今的最早的一座砖塔。这座佛塔和文峰塔属于同一风格。为此，人们认为，安阳的文峰塔建于后周太祖郭威时期的可信度更高一些。

南宋时为纪念岳飞建岳飞庙

时间推移到了12世纪初，1103年的一天，在我国的安阳汤阴县菜园镇程岗村里，出生了一个男孩。这个男孩后来成了汤阴人民的骄傲。岳飞，字鹏举，从16岁起开始从军，他曾4次举兵北伐，出师中原，收复郑州、洛阳等失地，大破金兵于郾城。

1142年，岳飞被害，后人为了纪念他，便在安阳汤阴县城内建成了一座庙宇，取名精忠庙，又名岳飞庙，也称"宋岳忠武王庙"。

安阳汤阴县内现存的岳飞庙是明景泰元年，即1450年重建。历代曾多次修葺、增建，至今占地6400余平方米，共有六进院落、殿

岳飞庙中的岳母刺字壁画

■ 宋岳忠武王庙

宇建筑100多间。

岳飞庙坐北朝南，外廓呈长方形。临街大门为有名的精忠坊。精忠坊使用了6根木柱子，托起了5架房顶，古建筑学上有个说法，称之为"三间六柱五楼不出头"，实属建筑奇品。坊之正中阳镂明孝宗朱佑樘赐额"宋岳忠武王庙"。

精忠坊两侧墙上书有"忠""孝"两个大字，书写者乃明代万历年间彰德府的推官张应登。过精忠坊为山门，坐北朝南，三开间式建筑，两侧扇形壁镶嵌有滚龙戏水浮雕，门前一对石狮分踞左右。

山门檐下一排巨匾，上书"精忠报国""浩然正气""庙食千秋"，是后世书法家的手笔。

岳飞庙的建筑很别致。精忠坊面西，而庙里主体建筑是坐北朝南的。拾级而上，越过挂满历代名人书丹匾额的山门，就是一处碑林。这里的规模虽不及西

张应登 字玉车，四川内江人，进士出身。1585年，就是明代万历十三年冬，他担任彰德府推官兼林县知事。张应登学识较深，为官清正，执法严明，为百姓称道。

安的碑林，但是真、草、隶、篆书体皆备，其中也不乏乾隆、光绪、慈禧等人的墨迹。

岳飞庙的正殿面阔5间，进深3间，高10米，绿色琉璃瓦顶，整体建筑巍峨庄严，气势恢宏。大殿门楣数块巨匾"百战神威""乃文乃武""忠灵未泯""乾坤正气"。

其中，"百战神威"和"忠灵未泯"分别为清光绪皇帝和慈禧太后所题。正殿之内的岳飞塑像头戴帅盔，金盔金甲，轻靴战袍，手按宝剑，既有文官的气质，又有武将的威严。上悬岳飞手书"还我河山"。

此外，岳飞庙里还有几间厢房，分别是供奉岳飞长子岳云的岳云祠，供奉岳飞次子、三子、四子、五子的四子祠，供奉岳飞孙子岳珂的岳珂祠，供奉岳飞女儿岳孝娥的孝娥祠和岳飞部将张宪的张宪祠。

其中最引人注目的当然是贤母祠。据说，岳飞24岁那年，金军再次侵犯中原。岳家家境贫寒，又有妻室儿女，岳飞向母亲提出要再次从军。岳母深明大义，毅然担起了家庭的重担，送儿子岳飞上战场。临行之时，这位伟大的母亲亲手在岳飞的背上刺下了"尽忠报国"4个大字，激励儿子为国尽忠。

岳母刺字的故事流传数百年来，教育与激励了一代又一代中华儿女，为民族的自由解放而英勇献身。

阅读链接

在岳飞庙正殿前方的神道上，还有一座富丽堂皇的御碑亭，但是亭子里却不见有碑。那么，这块御碑是哪位皇帝御笔亲题的？碑又到哪里去了？

他就是风流天子乾隆。1750年秋，清高宗弘历巡视嵩山返京路过汤阴岳飞庙，在拜谒岳飞后，由衷地写下了一首七言律诗加以赞颂。按理，碑亭不应建在神道正中，但封建社会皇权至上，所以破例。

后来，人们把乾隆诗碑移到了山门外的东侧。

清末两广巡抚建成马氏庄园

清朝末年，我国两广巡抚马丕瑶在自己的故乡安阳西蒋村修建一座漂亮的建筑群作为自己的家园，这座建筑群被人们称为马氏庄园。

这庄园的主人马丕瑶是安阳县西蒋村人，1862年进士。他为官30多年，勤政务实，政绩卓著，深受百姓爱戴和朝廷信赖，为此，百姓

马氏宗庙

■ 马氏庄园养心堂

马丕瑶 字玉山，清代广东巡抚。1862年进士，历任重要官职。他创建官书局，惠及读书人而广施教化。倡办蚕桑，开设机坊。1894年任广东巡抚。后因忧愤国事死于任上。

称呼他为"马青天"，光绪帝也褒奖他为"鞠躬尽瘁""百官楷模"。

这座庄园建于1885年，前后营建了50多年，建成后，占地面积为2万多平方米，建筑面积达5000多平方米，被誉为"中原第一宅"。

此庄园建筑共计6组，每组分4个庭院，共建9扇大门，俗称"九门相照"，有门、厅、堂、廊、室、楼，共308间。整座建筑群分南、中、北3个区6路，共计21处院落，南区一路，坐南朝北，五重院落。中区四路，坐北朝南。

其中，西三路各建四重院落，东路建两重院落，再往东为马家园林。北区一路，亦坐北朝南，两重院落。除北区及中区东路外，每路均由4个四合院组成，均开9个门，自前向后依次排列在一条中轴线上，形成前门、中厅、后楼"九门相照"的格局。前半部分，用来对外接待宾客，后半部分为内宅。

庄园的北区位于中街路北，坐北朝南，前后两个四合院，后院之东西又各建一跨院，称为"亚元扁宅"。园内建筑多为硬山顶式的楼房，原来是马丕瑶祖上旧宅。马丕瑶的4个儿子分家时，将此区分给了次子马吉樟。

中区在三区中是规模最大的，约占整座庄园的2/3。坐落在南街之北，坐北朝南，各类建筑共158间，由家庙一路和住宅3路组成，其中家庙居东，住宅区居西，四路建筑各自成体系，左右互相呼应。

家庙正门下层辟3道拱券门，上为读书楼5间。头进四合院东西厢房各5间，曰"东塾""西塾"。正房过厅5间，悬山顶，前后带廊，高台基，名曰"燕翼堂"；后院厢房各3间，东为"遗衣物所"，西为"藏祭器所"。正殿5间，高大宏伟，名曰"聿修堂"，即享堂。前建月台。

■ 马氏庄园建筑

住宅三路的建筑形式及格局大同小异。中路大门高大宏伟，而东、西正门则均为洞券门，西路大门内又建有屏门。只有中路建有二门，内置屏门。后院又有不同：西路主房为平房5间，而中路、东路主房则各为楼房5间，东路东厢又为3间楼房。

在建筑规格上，中路为高，东路次之，西路又次之。在建筑时间上，西路于1883年始建，中路于1887年始建，东路于1889年始建。后来，马氏兄弟分家，东路归长子马吉森所有，西路归四子马吉枢所有。

南区与中区隔街相望，原设计为3路，其中东路建成于1924年，而中、西二路仅将大门及临街房建成，后因时局变化，尚未建成。

南区东路坐南向北，亦为9门相照，前后共计4个四合院。其中头进院和三进院相对较小，分别建有二门、三门，门两侧各为2间廊房，东西厢房各为3间；二进院和四进院比较大，其正房均为7间，东西厢房

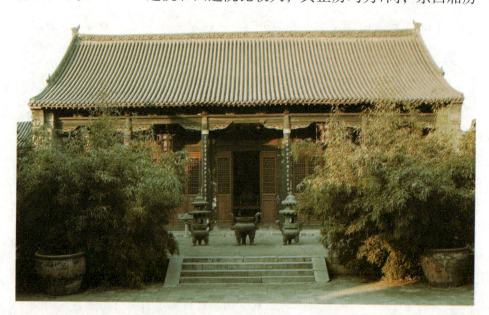

■ 马氏庄园建筑

各为5间。

南区建筑规模和规格，都明显高于中、北二区，这不仅表现在建筑体量的增大，大门的增多，而且表现在精美的石、砖和木雕建筑物件的大量使用。

整个庄园的建筑大部分为硬山顶、悬山顶、卷棚顶式，青砖蓝瓦。庄园装饰丰富多彩，石柱底部为方形，雕兽头、花草，上部为扁鼓形，刻连珠，部分门墩雕刻对狮。门窗上、房檐下都是木刻砖雕，图案繁多，富丽堂皇。庄园留有家训屏风，马丕瑶"进士第"、马吉昌"太史第"等众多匾额和铜镜，长2.87米的慈禧"寿"字中堂，光绪御笔碑文。

此外，建筑群体之外，周围还有马氏义庄、座庄、文昌阁、马厩、仓库、柴草库、马氏祠堂以及北、中、南3座花园等附属建筑，总占地面积在7万平方米以上。

屏风 古时建筑物内部挡风用的一种家具，所谓"屏其风也"。屏风作为传统家具的重要组成部分，历史由来已久。屏风一般陈设于室内的显著位置，起到分隔、美化、挡风、协调等作用。它与古典家具相互辉映，相得益彰，浑然一体，成为家居装饰不可分割的整体，而呈现出一种和谐之美、宁静之美。

■ 马氏庄园进士第匾额

　　整个庄园设计合理，布局严谨，主次分明，左右对称，前低后高，错落有致，气势宏伟壮观，被誉为"中州大地绝无仅有的大型封建官僚府第"。安阳这座具有3300多年历史的古城，成为商代后期政治、经济、文化的中心后，相继又有三国时期曹魏、五代十六国时期后赵、前燕、东魏、冉魏、北齐等在安阳北郊的邺城建都。安阳也因此成为我国的"七朝古都"。

阅读链接

　　马氏庄园的创始人马丕瑶膝下有四男三女，他的子女中，有几位在我国近代史上占有一席之地。

　　长子马吉森是一位著名的实业家，他开办了安阳六河沟等煤矿，首创安阳广益纱厂，成立安阳矿业总公司，开了河南地方民族工业之先河。

　　次子马吉樟，进士出身，历任翰林院编修、国史馆协修、会典馆总校、湖北提法使、按察使等职，深得朝廷器重。

　　三女马青霞，又名刘青霞，光绪帝诰封她为"一品诰命夫人"。是我国著名的资产阶级民主革命家、教育家、社会活动家，有"南秋瑾、北青霞"的美名。

古都开封

开封位于河南省东部，是我国八大古都和国务院首批公布的24座历史文化名城。开封简称汴，有"十朝古都""七朝都会"之称。

在我国的历史上，开封曾被称为大梁、汴梁、东京和汴京等。历史上曾先后有魏国、后梁、后晋、后汉、后周、北宋和金7个王朝建都于开封。

开封城市格局形成较早，古城风貌浓郁，北方水城独特，有着悠久的历史文化。自北宋以来，开封就享有戏曲之乡、木版年画之乡、汴绣之乡、菊花之乡和盘古之乡的美誉。

从储粮仓城演变而来的古都

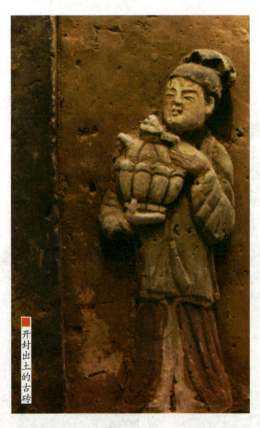

开封出土的古砖

开封位于河南省郑州市以东的黄河中下游南岸，北依黄河，南接黄淮平原，东临华东诸省。古称汴梁、汴京、东京，简称汴，是我国七大古都之一，先后有战国时的魏，五代时期的后梁、后晋、后汉、后周以及北宋和金朝定都于此。所以开封素有七朝都会之称。

据考古发掘，在开封的万隆岗遗址中有石镰、陶器等新石器时代的遗物。在尉氏县县城西南的断头岗也发现了一处新石器早期裴李岗文化遗址，

五代 五代十国简称五代。唐朝灭亡之后，在中原地区相继出现了定都于开封和洛阳的后梁、后唐、后晋、后汉和后周5个朝代以及割据于西蜀、江南、岭南和河东等地的十几个政权，合称五代十国。五代并不是指一个朝代，而是指介于唐宋之间的一个特殊的历史时期。

卫国 西周王朝的诸侯国。周武王灭商后，赐同母弟封康邑，史称康叔封，后又将原来商都周围地区和殷民七族分给康叔封，让康叔迁徙至殷商故都，建立卫国，定都朝歌即今河南鹤壁市淇县。秦灭六国时，卫国因为弱小而得以保存。

关中 又称关中平原，地处陕西省中部。西起宝鸡大散关，东至潼关，南接秦岭，北到陕北黄土高原，号称"八百里秦川"，是我国重要的商品粮产区。

相继发掘有石器、陶器以及人骨和兽骨等。

这些考古发掘证明，早在五六千年前，在开封就已经有了人类活动。不过，关于开封城的建立和命名，却要从春秋和战国时期说起。

春秋时期，开封境内先后建有"仪邑"和"启封"两座古城。"仪邑"是开封历史上有记录以来最早的名字，是卫国的一座小城，建在大湖蓬泽以北，而启封城是后来郑庄公建在大湖蓬泽以南的储粮仓城，取"启拓封疆"之意，定名"启封"。

战国时期，七雄争霸中原。地处关中的秦国不断强大。为躲开秦国的威胁，原建都于山西安邑的魏国，于公元前364年迁至"仪邑"，并筑"大梁"城。这是开封有明确历史记载的第一次建都。

大梁城比现在的开封古城略大，位于现存开封城

■ 开封禹王台御书楼

郡县制 指对我国古代实行中央集权体制下，郡、县二级政权的地方行政制度的总称，郡、县长官均由朝廷任免，代表皇帝或国王对地方进行管理。秦统一后郡县制遂遍行于全国，汉继秦制，比秦更为严整。

的西北部。魏国迁都大梁之后，引黄河水入圃田泽即今郑州圃田开凿鸿沟和引圃田水入淮河。水利即兴，农业、商业得到极大发展，日趋繁荣。大梁遂发展为中原商业都会，人口达30多万人。

秦国统一六国后，大梁城被毁。同时，秦国实行郡县制，大梁作为败亡国的国都被降为"浚仪县"，从此，大梁降为一般郡县城市。

公元前168年，梁孝王刘武先定都启封，后迁商丘。他在启封即今开封市东南方筑规模宏大的梁园，绵延数十里。

到了西汉时，汉文帝名字叫刘启，为了避汉文帝名字的讳，就把启封的"启"改成了"开"，因为启和开是同义词，这便是最早"开封"的由来。

在现存的开封古都内，至今还保存着从遥远的春秋和战国时期遗留下来的名胜古迹，这就是古都开封著名的禹王台。

禹王台，又名古侯台，位于开封城外东南约1.5千米处。现存地址已经开辟为禹王台公园。园内原有一土台，相传春秋时，晋国大音乐家师旷曾在此吹奏乐曲，故后人称此台为"吹台"。

后来，因开封屡遭黄河水患，为怀念大禹治水的功绩，1523年，人们在吹台上建了座禹王庙，庙内塑有高大的禹王像，东西两个配殿安放着师旷及李白、杜甫、高适三位诗人的塑像。禹王庙后改名禹王台。每年4月开封禹王大庙会都在此举行，热闹非凡。

此外，在禹王台公园的西侧，还有一座长约百米自然形成的宽阔高台，因附近原来居住姓繁的居民，故称为繁台。北宋时期，每当清明时节，繁台之上晴云碧树，殿宇峥嵘，已经是一片早春的景色，是开封城内居民郊游踏青的最佳地点。

北宋诗人石曼卿来此地春游时写诗云："台高地回出天半，了见皇都十里春。"他用古诗赞美在繁台春游时，还能欣赏到北宋皇都春天的景色。于是，著名的汴梁八景之一的"繁台春色"也由此而得名。

阅读链接

现今禹王台公园内的主要景点有：纪念师旷的古吹台，康熙亲书"功存河洛"牌匾的御书楼和乾隆御碑亭，为纪念李白、杜甫、高适三位大诗人登吹台吟诗作画而建的"三贤祠"，纪念大禹治水的禹王殿，纪念37位治水功臣的"水德祠"等。

园内古树参天，奇树佳卉，亭廊楼阁，风光旖旎。登临其间，令人游目骋怀而心旷神怡。"梁园雪霁""吹台秋雨"，从明清至今被誉为著名的汴梁八景之一。

林木茂盛、环境幽雅的禹王台公园现已成为古都开封的一处主要浏览胜地，是名副其实的千古名园。

北齐时期始建著名佛教寺院

534年，东魏孝静帝设置"梁州"，以浚仪为州治，管辖陈留、开封和阳夏三郡。

几年后，北齐文宣帝高洋占领了汴州，为了宣扬自己的"建国"之功，文宣帝分别于555年和559年，在"汴州"兴建了著名的"建国寺"和"独居寺"。

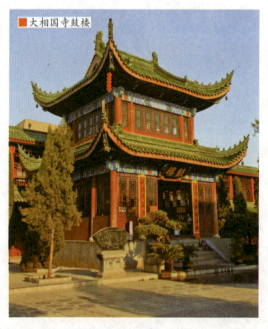

大相国寺鼓楼

这是开封古都最早佛教文化的传播，这对后来的东京文化的勃兴做了前期的准备。

其中，"建国寺"的旧址原为魏公子无忌信陵君的故宅。文宣帝在此修建的"建国寺"，后来毁于战火。

701年，僧人慧云来到汴

■ 大相国寺正门

州，托词此处有灵气，即募化款项，购地建寺。动工时，大家从此地挖出了北齐建国寺的旧牌子，为此，为新建的寺院命名为"建国寺"。

712年，唐睿宗李旦为了纪念他由相王即位当皇帝，遂钦赐维修建国寺，为寺庙更名为"相国寺"，并亲笔书写了"大相国寺"的匾额。

开封古都现存的大相国寺位于开封市中心，著名的"相国霜钟"指的就是此寺院里的铜钟。

据载，钟楼内所悬铜铸大钟一口为1768年所铸，高约2.67米，重5000多千克。钟体铸有16字铭文：

皇图巩固，帝道遐昌。
佛日增辉，法轮常转。

当年，大相国寺每日四更鸣钟，人们闻钟声就纷

魏公子无忌 魏无忌，号信陵君，战国四君子之首。魏无忌处于魏国走向衰落之时，他效仿孟尝君田文、平原君赵胜的辅政方法，延揽食客，养士数千人，自成势力。他礼贤下士、急人之困，曾在军事上两度击败秦军，分别挽救了赵国和魏国危局。

■ 开封大相国寺

纷起床上朝入市，投入一天的生活。不论风雨霜雪，钟声从不间断。特别是每逢深秋菊黄霜落季节，猛叩铜钟，钟楼上便传出阵阵雄浑洪亮的钟声，声震全城。因此有"相国霜钟"的美称。

在宋代时期，大相国寺更是深得皇家尊崇，多次扩建，占地约34平方千米，管辖64个禅、律院，养僧千余人，是当时京城最大的寺院和全国佛教活动中心。其建筑有"金碧辉映，云霞失容"之称。

同时，相国寺的主持由皇帝赐封。皇帝平日巡幸、祈祷、恭谢以及进士题名也多在此举行。所以相国寺又称"皇家寺"。

北宋灭亡后，相国寺遭到了严重破坏，以后各代屡加重修，时盛时衰。现在相国寺的主要建筑都是清代遗物，布局严谨，殿宇崇丽，高大宽敞，巍峨壮观，确不愧为久负盛名的古寺宝刹。

再说和相国寺在同一时期内修建的独居寺，此寺位于开封市东北。唐玄宗开元年间，此寺改名为封禅寺。

970年，此寺又重新改名为开宝寺。当时，寺院有280区、24院，为开封之巨刹，与大相国寺分辖东京各寺院僧侣。北宋历代皇帝常在此游幸或做佛事，并于寺内设礼部贡院，考试全国举子。

982年，为供奉佛舍利，寺院僧人在寺西的福胜禅院内增建一座八角13层之木塔。这座木塔后来被命名为福胜塔。

此塔后来毁于雷火，1049年重建。重建的佛塔和

飞天 飞舞的天人。在我国传统文化中，天指苍穹，但也认为天有意志，称为天意。在佛教中，婆婆世界由多层次组成，有诸多天界的存在，如三十三天、兜率天等，这些天界的众生，中文翻译为天人，个别称为天神，常简称为天，飞天即此意。道教常称作天仙。

■ 开封木塔

■ 开封铁塔公园题刻

木塔式样相同，改用铁色琉璃砖瓦，塔壁上嵌有飞天、降龙、麒麟、菩萨、力士、狮子、宝相花等花卉人物50余种，是宋代砖雕艺术的佳作。

自明代起，开宝寺又被民间通称铁塔寺。1841年，黄河水围开封城，此后，寺院便不存在了。不过，位于寺院旁边的铁塔却保存了下来，并成为开封古都的知名建筑。

现存的开封铁塔享有"天下第一塔"的美称，它以卓绝的建筑艺术及宏伟秀丽的身姿而驰名中外。

铁塔平面呈等边八角形13层实心塔，高55.88米，塔身挺拔、装饰华丽，犹如一根擎天柱，风姿峻然。塔下仰望塔顶，可见塔顶青天，景致极为壮观。

塔身内砌旋梯登道，可拾阶盘旋而上，直登塔顶。当登到第五层时，可以看到开封市内街景，登到第七层时，可以看到郊外农田和护城大堤，登到第九层时便可见黄河如带。

当登到第十二层时，便会感到置身在白云中，所以，此塔又有"铁塔行云"之称。

由于岁月的剥蚀，现存的铁塔原来的颜色已模糊不清，"日月丽层屑，今但存白黑"。"白黑"偏义复合词，即黑。所以铁塔又有黑塔之称。

此塔设计精巧，完全采用了我国传统的木式结构形式，塔砖饰以飞天麒麟、伎乐等数十种图案，砖与砖之间如同斧凿，有榫有卯，垒砌严密合缝。

开封铁塔建成900多年来，历经战火、水患、地震等灾害，至今仍巍然屹立，实在让建筑专家和中外游人叹为观止。

因此，可以说，开封铁塔是开封古都现有的13处国家级文物保护单位中，最具代表性的文物，也是文物价值最高、分量最重的宝物，有开封市"镇市之宝"之称。

阅读链接

历史上，开封城内的大相国寺可谓高僧辈出，名士荟萃。唐代画家吴道子，以及著名文豪和思想家苏轼、王安石等，都曾在该寺留有辉煌足迹。

《水浒传》"鲁智深倒拔垂杨柳"的故事，就发生在大相国寺。同时，寺院还有"资圣熏风""相国钟声"等景观，也名列"汴京八景"之中，闻名遐迩。

此外，在每年新年和金秋十月时，大相国寺还要举行元宵灯会以及一年一度的水陆法会。在这些日子里，人们不仅可以欣赏到巧夺天工的灯饰，还可以参加丰富多彩的游艺活动，尽情享受节日的欢欣。

历朝古都留下的"城摞城"

960年，宋太祖赵匡胤建立北宋，定都汴州，称为"东京"。从此掀开了开封在我国古代都城发展史中崭新的一页。

之后，经过北宋九帝168年的大力营建，开封终于在11世纪至12世纪初成为我国乃至世界上最大最繁荣的城市。

赵匡胤画像

在此期间，北宋帝王们命人将开封城建成了由外城、内城、皇城3座城池相套的宏大城郭。

据史记载：北宋后期，东京外城周长约为2.5千米，高约14米，宽约20米，居住人口达150余万人。经金、元、明、清各朝代，开封城几经战火、水患，一代名城逐渐湮没于历史长河。

现存的开封古城墙是新中国成立

■ 开封北宋皇宫遗址

后，考古队经过多次调查、钻探和发掘发现的。

古城在开封地下3米至12米处，上下叠压着6座城池，其中包括3座国都、2座省城及1座中原重镇，构成了"城摞城"的奇特景观。

其中，开封"城摞城"最下面的城池魏大梁城在地面下10余米深。唐汴州城距地面10米深左右，北宋东京城距地面约8米深，金汴京城距地面约6米深，明开封城距地面5米到6米深，清开封城距地面约3米深。

整座古城是一个东西略短、南北稍长，由内向外依次筑有皇城、内城、外城，并各有护城壕沟的都城。它不仅城高池深，而且墙外有墙，城中套城。

外城又名新城、郭城、罗城，是北宋东京城军事防御的第一道屏障。这座城墙始建于后周显德年间，宋朝以来，多次对外城进行了修葺和扩建，使其逐步成为一座城高池深，壁垒森严的军事城池。现存外城

后周 五代之一。951年，郭威称帝，并改国号为周，史称后周，定都开封。历经3帝，共计10年。960年，殿前都点检赵匡胤在领兵抵御北汉和辽的进攻时，在开封东北的陈桥驿发动了"陈桥兵变"，后周就此灭亡。

开封府城门

周长近30千米，其中西墙长约7.5千米，东墙长近8千米，南墙和北墙长约7千米。外城四周有护城河，宽约40米，距今地面深11米左右。

城墙一般埋在地面下约4米深，底宽30米左右，高6~9米，顶部残宽近4米。城墙夯筑，夯层厚0.08~0.14米，夯面上有较密的圆形夯印。位于开封市金明区西郊的高屯村和三间房村之间的西南城角保存最好，尚高出地面1米左右。据文献记载，外城原有12座城门和9座水门，现已探明19处。

这些城门，除东部只有4座城门以外，其余三面都是5座城门。其中，位于东部东南的东水门和东北水门、西边的西水门和西北水门、南部的普济水门和广利水门，以及北部的永联水门是为河道而准备的水门。

其他的城门，除了东边的新宋门、南边的南墙正门南薰门、西边的西墙正门新郑门、北边的封丘门是直门两重，也就是与原有的城门相重合，其余城门都是"瓮城三层，屈曲开门"。有的瓮圈面积达1.3万平方米，为历代都城所少见。同时，新宋门、南薰门、新郑门、封丘门与东南西北4条御街相连，是在不同方向上的4座主要城门。

其中，新郑门在后周时又被称为迎秋门，又因向西可直通郑州且与内城郑门相对，故又俗称新郑门。新郑门外大道南北分别为北宋四苑之一的琼林苑和北宋时著名的皇家园林金明池。

内城又称阙城、里城、旧城，是东京城的第二道城墙，也是衙署、寺观和商业集中的地方。此城墙是在唐代汴州城的基础上修建而成。整座内城呈东西稍长，南北略短的正方形，坐落在现在开封市的旧城区。

其南墙位于现存明清城南墙北约300米处，北墙位于宋代皇宫后御龙亭大殿北约500米处。东西墙与现存的开封明清城墙东西墙基本重叠。四墙全长约11.5千米，与文献记载的"二十里一百五十五步"基本吻合，其周长较现存的明清城墙略小。

由于内城在北宋末期靖康年间遭到了较大破坏，金朝末年金廷定都开封期间曾将内城南北墙进行了

瓮城 为了加强城堡或关隘的防守，而在城门外修建的半圆形或方形的护门小城，属于我国古代城市城墙的一部分。瓮城两侧与城墙连在一起建立，设有箭楼、门闸、雉堞等防御设施。瓮城城门通常与所保护的城门不在同一直线上，以防攻城槌等武器的进攻。

■ 开封府内陈设

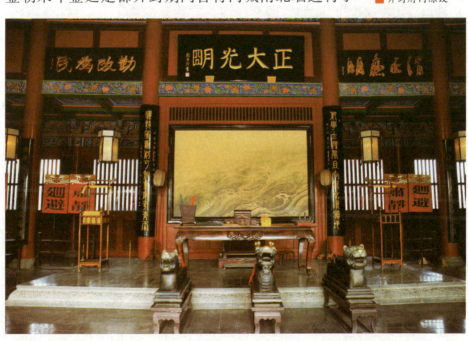

扩展，所以内城遗址与外城遗址相比，毁坏较为严重。

内城的南北墙只剩下了宋代地面下的墙基部分，距地表深8~9.8米，墙基残高0.6~1.8米，残宽3~10米。

这说明金宣宗曾将内城南北墙铲平后又向外扩展，所以南北墙只保留了金代地面下的墙基部分。而内城的东西墙则没有受到扩展的影响，因而保存得比较完好。

这些城墙遗址表明，金代和明清两代都曾在宋内城基础上屡次修筑城墙，几座不同时期的城墙叠压在一起，便形成了开封城下特有的"城摞城"奇特景观。

据史载，北宋内城共有10座城门，2座水门。由于内城遗址勘探中只能利用旧城内稀少的空地进行，因此很难确定城门的确切位置。迄今为止，只有朱雀门和汴河西角门以及大梁门的位置已大致测定，其余各门尚无踪迹可循。

其中，大梁门是开封古城的西门，始建于唐建中二年，即781年，北宋时又称为"闾阖门"，俗称西门。其城门楼后屡经战乱和风雨水患，残败破落，终遭拆除。开封现存的大梁门是新中国时期重建，是开封目前唯一重建的一座城门，成为古都的重要象征。城门基采用青砖结构，设拱形门洞3个，城楼采用重檐歇山式建筑风格，雕梁彩绘，古朴典雅。

开封古城的皇城又称大内、宫城，周长近2.5千米，共辟6门，南面正门为宣德门，宋徽宗在其画作《瑞鹤图》中，曾将宣德门的巍峨气象如实描绘了下来，使后人得以观瞻其庄严肃穆、金碧辉煌的景象。

北宋皇城呈一东西略短、南北稍长的长方形。其东、西墙各长约690米，南、北墙各长约570米，四墙全长约2.5千米，与史书《宋史·地理志》等记载的宋皇城"周回五里"大致吻合。

在宫城南半部中轴线上，有一处平面呈"凸"字形的夯土建筑台基，是北宋皇宫内的正殿大庆殿。基址东西面阔约80米，南北进深60多米，残高6米左右。台基四壁均用青砖包砌，四周环有宽约10米、长近千米的包砖夯土廊庑基址，各面有门。除在宋内城和皇城遗址发现的"城摞城"现象外，在考古过程中，考古专家还发现了很多"路摞路""门摞门""马道摞马道"的奇特现象。

繁华的中山路是开封市旧城的中轴线，其地下8米处，正是北宋东京城南北中轴线上的一条通衢大道御街，中山路和御街之间，分别叠压着明代和清代的路

《宋史》 二十五史之一，1343年由元丞相脱脱和阿鲁图先后主持修撰，《宋史》与《辽史》《金史》同时修撰。《宋史》全书有本纪47卷，志162卷，表32卷，列传255卷，共计496卷，约500万字，是二十五史中篇幅最庞大的一部官修史书。

■ 开封府内古文碑

面，这种"路摞路"的景观还意味着，从古代的都城到现代的城市，层层叠加起来的数座开封城，南北中轴线居然没有丝毫变动。

另外，考古学家还在开封城墙西门大梁门北侧发掘出一条晚清时期的古马道遗迹，并在其下深约1米处，又发现了一段保存完好、人行道和石阶清晰可见的古马道遗迹。

更令人惊奇的是，在第二层古马道下约0.5米深的地方，又发掘出一条砖层腐损严重、使用时间较长、年代更为久远的古马道。三层古马道上下层层相叠，以立体的形式真切展示了开封城下"城摞城"的奇特景观，再次为"城摞城"现象的研究增添了更为确凿的实证。

北宋东京城遗址发现之后，开封政府对重要遗迹附近的建设工程严加控制。1989年划定这些古城墙为文物保护范围，并建立石质保护标志碑。

青史留芳的古都古城

阅读链接

在我国古代都城发展史上，有一个颇为有趣的现象是，古都开封虽历经兵燹水患，基本上都是在旧城址上屡建屡淹，又屡淹屡建，形成奇特的"城摞城"现象。那么，当时的统治者为何这样对开封情有独钟呢？

首先，从自然环境上来看，开封与其他古都相比，有着极为优越的水利网络设施，这里一马平川，河湖密布，交通便利。不但有人工开凿的运河汴河与黄河、淮河沟通，还有蔡河、五丈河等诸多河流，并且开封还是这些河流的中枢和向外辐射的水上交通要道，这一点是我国其他古都远远不能比拟的。

从文化地理的角度来看，开封地处中原腹地，自古就有"得中原者得天下"的说法。这些原因让古代的统治者不愿轻易放弃这块宝地。

繁荣北宋留下的古迹与文化

在北宋统治开封古都的160多年里，城内交通水陆兼容，畅通无阻。都城建设在布局上实行坊市合一，人口一度达到150多万人。同时，城内的商品经济也得到空前的发展。开封古都不仅成为当时全国的政治、经济、文化中心，而且成为"人口上百万，富丽甲天下"的国际大都会。

开封古都从此进入了它历史上的黄金时代。关于这段黄金时期，北宋著名宫廷画家张择端用一幅《清明上河图》生动地描绘了出来。

■ 张择端（1085—1145年），北宋画家。字正道，琅邪东武人，即今山东诸城人。宣和年间任翰林待诏，擅画楼观、屋宇、林木、人物。所作风俗画市肆、桥梁、街道、城郭刻画细致，界画精确，豆人寸马，形象如生。存世作品有《清明上河图》等。

■ 《清明上河图》
局部

故宫 位于北京市中心，旧称紫禁城。于1420年建成，是明、清两代的皇宫，是我国古代无与伦比的建筑杰作，也是世界现存最大、最完整的木质结构的古建筑群。故宫建筑由前朝与内廷两部分组成，四周有城墙围绕，四面有筒子河环抱，城四角有角楼。四面各有一门，正南的午门是故宫的正门。

这件享誉古今中外的传世杰作，在问世以后的800多年里，曾被无数收藏家和鉴赏家把玩欣赏，也因此成了后世帝王权贵巧取豪夺的目标。

它曾辗转飘零，几经战火，历尽劫难……演绎出许多传奇故事。现在，被作为故宫十大镇馆之宝之一，存放在北京故宫博物院内。

当然，在被北宋统治了100多年的开封古都内，除了张择端留下的著名画作，还留下了丰富的文物古迹遗存，最著名的古迹建筑有：御街、开封府、包公祠、天波杨府、开宝寺铁塔、金池和州桥等。

其中，御街是开封城南北中轴线上的一条通关大道，它从皇宫宣德门起，向南经过里城朱雀门，直至外城南熏门止，长约5千米，是皇帝祭祖、举行南郊大礼和出宫游幸往返经过的主要道路，所以称其为"御街"，也称"御路""天街"或者"宋端礼街"。

据《东京梦华录》中记载，御街宽约200米，分为3部分，中间是皇家专用的道路，行人不得进入，两边挖有河沟种满了荷花，两岸种桃、李、梨、杏和椰树，河沟两岸有黑漆叉子为界，在两条河沟以外的东西两侧都是御廊，百姓买卖于其间，热闹非凡。

开封城内的开封府名扬中外，是北宋时期的天下首府。开封府规模庞大，气势宏伟。包拯任开封府府尹时，铁面无私，执法如山，扶正祛邪、刚直不阿，美名流传古今。

包公祠位于开封城西南碧水环抱的包公湖畔，占地1万平方米左右，建有大殿、二殿、东西配殿、回廊和碑亭等，风格古朴，庄严肃穆。东侧为灵石苑，由石雕和水榭构成，典雅别致。祠内列有包公铜像，龙、虎和狗铜铡，包公断案蜡像，包公史料典籍和《开封府提名记碑》碑文等。

开封城内的天波杨府是北宋抗辽名将杨业的府邸，因位于京城西北隅天波门的金水河旁，故名天波杨府。史书记载，宋太宗赵光义为表示对杨家世代抗辽报国的敬仰，敕在天波门的金水河边建无佞府一座，并亲笔御书"天波杨府"匾额。同时，他还下御旨：经天波府门，文官落轿，武官下马。杨业为国捐躯后，改为家庙，名曰"孝严寺"。

天波杨府主体建筑有钟鼓楼、天波楼、东西配殿、杨家将群塑、佘太君庙、校场、点将台、帅旗以及杨家兵器等大量实物资料。园内花木繁茂，幽静典

■ 天波杨府正门

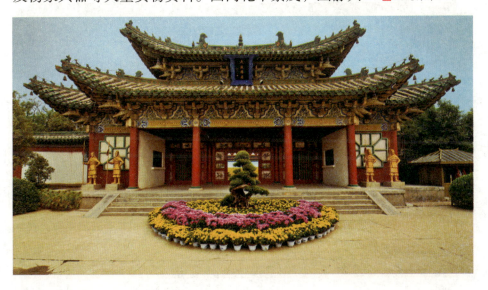

雅。整座建筑结构匀称，古朴典雅，庄严肃穆。

金池也称金明池，位于开封市西郊演武庄一带，是北宋时皇家园林之一，也是当时水上游戏和演兵的场所。在它周围有仙桥，桥面三虹，朱漆阑楯，下排雁柱，中央隆起，称作骆驼峰。仙桥桥头有五殿相连的宝津楼，位于水中央，重殿玉宇，雄楼杰阁，奇花异石，珍禽怪兽，船坞码头、战船龙舟，样样齐全。

州桥是北宋时期开封京城内横跨汴河、贯通皇城的一座石桥，位于开封市大纸坊街东口至小纸坊街东口之间。据《东京梦华录》记载，州桥是一座镌刻精美、构造坚固的石平桥，是四通八达的交通要道，也是当时汴河桥中最壮观的一座。

除此之外，开封古城的水运也十分兴隆，仅贯穿全城的水道就有汴河、惠民河、五丈河和金水河。

朱仙镇位于汴州城南10千米处，北宋末年大将岳飞曾率军于此大破金兵，为纪念其功绩，后人在朱仙镇建了一座规模宏大的岳王庙。该庙始建于1470年秋，与汤阴、武昌和杭州岳飞庙并称为全国四大岳飞庙，享誉中外。

阅读链接

虽然很多人认为《清明上河图》的作者是北宋时期的张择端，但也有一说认为此画不止由张择端一人所画。

这幅作品历时10年才画成。这幅画受到历代画家的喜爱，因而又有了许多仿本出现。其中"明四家"之一仇英仿作的《清明上河图》影响最大，苏州一带坊间大都以"仇本"为底本。

新中国成立后，在开封市龙亭湖西岸，建成了以宋代画作《清明上河图》为蓝本，按照《营造法式》为建设标准的清明上河园。此园集中再现了《清明上河图》上的风物景观，再现了世界闻名的古都汴京千年繁华的胜景，是我国第一座以绘画作品为原型的仿古主题公园。

金末时始建道教名观重阳观

1169年，道教全真教创始人王重阳带领丘处机等4个弟子来到开封古都，寓居于瓷器王氏的旅馆中。

在开封，王重阳收下时称"孟四元"的孟宗献为徒。那么，什么是"孟四元"呢？就是"四元及第"的意思。

要知道，在我国古代，"三元及第"就已经是读书人的最高梦想了。

在我国上千年的科举史上，只有12人曾经"三元及第"。而孟宗献乡试、府试、省试、廷试都是第一，是我国科举史上唯一的"四元"状元。

由于这位孟宗献在当时非常出名，为此，当他拜王重阳为师后，此事在开封古都引起了一时的轰动。

开封延庆观牌匾

沙法自然

■ 开封延庆观铜像

王重阳（1112—1170年），我国道教分支全真道的始创人，后被尊为道教的北五祖之一。他有七位出名的弟子，在道教历史上称为北七真。著作有传道诗词千余首，另有《重阳立教十五论》《重阳教化集》《分梨十化集》等，均收入《正统道藏》。

几年后，王重阳在开封仙逝，他的灵柩暂放于孟宗献家的后花园中。他的丧事也是由新弟子孟宗献一手操办。

据说，王重阳寓居瓷器王氏旅馆期间，王氏对王重阳不太礼貌。王重阳对王氏说道："我现在住在这个地方，他日要让子孙为我在此建一座宫殿。"

王氏认为王重阳是在发狂言，说气话。但没想到，王重阳逝世的几年后，他的弟子们为了纪念他，便买下了王家大宅，并在原址上大兴土木，历时30年，建起了一座广袤七里、气压诸方的壮丽道观。

由于此道观是为了纪念王重修而修建的，为此，道观建成后，人们为它取名为重阳观，又名朝元宫。

后来，原道观毁于兵火，现存建筑1373年重建，并改名为延庆观。

延庆观位于开封市市中心的观前街，南临开封府、东为相国寺、西接包公祠，是开封市包公湖风景区重要景点之一，它与北京的白云观、四川的常道观并称为我国的三大名观，堪称中原第一道观。

延庆观的主体建筑玉皇阁，又名通明阁，坐北朝南，通高18.25米，用青砖和琉璃瓦件构成，结构严谨，富于变化，共为3层，下层为方形，四坡顶，室内下方上圆，四角砌出密集斗拱，顶似蒙古包，中层呈棱状，八面壁体上附加相互连接的8座悬山式建筑山面。

上层为八角阁室，南北各辟一门，室内放置着玉皇及左右侍臣石雕像。阁顶作攒尖式，琉璃瓦顶上施铜质火焰玉珠。结构奇特，色彩绚丽。

玉皇阁是一座汉蒙文化巧妙结合的、具有元代特征的明代无梁阁，距今已有700多年历史了。

院内建筑呈中、左、右3路分布格局，中路为二进院落，从南至北依次为穿心殿、玉皇阁、三清殿；左路有六十甲子殿、八仙醉酒殿廊等；右路是重阳殿。寺院坐北朝南，在建筑上保留了宋元时期汉文化同蒙古文化融合的显著特征。

道观内最著名的文物有：汉白玉雕玉皇大帝、玄武大帝铜像、蒙古骑狮武士、八仙醉酒图、木雕、砖雕。

其中，有"三绝"属独有

攒尖式 攒尖式屋顶，没有正脊，只有垂脊。垂脊的多少根据实际建筑需要而定，一般双数居多，单数较少。如：有3条脊的，有4条脊的，有6条脊的，有8条脊的等，分别称为三角攒尖顶，四角攒尖顶，六角攒尖顶，八角攒尖顶等。

147

七朝都城

古都开封

■ 开封延庆观建筑

玉皇大帝塑像

奇观：

玉皇大帝：为明代观内原存文物，此佛像雕刻精细，有极高的文物价值。

玄武大帝铜像：为1486年铸造，铜像高1.96米，重1000千克。

蒙古骑狮武士：蒙古武士头戴尖顶卷边毡帽，脚穿筒靴，身穿皮毛衣服，纹路清晰，充分体现了汉蒙文化的结合。

开封古都内的延庆观景区面积达1500平方米，建筑保存基本完好。该观在我国道教史、建筑史、艺术史、民族关系史上均占有重要的地位。而且，它的存在也使开封地区自宋朝以来的古建筑保持了宋、元、明、清的完整序列。

阅读链接

全真道是我国道教后期的两大派别之一，也称全真派。金初创立。因创始人王重阳自题居庵为全真堂，凡入道者皆称全真道士而得名。

该派汲取儒、释部分思想，声称三教同流，主张三教合一。以《道德经》《般若波罗蜜多心经》《孝经》为主要经典，教人"孝谨纯一"和"正心诚意，少思寡欲"。

王重阳死后，他的弟子马钰等七人继续传道，创遇仙、南无、随山、龙门、嵛山、华山、清静七派，但教旨和修炼方式大致相似。

清代富商集资修成山陕会馆

　　1642年，由于黄河水患，汴城被淹，直到清初，开封古城仍是废墟一片。经过100多年的休养生息，到乾隆年间，开封日渐繁华，南来北往的客商纷至沓来。

　　在此期间，商业以农产品、布匹及日用货品充市为主，大多操在山西客商行帮之手。这些客商为扩大经营，保护自身利益筹结同乡会，又联合了陕西和甘肃等地的富商巨贾，一起集资把开封古城内明代"开国元勋第一家"的中山王徐达府的地盘买下，并在此遗址上修成了著名的山陕甘会馆，成为富商

　■　徐达（1332—1385年），明朝开国军事统帅。字天德，汉族人。出身农家，少有大志。徐达智勇兼备，战功卓著，位于诸将之上。吴元年，升为左相国，被封为大将军。后又任中书右丞相，封为魏国公，追封中山王。

■ 开封山陕会馆

青史留芳的古都古城

牌楼 一种有柱、门形构筑物，比较高大。旧时牌楼主要有木、石、木石、砖木和琉璃几种，多设于要道口。牌楼曾作为多届世博会中国馆的门面建筑，吸引了世人的视线。其中，1867年世博会中国馆牌楼使用木、竹和麦秆等材料，造型简单，赏心悦目。

丹青 我国古代绘画常用朱红色、青色，故称画为"丹青"。民间称画工为"丹青师傅"。丹青也泛指绘画艺术，如《晋书·顾恺之传》中有述："尤善丹青。"因丹青两色不易变易，丹青也比喻坚贞，如丹青不渝。

们和同乡聚会的场所。

山陕甘会馆简称"山陕会馆"，位于河南省开封市内徐府街。此会馆始建于1765年，距今已有200多年的历史。

会馆为一处庭院式的建筑，主体建筑由照壁、戏楼、钟鼓楼、牌坊、正殿和东西配殿等组成。整个建筑布满砖雕、石雕和木雕，堪称会馆三绝。这些雕刻艺术将佛教故事、传奇人物雕制得栩栩如生，生动逼真，具有很高的艺术价值。

其中，照壁、戏楼、牌楼和大殿等置于中轴线上，附属建筑位于东西两侧，建筑之间以檐廊串联，整座建筑群整齐而精致。

会馆内的照壁临街而建，覆以庑殿顶、绿琉璃瓦，显得方正庄重。照壁两侧有飞檐高耸的东西掖门。

进入会馆，迎面是戏楼。戏楼又称歌楼，旧时每逢节日、祭祀、还愿、祝寿等活动，这里均有精彩演出。

戏楼上的木雕为镂空透雕，上下宽度达1.7米，雕刻题材有象征吉祥如意的各种瓜果、花鸟、动植物、山水、人物、神兽、龙凤等，雕刻技法精湛。景物玲珑剔透，栩栩如生，加之丹青彩画，更显得绚丽多彩，金碧交辉。

会馆内还有垂花门、钟鼓楼、东西配殿、东西跨院等建筑，院内树木扶疏、花香莺啼，颇有意境。

会馆布局严谨，建造考究，装饰华丽。最值得一提的就是馆内的雕刻和丹青，馆内遍布各种各样的木雕、石雕和砖雕等，雕工精美，栩栩如生，是我国雕刻艺术中的珍品，而各色的丹青彩绘极具民族特色，具有极高的艺术价值。

会馆坐北向南。门前由一座雕砖砌成的大照壁。高约7米，上盖黄绿琉璃瓦。正面砖刻透雕山石、人物、花鸟、花果、博古等图案，背面正中嵌有一块约1.66米见方的石雕。石雕外方内圆，浮雕二龙戏珠，四周12条小龙相对盘绕，外层有花纹镂圈。

由照壁入内，东西两厢，钟楼鼓楼对峙，楼顶琉璃瓦覆盖，中装葫芦宝瓶。下有两层飞檐，4根通柱，12根小柱。柱间树以槅扇。几何图形的塌心，通风透光，明亮雅致。楼内悬钟置鼓，庄严秀拔，击之，钟声嘹亮而雄浑。

顺着甬道向北有一座牌楼，面阔3间，气势雄伟，装饰堂皇。次间向前后叉开，形成五楼三牌坊。中枢高耸，左右夹辅，飞檐参错，斗拱交互。旁边珠柱四立，有抱鼓石保护。石面雕刻龙虎相斗、双凤朝阳、蝙蝠扑云神话故事等。

过牌楼，中为二殿，左右配殿，再北为正殿。这些殿宇，都用琉璃瓦覆盖，金碧辉煌，鲜莹耀目。脊饰华丽，有狮拥莲台、象驮宝瓶、奇兽奔驰等景。各殿装饰有如一座画廊，天上人

抱鼓石 一般是指位于宅门入口、形似圆鼓的两块人工雕琢的石制构件，因为它有一个犹如抱鼓的形态承托于石座之上，故名。抱鼓石民间称谓较多，如石鼓、门鼓、圆鼓子、石锣鼓、石镜，等等。宅门抱鼓石是门枕石的一种，在传统民宅大门前很常见，如北京四合院的垂花门、徽州祠堂的版门等。

■ 山陕会馆内的影壁二龙戏珠

山陕会馆关帝庙

间，飞禽走兽，花卉瓜果，琴棋书画，琳琅满目，美不胜收。

东西配殿的雕刻以人物为主，雕刻着大大小小的人物和神仙故事。画中的男女老少个个表情丰富。一些佛教故事、传奇小说、戏剧场面中的人物都置于山水、亭榭、庙宇和阁楼间，层次分明，妙趣横生。

二殿前，雕刻着凤凰牡丹、花卉鸟兽等图案，布局巧妙，雕工精美。全部透空雕成的飞龙，姿态活泼，栩栩如生，俨然真龙自天而降。花卉中的兰、竹、菊、桃、芭蕉、枇杷、灵芝、葡萄，鸟兽中的仙鹤、喜鹊、山鹰、鹿、马、狮、虎……形神兼备，仪态各殊。

开封古城内的这座华丽的会馆，建筑艺术别具风格，各殿精美的石雕、木雕和琉璃制品，堪称清代雕刻艺术的珍品。

青史留芳的古都古城

阅读链接

在山陕会馆内照壁中间，有一块约为1.7米见方的"二龙戏珠"石雕。这幅图案不仅雕刻精美，而且还别有新意。两条龙被雕刻得灵活现，栩栩如生。

但是，这里二龙所戏的"珠子"，却不是常见的圆形宝珠，而是一只蜘蛛。那么，这是为什么呢？

原来，古代的商人们认为，蜘蛛吐丝结网，寓意经商的人际网络也像蜘蛛网一样，越结越广，越结越大，朋友遍天下，生意越做越火。为此，这里"二龙戏珠"的宝珠，便用了蜘蛛替代。

古都杭州

杭州市简称杭，古时杭州曾称"临安""钱塘"等。位于我国东南沿海、浙江省北部，钱塘江下游北岸，是浙江省省会，浙江省政治、经济、文化、金融和交通中心。

杭州在秦时设县，是五代时期吴越国西府和南宋都城，是我国八大古都之一。杭州市内有西湖、西溪湿地等众多名胜古迹，也有浙江大学这样的知名学府。宋代以后有"上有天堂，下有苏杭"的美誉。

杭州是我国东南重要交通枢纽，副省级城市之一，是我国最大的经济圈——长三角的副中心城市。

千古雷峰塔和名刹灵隐寺

　　杭州是我国八大古都之一，自古就是鱼米之乡、丝绸之府和文物之邦，宋代以后，就有"人间天堂"的美誉。杭州在周朝以前，属于扬州管辖地域。传说在夏禹治水时，全国被分为九州，长江以南的广阔地域均泛称扬州。

　　春秋时期，吴越两国争霸。杭州先是属于越国，后来属于吴国。

杭州丝绸之路

977年，吴越国王钱俶为了祈求国泰民安，在西湖南岸的夕照山上专门建造了雷峰塔。雷峰塔原名皇妃塔，又名西关砖塔，古人更多地称为"黄妃塔"。

雷峰塔历经修葺，才得以存留后世，成为西湖最壮观的景致之一。后世所建的雷峰新塔建在旧址之上，保留了旧塔被烧毁之前的楼阁式结构，完全采用了南宋初年重修时的风格、设计和大小建造。

新塔通高约71米，由台基、塔身和塔刹3部分组成，其中塔高49.17米，塔刹高16.1米，地平线以下的台基为9.8米。由上至下分别为：塔刹、天宫、五层、四层、三层、二层、暗层、底层、台基二层和台基底层。

塔身的设计沿袭了雷峰塔被烧毁前的平面八角形楼阁式形制，外观是一座八面、五层楼阁式塔，保留了宋塔的惯有风格。各层盖铜瓦，转角处设铜斗拱，飞檐翘角下挂铜风铃，风姿优美，古色古韵。同时，在塔的二层到五层还有外挑平座可供观景。

塔顶采用贴金工艺。它的外形具有唐宋时期江南古建筑的典型风格，远处望去，金碧辉煌。专门为保护遗址而建的保护罩呈八角形，建筑面积3133平方米，外饰汉白玉栏杆。保护罩分上下两层，将雷峰塔遗址完整地保护起来。

■ 杭州雷峰塔

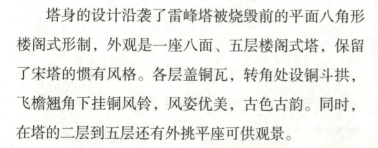

越国 又称于越，是春秋战国时期位于我国东南方的诸侯国，都城在今浙江绍兴。春秋五霸之一的勾践是第39代越王。史书称越国为夏朝少康庶子于越的后裔，国君为姒姓。公元前473年，越国灭亡吴国后，势力范围一度北达江苏，南入闽台，东濒东海，西达皖南、赣东，雄踞东南。

■ 雷峰塔

青史留芳的古都古城

穹顶 又叫圆顶，一般有两种解释，一是悬垂的半球体空间或面积，穹或穹形面的顶点或顶部。二是特指圆拱的道路的中央和其边缘间高度的区别。穹顶是一种常见建筑结构，外形类似一个空心球体的上半部。圆顶的横切面也可以呈椭圆形。圆顶在建筑学中有悠久的历史，可以回溯到史前时期。

打开一道沉沉的古式门，走进新塔底层，便见古塔遗址。站在台基二层就可看到遗址的模样。

新塔穹顶内壁辟有2002个塔龛，每个龛内安放着一个小金涂塔，穹顶和梁上均为铜质金或贴金。穹顶设有天宫，藏有雷峰塔重修记、新塔模型等。

雷峰新塔也是古今中外采用铜件最多、铜饰面积最大的铜塔。塔基底部辟有井穴式地宫，珍藏装有佛螺髻发舍利的纯银阿育王塔和龙莲座释迦牟尼佛坐像等数十件佛教珍贵文物。古塔塔身上部的一些塔砖内，还秘藏雕版印刷的佛教《一切如来心秘密全身舍利宝箧印陀罗尼经》经卷。

重修后的雷峰塔见证了杭州西湖的悠久历史，也成为杭州最著名的景观之一。

话说，当年越国灭了吴国以后，杭州又重新归属越国。到了战国时期，楚国灭了越国，杭州又重新归属楚国了。秦始皇统一六国后，曾在灵隐山麓设立县治，称为钱唐，归属于会稽郡。

到了西汉时期，沿用秦代规制，杭州仍称钱唐。新莽时期，一度改钱唐为泉亭县。到了东汉，又重新设置钱唐县，归属于吴郡。

东汉时期，杭州的农田水利兴修粗具规模，并从宝石山至万松岭修筑了第一条海堤，西湖开始与海隔断，成为内湖。

三国、两晋、南北朝时期，杭州属于吴国的吴兴郡，归古扬州。326年，印度佛教徒慧理在飞来峰下建造了灵隐寺，成为西湖最古老的丛林建筑。

灵隐寺是杭州最古老的名刹，也是我国佛教禅宗十大古刹之一。该寺地处杭州西湖以西灵隐山麓，背靠北高峰，面朝飞来峰，两峰挟峙，林木茂密。

灵隐寺的开山祖师是西印度僧人慧理和尚。他在东晋时期由中原云游至此，便于飞来峰前建寺，名为灵隐。

灵隐寺初建时佛法未盛，到了南朝梁武帝时期，梁武帝赐田并扩建，规模逐渐庞大起来。

549年，升钱唐县为临江郡。587年，又设置钱唐郡，管辖钱唐、于潜、富阳和新城四县，归属吴州。

吴国 公元前12世纪至公元前473年，存在于长江下游地区的姬姓诸侯国，也叫勾吴、工吴、攻吾、大吴、天吴、皇吴。吴国是春秋中后期最强大的诸侯国之一，在吴王阖闾、夫差时达到鼎盛。公元前473年，越王勾践复仇，吞并吴国。

■ 杭州灵隐寺翠微亭

隋王朝建立后，于589年，废郡为州，"杭州"之名第一次出现。当时杭州下辖钱唐、余杭、富阳、盐官、于潜和武康6县。州治最初设在余杭，690年迁到钱唐。

591年，也就是开皇十一年，隋王在凤凰山依山筑城，城周长18千米，这是我国最早的杭州城。

607年，隋代改置余杭郡。610年，杨素凿通江南运河，从现在的江苏镇江起，经苏州、嘉兴等地而达杭州，全长约400千米。自此，拱宸桥成为大运河的起点。

正是由于所处的重要地理位置，更加促进了杭州经济文化的迅速发展。当时，余杭郡有1.5万多户，杭州户口统计由此开始。

唐代，置杭州郡，旋改余杭郡，治所在钱唐。因避国号讳，于621年改"钱唐"为"钱塘"。

唐太宗时期属江南道，742年复名余杭郡，属江南东道。758年又改为杭州，归浙江西道节度，州治一度在钱塘，辖钱塘、盐官、富阳、新城、余杭、临安、于潜、唐山8县。

阅读链接

关于杭州古名的来历，还有一种说法。

话说，远古时期，夏禹来到此地以后，见碧波万顷，被优美的景致深深吸引。但是，一时没有船只引渡。于是，夏禹便想出一个办法。他命人迅速调集木材，在最短的时间内，造了一条小舟来引渡。

夏禹走后，人们便把此地称为"禹杭"。后来，由于人们的口口相传，便把"禹"字音讹化为"余"，于是就称此地为"余杭"了。

五代以后成为历代繁华之都

吴越国偏安东南，建西府于杭州。当时的杭州称西府，州治在钱塘，辖钱塘、钱江、余杭、安国、于潜、唐山、富阳、新城8县。在吴越三代、五帝的统治下，杭州发展成为全国经济繁荣和文化荟萃之地。欧阳修在《有美堂记》里有这样的描述：

独钱塘自五代始时……不烦干戈。今其民幸福而安乐。又其俗习工巧，邑屋华丽，盖十余万家。环以湖山，左右映带。而闽商富贾，风帆浪舶，出入于江涛浩渺，烟云杳霭之间，可谓盛矣。

■ 欧阳修（1007—1072年），字永叔，号醉翁，晚年又号"六一居士"，自称庐陵人。谥号文忠，世称欧阳文忠公，北宋卓越的政治家、文学家、史学家，"唐宋八大家"之一。后人又将其与韩愈、柳宗元和苏轼合称"千古文章四大家"。

钱镠 字具美，一作巨美，小字婆留，杭州临安人。五代吴越国的创建者。唐末拥兵两浙，统12州，封吴王、吴越王，兼淮南节度使，后自称吴越国王，在位41年。谥号武肃王，葬安国县衣锦乡茅山。临终前为其子孙留有万余字的遗嘱。钱家后人世世代代相传。

771年，灵隐寺曾做过全面修葺，香火旺盛。然而，唐代末年"会昌法难"，灵隐受池鱼之灾，寺毁僧散。直到五代吴越王钱镠，命请永明延寿大师重兴开拓，并新建石幢、佛阁、法堂及百尺弥勒阁，并赐名灵隐新寺。灵隐寺鼎盛时期，曾有9楼、18阁、72殿堂，僧房1300间，僧众达3000多人。

宋代皇室对灵隐寺非常重视。1007年，宋真宗改灵隐寺为灵隐山景德寺。

1021年，真宗赐名"景德灵隐禅寺"，1024年，章懿太后赐钱给灵隐寺，作为修葺寺庙之用。

后来，又因灵隐寺斋僧施粥的需要，朝廷又于1030年，将位于杭州、秀州两地良田赐予灵隐寺作为庙产。

1107年，杭州升为帅府，管辖钱塘、仁和、余杭、临安、于潜、昌化、富阳、新登和盐官9县。当时人口已达20多万户，为江南人口最多的州郡之一。杭州经济繁荣，纺织、印刷、酿酒、造纸业都

■ 灵隐寺大雄宝殿

较发达，对外贸易进一步开展，是全国四大商港之一。杭州历任地方官，十分重视对西湖的整治。

1089年，著名诗人苏东坡任杭州知州，再度疏浚西湖，用所挖取的葑泥，堆成横跨南北的长堤苏堤，上有六桥，堤边植桃、柳、芙蓉，使西湖更加美丽。又开通茅山和盐桥两条河流，再疏六井，极大地方便了百姓的生活。

经过北宋150多年的发展，到了南宋，杭州开始了它的鼎盛时期。

1129年，杭州升为临安府。1138年，南宋把行宫定在此地，杭州城垣因而大事扩展，分为内城和外城。内城，即皇城，方圆4.5千米，环绕着凤凰山，北起凤山门，南达江干，西至万松岭，东抵候潮门，在皇城之内，兴建殿、堂、楼、阁，还有多处行宫及御花园。

外城南跨吴山，北截武林门，右连西湖，左靠钱塘江，气势宏伟。设13座城门，城外有护城河。由于北方许多人随朝廷南迁，使临安府人口激增。到了1265年至1274年间，杭州居民增到124多万人。

清朝初年，在杭州城西沿西湖一带建造"旗营"，俗称"满城"。城墙周长5千米，南至今开元路，北靠法院路，东临中山中路附近，西面包括湖滨公园，并辟有6座城门，总占地约957平方千米，成为

■ 灵隐寺佛像

延寿大师 佛教唐末五代僧。先后任库吏及镇将，悟得"世事无常"之理。30岁出家。961年应吴越王钱俶的邀请，驻锡永明寺，倡禅净双修，指心为宗，四众钦服，被奉为净土宗六祖，开创的禅净双修，使净土宗普及于民间，著《万善同归集》《四料简》等。

杭州城墙

杭州的"城中城"。城中城后被拆除。**杭**城三面环山，古木参天，风景清幽，山间溪水滋润茂林修竹，景致怡人。

古城除自五代以来，唐、宋、元时**期**遗存了大量的摩崖石刻。这些石刻大都集中在西湖的四周，因此也**称**"西湖石窟"。

此外，杭州城有名的造像约有19处，其中较为集中的有灵隐禅寺前的飞来峰造像，规模最大的有400多尊。这些造像形神兼备，成为杭州古城的著名遗迹。

阅读链接

1049年，宋朝廷又赐给灵隐寺御绣《观音心经》两卷、《回銮碑》及飞白黄罗扇等御用之物。由此可见当朝者对灵隐寺的重视程度。

当时，契嵩是北宋云门宗的名僧，主张融合儒释两教，强调佛儒两家都以"教人为善"为宗旨，"相资善世"，因而受到朝野上下的一致敬重。

自此契嵩到灵隐寺后，灵隐寺便名闻遐迩。当时，海内外佛教信徒纷纷前来探求佛法，灵隐寺因而成为名副其实的禅宗圣地。

千古都城

三大古都的千古传奇

古都北京

　　北京是中国的首都、中央直辖市，是我国政治、文化、教育和国际交流中心，同时是我国经济金融的决策中心和管理中心。北京位于华北平原北端，东南与天津相连，其余为河北省所环绕。

　　北京有着3000多年的建城史和850余年的建都史，是"我国三大古都"之一，也是我国历史上的七朝古都，极具国际影响力。

　　北京荟萃了从元、明、清以来的中华文化，拥有众多名胜古迹和人文景观，是全球拥有世界文化遗产最多的城市，是中国文化的鲜明代表。

华北平原上的东方古都

北京最初见于记载的名字为蓟，在历史上曾是五代王朝的都城。北京位于华北平原的西北边缘，面积约1.6万平方千米。

西山和军都山在南口关沟相交，形成一个向东南展开的半圆形大

■ 四合院　我国华北地区民用住宅中的一种组合建筑形式，是一种四方形或长方形的院落。一家一户住在一个封闭式的院子里。四合院建筑，是我国古老、传统的文化象征。

北京钱市胡同

山弯，被称之为北京弯，它所围绕的小平原就是北京小平原。

老北京的传统民居主要是四合院。散落在市区的名人故居和王府一般都是比较正宗的四合院，如前海西街的恭王府。

胡同是北京民居建筑的另一特色，最早起源于元朝。北京的胡同达7000多条，最古老的胡同是三庙街，最长的胡同是东交民巷，最窄的胡同是前门大栅栏地区的钱市胡同。

北京在从辽代起的800多年里，建造了许多宏伟壮丽的宫廷建筑，使北京成为我国拥有帝王宫殿、园林、庙坛和陵墓数量最多、内容最丰富的城市。

古都北京的标志性建筑有天安门城楼、故宫、天坛、地坛、日坛、月坛、鼓楼、钟楼等。这些标志性建筑具有极强的象征性、统一性和完整性，这在其他

恭王府 始建于1776年，是和珅为自己修建的豪宅，时称和第。1851年，清末恭亲王奕䜣成为这所宅子的主人，改名恭王府，沿用至今。民国初年，这座王府被恭亲王的孙子溥伟以40万块大洋卖给教会，后由辅仁大学用108根金条赎回，并用作女生学堂。

牌坊 又名牌楼，为门洞式纪念性建筑物，是封建社会为表彰功勋、科第、德政以及忠孝节义所立的建筑物。也有一些宫观寺庙以牌坊作为山门，还有用来标明地名的。牌楼宣扬封建礼教，标榜功德，它是祠堂的附属建筑物，昭示家族先人的高尚美德和丰功伟绩，兼有祭祖的功能。

七大古都的标志性建筑中，都是不多见的。这些建筑既是建筑布局、建筑风格的精密图解，又是当时至高无上皇权意识的具体体现。

天安门城楼位于北京城传统的中轴线上，始建于1417年，原名承天门，取"承天启运、受命于天"的意思，是明清两代皇城的正门。

当时，天安门是一座黄瓦飞檐、朱漆金钉三层楼的五洞牌坊，1651年，改建为天安门。天安门城楼前面，是封闭状态的宫廷广场。

明清500年间，国家有大庆典时在天安门举行颁诏仪式。新中国成立后，天安门城楼成为国家举行重大庆典和集会的场所。

天安门城楼是古代建筑艺术集大成之作，也是封建等级制的形象体现，象征皇权的"九五之尊"。

走进天安门，就是闻名海内的故宫。故宫又称紫

■ 天安门城楼

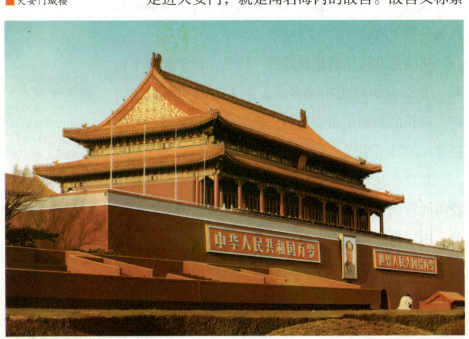

禁城，建筑宏伟壮观，是我国乃至全世界现存最大的宫殿。故宫原是明清两代的皇宫，这里曾经居住过24位皇帝。

北京天坛以其布局合理、构筑精妙而扬名中外，是明清两代皇帝祭天和祈谷的地方，是我国现存最大的古代祭祀性建筑群。

■ 天坛祈年殿

北京城早期规划以明清两代的紫禁城宫为中轴线，中轴线南起永定门，北至钟鼓楼，长约7.8千米。北京中轴线从南往北依次为永定门、前门箭楼、正阳门、中华门、天安门、端门、午门、紫禁城、神武门、景山、地安门、后门桥、鼓楼和钟楼。

从这条中轴线的南端永定门起，就有天坛、先农坛、太庙、社稷坛、东华门、西华门、安定门、德胜门以中轴线为轴对称分布。永定门、中华门和地安门后来被拆毁。2004年前后，我国政府又重新修建了永定门城楼。

北京城池是我国明代和清代都城城防建筑的总称，由宫城、皇城、内城、外城组成，包括城墙、城门、瓮城、角楼、敌台、护城河等多道设施，曾经是我国存世最完整的古代城市防御体系。

北京城门是明清时期北京城各城门的总称。根据

永定门 始建于明嘉靖时期，共跨越了明、清两代。位于左安门和右安门之间，是老北京外城7座城门中最大的一座，也是从南部出入京城的通衢要道。永定门城楼的形式和构造与内城门一样。永定门于1957年被拆除，现存城楼为2004年重建。

青史留芳的古都古城

等级以及建筑规格的差异，分为宫城城门、皇城城门、内城城门、外城城门4类。

清朝结束后，除宫城保留较好外，现皇城城门只有天安门被保留，内城仅存正阳门、德胜门箭楼、东南角楼以及崇文门一段残余城墙。

颐和园是北京著名的旅游景点，也是我国最有名的皇家园林，在中外园林史上享有盛誉，具有很高的艺术价值，被誉为"万园之园"。

明十三陵是北京最大的皇家陵寝墓群，内有明朝13位皇帝的陵墓，尤其是明定陵，它的规模浩大，极为壮观。

古都北京具有浓厚的宗教文化。城区有许多著名

■ 北京故宫护城河

的宗教建筑。这些宗教名胜是古都北京宗教文化兼收并蓄、海纳百川，以及民族大融合的见证。

北京地区的宗教主要是佛教、道教、伊斯兰教、天主教、基督教。其中佛教、道教和伊斯兰教对北京的历史、文化、艺术产生过较大的影响。

北京的宗教寺庙遍布整个城区，现存著名的宗教场所有法源寺、潭柘寺、戒台寺、云居寺、八大处、白云观、牛街礼拜寺、雍和宫、西什库天主堂、王府井天主堂、缸瓦市教堂、崇文门教堂等。

北京的著名学府有北京大学和清华大学。北京大学上承古代的太学、国子监学。清华大学是清代末年文化运动的产物。这两所学府既是我国传统文化直接

太学 我国古代的大学。始于西周，汉代设在京师。汉武帝时在长安设太学，初设五经博士专门讲授儒家经典《诗》《书》《礼》《易》《春秋》。魏晋至明清时期，或设太学，或设国子学、国子监，或同时设立，均为传授儒家经典的最高学府。

的继承者，又是新文化的开创者，同时也是我国国民教育的播种者。

北京大学创立于1898年，初名京师大学堂，是我国在近代史上正式设立的第一所大学。北京大学传承我国数千年来国家最高学府太学、国子监的学统，既是古代最高学府的延续，又是近代高等教育的开端，可谓"上承太学正统，下立大学祖庭"。

1951年6月，马寅初教授被任命为新中国成立后的北京大学的第一任校长。1952年，院系调整后，北京大学从北京城内沙滩迁到现在的校址，即海淀区颐和园路5号。校园占地面积2.7平方千米，成为一所侧重于基础学科

■ 清华大学石碑

■ 清华大学大门

青史留芳的古都古城

教学和研究的文理科综合大学。

■ 清华大学校园里的清华学堂

清华大学，地处北京西北郊繁盛的园林区，其占地面积约4平方千米，是在几处清代皇家园林的遗址上发展而成的。

清朝康熙年间，清华园称熙春园，先后有雍正、乾隆和咸丰3位皇帝居住在此。咸丰年间熙春园改名为清华园。

清华大学的前身是清华学堂，始建于1911年。1912年，清华学堂更名为清华学校。清华大学发展初期，以国学研究院四大导师王国维、梁启超、陈寅恪、赵元任以及以李济为代表的清华学者，主张"中西兼容、文理渗透、古今贯通"，形成了著名的清华学派，对清华大学的发展产生了深远的影响。

古都北京不仅具有深厚的文化底蕴，其丰富的民

国子监 我国古代隋朝以后的中央官学，为我国古代教育体系中的最高学府，又称国子学或国子寺。明朝时期行使双京制，在南京、北京分别设国子监，设在南京的国子监被称为"南监"或"南雍"，而设在北京的国子监被称为"北监"或"北雍"。

■ 北京全聚德烤鸭店牌坊

景泰蓝 又称"铜胎掐丝珐琅",俗名"珐蓝",又称"嵌珐琅",是一种在铜质的胎型上,用柔软的扁铜丝,掐成各种花纹焊上,然后把珐琅质的色釉填充在花纹内烧制而成的器物。因在明代景泰年间盛行,使用的珐琅釉多以蓝色为主,故而称为景泰蓝。

俗文化更是洋洋大观。

京剧、京韵大鼓、京味儿相声是老北京传统文化的精华。而养鸽子、养蛐蛐、吹糖人、抖空竹等习俗,则是老北京人喜闻乐见的娱乐活动。

除了丰富的民俗文化,古都北京也有很多特色工艺。景泰蓝、玉雕、牙雕、雕漆、金漆镶嵌、花丝镶嵌、宫毯和京绣等工艺门类,俗称燕京八绝。这些工艺都曾是专门为宫廷服务的,真可谓是老北京宫廷技艺的精华。

北京老字号就是古都历史文化的宝贵遗产和行业典范,主要有全聚德烤鸭、便宜坊烤鸭、稻香村糕点、六必居酱菜、王致和腐乳、吴裕泰茶庄、同仁堂药店、戴月轩笔店、荣宝斋字画等。

此外，北京的风味小吃也有着独特的帝都特色。北京小吃历史悠久，品种繁多，用料讲究，有口皆碑。

清朝文人杨米文在《都门竹枝词》中十分详细地介绍了当时的北京小吃：

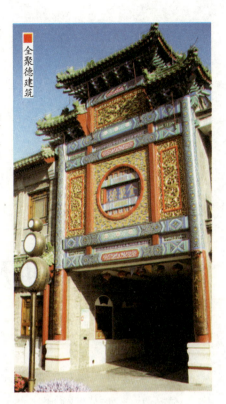

全聚德建筑

三大钱儿卖好花，切糕鬼腿闹喳喳，
清晨一碗甜浆粥，才吃茶汤又面茶；
凉果炸糕甜耳朵，吊炉烧饼艾窝窝，
叉子火烧刚卖得，又听硬面叫饽饽；
烧卖馄饨列满盘，新添挂粉好汤圆。

北京猿人时期及周口店遗址

在秦汉以前和以后，现北京地区一直是我国北方的军事和商业重镇，名称先后被称为蓟城、燕都、燕京、涿郡、幽州等，具有悠久的历史。

■ 北京猿人 正式名称为"中国猿人北京种"，现在在科学上常称之为"北京直立人"，中国的直立人化石。北京猿人大约在70万年前来到周口店龙骨山，在这里生活了近50万年。

北京猿人遗址山顶洞

在1万年至4000年以前的旧石器时代，在北京地区就出现了北京猿人。北京猿人从山中洞穴来到广阔的平原。他们伐木盖房，抵御野兽，建立家庭。并学会了制作简单的工具和饰品。

制陶技术是人类进入农业社会的标志之一，北京猿人不仅会制作陶器，还学会了放牧和种植庄稼。

北京猿人周口店遗址，位于北京市西南房山区周口店镇龙骨山北部，是迄今为止世界上人类化石材料最丰富、最系统、最有价值的旧石器时代早期的古人类遗址。

考古学家在北京猿人洞穴遗址外发现3枚人类牙齿化石、北京人头盖骨化石，以及人工制作的工具和用火遗迹，成为震惊世界的重大考古发现。

1930年考古学家还在周口店遗址发现了距今约2万年前的古人类化石和文化遗物，并将其命名为"山

旧石器时代 以使用打制石器为标志的人类物质文化发展阶段。从距今约250万年前开始，延续至距今约1万年为止。时期划分一般为旧石器时代早期、中期和晚期，大体上分别相当于人类体质进化的能人和直立人阶段、早期智人阶段、晚期智人阶段。

山顶洞人 我国华北地区旧石器时代晚期的人类化石，属晚期智人，属于母系氏族社会。生活在距今约3万年前北京人活动过的地区，模样和现代人基本相同。因其骨骼化石是在周口店龙骨山顶部的洞穴里发现的，因此叫山顶洞人。

顶洞人"。1973年，考古学家又发现了介于北京猿人和山顶洞人年代之间的"新洞人"，表明了北京人的延续和发展。

通过对这些考古资料的研究，证明北京猿人距今约69万年，他们创造出颇具特色的旧石器文化，对我国华北地区旧石器文化的发展产生了深远的影响。北京猿人居住过的洞穴里曾留下很厚的灰烬堆。这一发现，使人类用火的历史提早了几十万年。

但是，由于处于战乱年代，考古学家辛苦挖掘的遗物全部遗失了。自1927年以来发现的全部北京人和山顶洞人的化石标本，迄今仍下落不明，这一事件成为20世纪考古史上的世界之谜。

1950年以后，我国恢复了对周口店遗址的发掘研究，获取了大量的宝贵资料。

迄今为止，考古学家们已经发掘出头盖骨6具、头骨碎片12件、下颌骨15件、牙齿157枚及断裂的股骨、胫骨等，分属40多个男女老幼个体。发现10万件石器材料及用火的灰烬遗址和烧石、烧骨等，以及丰

■ 山顶洞人生活复原图

富的石器、骨器、角器和用火遗迹。

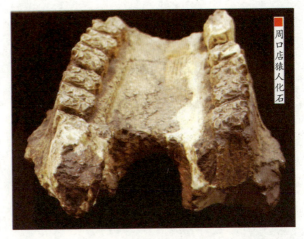
周口店猿人化石

根据对北京人骨骼化石、石器、用火遗迹等方面的研究，考古学家们认为北京人生活在距今约70万年到20万年前。

根据骨骼化石的研究结果，当时北京人男性身高约1.5米，女性身高约1.4米，食物的主要来源是狩猎和采集。

在北京西南42千米处，遗址的科考工作仍然在进行中。到目前为止，科学家已经发现了中国猿人属北京人的遗迹，同时发现的还有各种各样的生活物品，以及可以追溯到公元前1.8万年至公元前1.1万年的新人类的遗迹。

周口店遗址不仅是有关远古时期亚洲大陆人类社会的一个罕见的历史证据，而且也阐明了人类进化的进程。

阅读链接

北京人生活在石器时代，加工石器的方法主要是锤击法，其次是砸击法，偶尔会使用砧击法。北京人还是最早使用火的古人类，并能利用火来捕猎大型动物。北京人的寿命都比较短，据统计，68.2%死于14岁前，超过50岁的不到4.5%。

北京人已经懂得用火把食物烤熟。当时，我们祖先用火主要取于自然，并知道如何保护火种。火的使用，完备了人的特征，是人类的重大进步。北京人的发现，为我国古人类及其文化的研究奠定了基础。

燕京从先秦至辽宋的过渡

　　在公元前16世纪至公元前11世纪，在炎黄时期，在北京附近的阪泉，炎帝和黄帝爆发了三场战争，并将战争扩大到黄河和江汉地区。从此，我国形成了统一的华夏民族，"炎黄子孙"诞生了。

　　与此同时，在距今3000多年以前的北京地区，出现了一些地方小国，其中以蓟和燕最为有名。

　　蓟国的名称据说和一种名叫蓟的草本植物有关。燕国的名称据说

■ 西周燕都遗址博物馆

来源于氏族部落时期对燕子的崇拜。

根据史书记载，早在公元前11世纪的西周初年，周武王即封召公于北京及附近地区称燕，又封尧的后人于蓟。后来燕国灭蓟国，迁都于蓟，统称为燕都或燕京。

另外有种说法是，在周以前就有燕国，后燕并蓟，以蓟城为国都，这就是后来北京的前身。秦灭燕之后，设置蓟县，其故址就在如今的北京城。

燕都因为古时是燕国的都城而得名。在战国七雄中有燕国，是因临近燕山而得国名，因此燕国的都城就称为"燕都"。

北京地区当时分成两部分，分别是燕国和蓟国的国都。蓟的国都蓟城在后来的宣武门到和平门一带，北京的第一个名字就叫作蓟城。

这两个诸侯国，燕强蓟弱，一场战争之后燕灭了蓟，燕就把国都迁到了蓟城。建都后的燕国一天天强

■ 古代燕国钱币

召公 又作邵公、召康公、太保召公。姓姬名奭（shì），周文王的儿子，武王的弟弟。曾辅助周武王灭商，被封于燕，是后来燕国的始祖。他的后代曾继承召公的称号，辅佐周厉王。

战国七雄 我国东周后期7个强势诸侯国的统称，分别是齐、楚、燕、韩、赵、魏、秦。在7个诸侯国中，除了秦国在崤山以西之外，其他的六国都位于秦国东边。因此，齐、楚、燕、韩、赵、魏六国又称"山东六国"。

■ 荆轲刺秦王邮票

■ 蓟县黄崖关长城

广阳郡 又称广阳国、燕国，是我国古代行政区域，始见于战国时期，是秦代至西晋期间幽州刺史部下的一个郡国。汉高祖刘邦始设燕国，后昭帝废除燕国，改为广阳郡。宣帝又改广阳郡为广阳国。王莽时期改为广有郡，东汉又称广阳郡。三国时复称燕国，西晋沿用。

盛起来，到了战国时期成为七雄之一，蓟城那时已经相当繁荣了。

后来，随着七雄争霸，秦灭了韩、魏、楚，又破了赵。就在燕国危在旦夕之际，在这里发生了一个家喻户晓的故事，那就是荆轲刺秦王，这个故事的发源地就是今天的北京。

作为燕都的蓟城，也成为北京城的一段光辉开端。燕都在秦代改称蓟县，汉初又称广阳、幽州，直到金代建立中都为止，其间经历了很大变化，但始终是北方的政治和经济中心。特别是金中都建立后，北京作为我国封建王朝统治中心的历史也真正开始了。

秦代设北京为蓟县，是广阳郡的郡治所。汉初加封了很多王侯，先封了"异姓七国"，又给"同姓九国"进行了封地。因此广阳、幽州都曾指代后来的北京。

直到西晋时，朝廷把广阳郡改为燕国，而幽州迁到了范阳。待到十六国后的赵时，幽州驻所又迁回蓟县，把燕国改设为燕郡。此时的北京历经前燕、前秦、后燕和北魏，而名字都没有大的改变。

隋朝于583年废除了燕郡，又于607年改幽州为涿郡。唐初涿郡又复称为幽州。在627年，幽州划归河北道管辖。755年，安史之乱爆发。

第二年，胡人安禄山称大燕皇帝，以范阳为燕京，建国号为"大燕"。唐代平息安禄山之乱后，又重新设置幽州，属卢龙节度使管辖。

在五代初期，军阀刘仁恭在燕京建立割据政权，自称燕王，913年被后唐消灭。

937年，后唐节度使石敬瑭勾结北方的契丹，许诺以割让国土为条件，换取辽太宗耶律德光发兵协助，自己则篡位当上了后晋皇帝，随后割让"燕云十六州"给契丹，并尊称辽太宗为"父皇帝"，自称"儿皇帝"。幽州从此归入契丹。

辽是我国北方少数民族在契丹族基础之上所建立的政权。916年，契丹族首领耶律阿保机统一了北方各部落，建立了契丹国，都城在今内蒙古巴林左旗，称为"皇都"。随后

■ 北京云居寺辽代佛塔

耶律阿保机登基称帝，史称辽太祖，改国号为"辽"。

938年，辽太宗将国都"皇都"改名为"上京临潢府"，并升幽州城为陪都，为"五京"之一，改称"南京析津府"，也称"燕京"。"燕京"这一称号从此就开始了。

辽国时期的燕京城，是"五京"之中规模最大和最繁华的一座。北京现存最古老的地上建筑密檐式八角砖塔，现位于广安门北滨河路西侧的天宁寺院内，距今已有1000多年历史了。

位于北京市房山区云居寺西北山顶上的八角砖塔，建于辽代，为砖砌八角形五层密檐式塔，高约9米。砖砌八角形须弥座的上方，由砖雕仰莲承托塔身。密檐之上的刹顶为宝珠。此塔是保护寺庙平安的吉祥塔，俗称老虎塔。

青史留芳的古都古城

阅读链接

房山区的八角砖塔旧时曾称老虎塔，关于老虎塔，还有一个古老的传说呢。

相传，以前在云居寺有800多僧人，靠听梆子声有秩序地打粥吃饭，后来每逢梆子响就有个白胡子老头排在队伍中来吃饭。老住持就把敲梆子改为由人通知开饭，从此再也没见白胡子老头来吃饭。

后来僧人在寺西北的小山上发现了一只饿死的白额老虎，头朝向云居寺。出家人应以慈悲为怀，老住持感到十分后悔，于是便吩咐僧人建造了这座老虎塔，以纪念白额老虎。

金中都时期始建卢沟桥

　　1123年，宋、金两国联合讨伐辽国，攻占了燕京。宋金议和后，燕京回归北宋，建立燕山府，因为临近燕山脚下，所以燕京又称燕山。

　　1126年，北宋京都汴梁被金军攻破，宋徽宗和宋钦宗两位皇帝以及宗室、官僚3000多人成了阶下囚，北宋王朝灭亡了。

■ 卢沟桥

汴京 现指开封，古称东京、汴京、大梁、汴梁，简称汴，有"十朝古都""七朝都会"之称。北宋时期是当时世界最繁华、人口最多的都市。开封有"东京梦华"之美誉，是世界上唯一城市中轴线从未变动的都城，其城"摞城"遗址在世界上独一无二。

1151年4月，金海陵王完颜亮下诏从上京会宁府迁都燕京，同时任命尚书右丞张浩、燕京留守和大名尹卢彦伦等负责燕京城的扩建与宫室的营造。

1153年，金正式迁都燕京，金的第四位皇帝完颜亮仿效辽国的"五京"制度，定燕京新都为"中都大兴府"。另外定了4个陪都，分别是北京大定府、南京开封府、东京辽阳府和西京大同府。

金中都仿照北宋汴京的规制，在辽南京城基础上扩建。东城墙自四路通向北，穿过明清护城河，在北新华街西侧与北墙相接，城墙上有3门：施仁、宣曜和阳春。

金中都的中心是皇城，东西窄，南北长，周围1500米。皇城中有宫城，中心大安殿是朝会庆典之所。玉华门外是皇家园林同乐园，有鱼藻池等名胜。

鱼藻池就是太液池，遗址就是后来疏挖的青年湖。

皇城外是都城，周围18千米，共13个城门。据考证，商业中心可能在会城门内天宁寺一带，也有可能在金代漕运沿线一带。

金中都东有3个城门：施仁门、宣曜门和阳春门，36座殿，此外还有众多的楼阁和园池名胜。城的东北有琼华岛，岛内建有离宫，以

■ 金中都遗址前的石狮子

供皇帝游幸。

金中都的建筑规划特点主要有3点：

一是宫城位置居中；二是向《考工记》的规划思想靠拢；三是城内增建礼制建筑，如祭祀天、地、风、雨、日、月的郊天坛、风师坛、雨师坛、朝日坛、夕月坛等。

为了使中都繁荣，海陵王完颜亮采纳了张浩的建议，凡是住在中都附近的居民，免去赋役10年。

元世宗时期，为了便利漕运，又利用金口河引永定河水，开凿东到通州的运粮河。但因为地势落差很大，无法控制水势，运河开成后，很快就淤塞了。不久，又将金口河填塞，以防止永定河洪水泛滥并危及京城。

从金海陵王完颜亮迁都于此开始，到1214年金宣宗完颜珣离开中都并南迁到汴京后，中都作为金朝都城共61年，1215年，金中都被蒙古军队攻陷，城池遭到毁坏。

在现在的丰台区卢沟桥乡界内尚存有元中都遗址西、南城墙遗址3处：三路居凤凰嘴村为城西南墙角，墙体残高3米，绵亘百余米，墙南面的水渠为金代护城河遗迹，这是金中都遗址较大的一处。

■ 金代宫殿遗址

张浩 字浩然，历仕太祖、太宗、熙宗、海陵王等人，官至尚书令。他曾任宰相10多年，是金代较为重要的历史人物。张浩一家尤其显贵，是当时辽东的望族。张浩出身官宦人家，熟通汉文化，通晓中原文物制度，这使他在女真族的封建制改革中能够发挥重要作用。

■ 卢沟桥水景

万泉寺村有南墙两段，并连在一起；东管头高楼村有西墙一段。这些元中都遗址均为夯土墙，是北京市重点保护文物。

早在战国时代，卢沟桥渡口就是燕蓟交通要冲和兵家必争之地。1153年金朝定都燕京之后，为了南北交通，金章宗完颜璟决定在卢沟桥上建造石桥。

1189年，金章宗开始修建卢沟桥，1192年终于建成了横跨永定河的卢沟石桥。卢沟桥也写作芦沟桥，位于北京市区西南约15千米的永定河上。永定河，原名芦沟河，芦沟桥因此得名。

卢沟桥是北京现存最古老的石造联拱桥，全长266米，宽7多米，最宽处有9多米。有10座桥墩，11个桥孔。整个桥身都是石体结构，关键部位都有铁锭铁榫连接，是华北最长的古代石桥。

卢沟桥两侧石雕护栏各有140条望柱，柱头上均雕有石狮，形态各异，据记载原有600多个，现存500

拱桥 指的是在竖直平面内以拱作为上部结构主要承重构件的桥梁。最早出现的拱桥是石拱桥，借着类似梯形石头的小单位，将桥本身的重量和加诸其上的载重，水平传递到两端的桥墩。后来的拱桥更多地使用混凝土或钢材建造。

多个。石狮多为明清之物，也有少量的金元遗存。

著名建筑学家在《名闻中外的卢沟桥》一文中曾对这些雕刻精美、神态活现的石狮子有过极为生动的描绘：

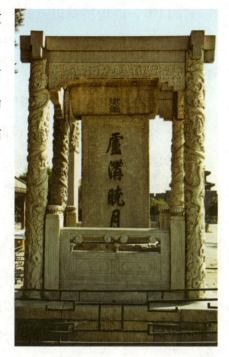

有的昂首挺胸，仰望云天；有的双目凝神，注视桥面；有的侧身转首，两两相对，好像在交谈；有的在抚育狮儿，真是千姿百态，神情活现。

"卢沟晓月"美景从金章宗年间就被列为"燕京八景"之一。

■卢沟晓月

■卢沟桥的桥面

1444年，卢沟桥得以重修。由于清康熙年间永定河发洪水，桥身受损严重，不能再使用了。而卢沟桥上的大量古迹也在洪水中销声匿迹。

1698年重修卢沟桥后，康熙皇帝命令在桥西头立碑，记述重修卢沟桥这一事件。桥东头则立有乾隆题写的"卢沟晓月"碑。

卢沟桥在建筑方面最有特色的，是桥墩的造法。墩的下面呈船形，迎水面砌作分水尖，外形像一个尖尖的船头，它的作用在于分散流水的冲击。

桥上的石刻十分精美，桥身的石雕护栏上共有望柱280多根，柱高1.4米，柱头刻莲座，座下为荷叶墩，柱顶刻有众多的石狮。望柱上雕有大小不等、形态各异和数之不尽的石狮子。

天下名桥各有特长，而卢沟桥却以高超的建桥技术和精美的石狮雕刻显得独具风韵，誉满中外，实属古今世界建筑史上的一大奇观。

1908年，清光绪帝死后，葬于河北省易县清西陵，途中必须通过卢沟桥。由于桥面窄，人们只得将桥边的石栏拆除，并添搭木桥。事后，又将石栏照原样恢复了。

阅读链接

民间有句歇后语："卢沟桥的石狮子——数不清。"有史以来，凡是到过卢沟桥的人，都想试图搞清楚卢沟桥石狮的具体数目。但是，人们数来数去，无数大小不一的石狮令人眼花缭乱，最后只得作罢。

1962年，我国有关部门专门派人搞了一次清点，逐个编号登记，清点出大小石狮子485个，至此，应该说是"谜团冰释"了。谁也没有料到，在1979年的复查中，又发现了17个，这样，大小石狮子的总数应为502个，今后是否还会发现，谁也不敢来画这个句号。

元大都时的繁荣及妙应寺塔

　　8世纪时，我国北方的又一个游牧民族蒙古族开始西迁，游牧于斡难河和怯绿连河之间。在12世纪末，蒙古族逐渐强盛起来。

　　1215年，蒙古可汗成吉思汗举兵南下，攻下中都后，又把中都改为燕京，把这里作为蒙古贵族统治的重要据点。成吉思汗开始在燕京派驻断事官，建立行政机构，统辖各路，当时称燕京行台或行尚书省。

　　1260年，元世祖忽必烈继承大汗位，于1264年改燕京为中都。1271年，忽必烈建国号大元。第二年，改中都为大

■ 元世祖（1215—1294年），字儿只斤·忽必烈，元代的创建者，蒙古尊号"薛禅汗"。忽必烈建立了幅员辽阔的统一多民族国家元朝，是蒙古族卓越的政治家、军事家。在位35年，1294病逝，庙号世祖。

都，并定为都城，并谋划大规模建设大都新城。

1276年，大都新城完全建成，这就是后来人们常说的元大都，也就是老北京城的前身，成为北京城后来的大致框架结构模式。元大都位于金中都旧城东北。1267年开始动工，历时20多年，完成了宫城、宫殿、皇城、都城、王府等工程的建造，新一代帝都基本成型。

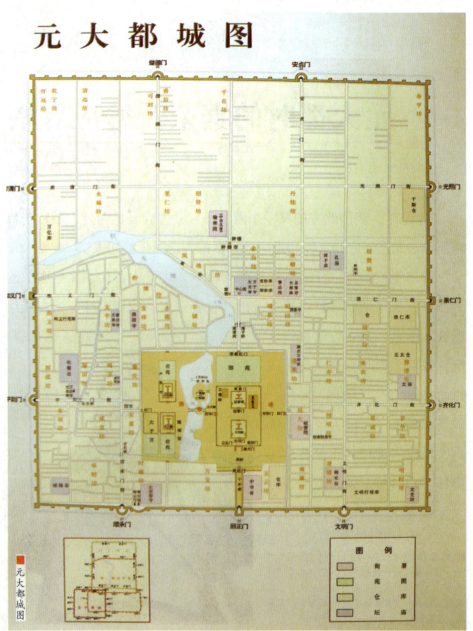

元大都城图

■ 元大都土城遗址

1285年，元朝政府诏令规定，富有者和任官职者必须先迁入大都新城，结果大量平民百姓只得依旧留在中都旧城。

虽然在元大都基础上建起了新城，但是旧城并未毁弃，仍是元大都的一部分。当时习惯把新城称为北城，旧城称为南城。但旧城居民后来大多移居新城，因而新城繁荣，旧城萧条。新城中集市达30多处，商业十分繁华。

元大都土城遗址周长28.6千米，平面布局呈长方形，在每个拐角上建有角楼。城墙基宽2.4米，墙体为夯土筑成，故又称土城。

元后期又在各门外加筑瓮城。明筑北京城时将北城墙南移500米，使北部土城废弃，成为约12千米的遗址。城墙外围还有护城河的遗迹。

据史记载，元大都土城的设计都用直线规划。一

瓮城 是为了加强城堡或关隘的防守，而在城门外修建的半圆形或方形的护门小城，属于我国古代城市城墙的一部分。瓮城两侧与城墙连在一起建立，设有箭楼、门闸、雉堞等防御设施。瓮城门通常与所保护的城门不在同一直线上，以防攻城槌等武器的进攻。

■ 妙应寺建筑

铜壶滴漏 我国古代的自动测量时间的装置，又称刻漏或漏刻。漏壶的最早记载见于儒家经典《周礼》。1135年，宋代王普所著的《官术刻漏图》中就曾描述一种莲华漏，后来该书失传。根据宋朝杨军的《六经图》转述，莲华漏由4个壶组成。

个人若站在城门上，朝正前方远望，便可看见对面城墙的城门。城内公共街道两侧，有各种各样的商店和货摊，整个城市按四方形布置，如同一块棋盘。

元大都街道分布的基本形式是：在南北向主干大道的东西两侧，等距离地并列着许多东西向的胡同。元大都相邻两城门区间内并列22条胡同，这种元大都城街道的布局，奠定了后来北京城市的基本格局。

元大都城有中心台，是城市中心，这在我国城市建筑史上尚属首创。东中心阁和齐政楼就是元大都城鼓楼。鼓楼上装有壶漏、鼓角等计时和报时工具。钟楼上有阁楼，内置大钟，一旦敲钟，全城都能听见。

元大都城市建设上的一个创举就是在市中心设置了高大的钟楼和鼓楼作为全城的报时机构。我国古代在市中心单独建造钟楼和鼓楼，上设铜壶滴漏和鼓角报时则史无先例。

钟楼和鼓楼是元朝统治者控制大都的工具之一。据有关记载，每夜鸣钟报时，第三次钟响后，任何人都不得在街上行走。

作为京师的元大都城，因是政治中心和文化中心，所以人烟旺盛，商业经济十分繁荣。都城内外的商业行市就达到30多种，有米市、面市、皮帽市、穷汉市、珍宝市、柴炭市和铁器市等。元大都中东城区是衙署和贵族住宅的集中地，商市较多。

元大都北城区因郭守敬开通通惠河使积水潭成了南北大运河终点码头，沿积水潭一带就形成了繁荣的商业区。积水潭北岸的斜街更是热闹，米市、面市、帽市、缎子市和鹅鸭市等一应俱全。

在元大都市场上做生意的不但有我国境内南北的豪商巨贾，而且还有来自中亚和南亚的商人，世界上最为稀奇珍贵的东西，都能在这座城市找到。

经济繁荣也带动了社会各方面繁荣和发展。最能反映时代特征的就是建筑。元代的建筑主要有木结构建筑和砖砌建筑，整座城市的建筑都以大都为中心，初步具备了明、清时代北京城的规模。

但是，在北京的元故宫于明初就被大将军徐达拆毁了，北京其他的元代建筑物也曾毁于战火，后世所存也为数不多。这一时期最著名的建筑就是妙应寺白塔。

元代妙应寺白塔位于北京阜城门内大街路北的妙应寺内，因为寺内有通体涂以

运河 用来沟通地区或水域间水运的人工水道，通常与自然水道或其他运河相连。除航运外，运河还用于灌溉、分洪、排涝、给水等。我国运河建设历史悠久，早在秦始皇时期，秦始皇为了沟通湘江和漓江之间的航运而开挖了灵渠。

■ 郭守敬雕像

郭守敬
1231—1316

■ 阿尼哥（1244—1306年），元代建筑师，雕塑家，工艺美术家。尼泊尔人，是王室的后裔。阿尼哥巧思绝人，技艺精湛，主持的大型工事有寺塔3座，大寺9座，祠祀2座，道宫1座。

白垩的塔，俗称"白塔寺"。

元世祖忽必烈崇信佛法，他为了安置释迦佛舍利，就在1271年在大都城西南修建了这座大型喇嘛塔。这是由当时的尼泊尔最著名的工艺家阿尼哥奉敕主持修建的。

寺塔于1279年建成后，又在塔前修建了一座规模宏大的寺院，旧名"大圣寿万安寺"。

寺院殿堂是元朝皇室在大都兴建的重要工程之一。1368年全部殿堂都被雷火焚毁，仅白塔得以幸免。明代又对佛塔进行修复，改称"妙应寺"。

清康熙、乾隆年间又几经修葺。妙应寺塔是元大都保留至今的重要标志，也是我国现存最早最大的一座藏式佛塔。

妙应寺由四层殿堂和塔院组成。院中间耸立着白

须弥座 金刚座、须弥坛，源自印度，是安置佛、菩萨像的台座。须弥即指须弥山，在印度古代传说中，须弥山是世界的中心。用须弥山做底，以显示佛的神圣伟大。

■ 妙应寺大门

塔，四周各建小角亭一座。白塔由塔基、塔身和塔刹3部分组成。台基分3层，最下层呈方形，台前有一通道，可直登塔基，上、中两层是"亞"字形的须弥座。

妙应寺白塔

台基上砌基座，将塔身、基座连接一起。莲座上又有5条环带，承托塔身。塔身俗称"宝瓶"，再上就是13天相轮，顶端为华盖，华盖四周悬挂着36副铜质透雕流苏和风铃，微风吹动，铃声悦耳。

华盖中心处，还有一座高约5米的镏金宝顶，以8条粗壮的铁链将宝顶固定在铜盘之上。

位于塔顶的塔刹高5米，重4吨，仍是一座小型的镏金铜制佛塔。1978年，有关部门对妙应寺白塔进行了维修加固。在施工过程中，发现了清朝乾隆帝于1753存留在塔刹内的大藏经、木雕观世音像、补花袈裟、五佛冠、乾隆帝手书《波罗蜜多心经》、藏文《尊胜咒》、铜三世佛像和赤金舍利长寿佛等。

阅读链接

元朝的钟楼大街是非常热闹的，尤其引人注目的是在鼓楼附近还有一处全城最大的"穷汉市"，那就是城市贫民出卖劳动力的市场。

西城区有骆驼市、羊市、牛市、马市、驴骡市等，牲口买卖都集中在这里，居民层次低于东城区。南城区就是金中都旧城区，有南城市、蒸饼市、穷汉市，以及新城前三门外关厢地带的车市、果市、菜市、草市、穷汉市等。

由于前三门外是水陆交通的总汇，所以商市、居民密集，形成城乡接合部和新旧二城交接处的繁华地区。

明朝时期大力扩建北京城

　　1368年，朱元璋攻陷元大都，将大都改称北平府。1398年，皇太孙朱允炆即位，年号建文。燕王朱棣发动"靖难之役"，从他侄儿的手里夺取了帝位。

　　朱棣即位后，首先迁都北平并把北平改称北京。1406年开始，北京进行大规模扩建，延续15年之久。

朱元璋蜡像

■ 紫禁城角楼

明朝是我国历史上由朱姓建立的中原王朝，历经12世、12位皇帝，共276年。

明朝共有224年定都于北京。从而使得城市的格局既有很强的继承性，又有自身的特点。城的四角都建了角楼，又把钟楼移到了全城的中轴线上。

明朝北京城由宫城、皇城、内城和外城4个部分组成。紫禁城是一座长方形的城池，四周有高10米多的城墙围绕，城墙的外沿周长约3.4千米。紫禁城城墙四边各有一门，城墙的四角有4座设计精巧的角楼。

皇城位于京城内，环绕在宫城外，是拱卫皇宫并为皇宫提供各种服务和生活保障的特殊城池，面积约7平方千米。

皇城的正门是天安门，位于皇城南垣正中。明时称承天门，1651年改建并易名为天安门。天安门的高大城台下有5个拱形门洞，这便是天安门实际意义上

中原 一个地域概念，是指以河南为核心延及黄河中下游的广大地区，这一地区是中华文明的发源地，被古代华夏民族视为天下中心。古人常将"中国""中土""中州"用作中原的同义语。一般认为，中原地区在古代系华夏族部落集中分布的区域，中心是古豫州。

的门了。

在5个门洞中，中间的门洞最大，这座门等级最高，明、清时只有皇帝才可由此门通过。其余4个门洞分列左右。依次缩小，允许宗室王公和三品以上的文武官员出入。最外的两个门洞最小，各为四品以下官员的通道。

皇城的东门称东安门，位于皇城东墙中间偏南。始建于1417年，1912年遭到焚毁。皇城的西面是西安门，位于皇城西墙中段偏北处，后被焚毁殆尽。

皇城的北面是北安门，清代改称地安门。地安门位于皇城北墙正中，始建于1420年。清代顺治、乾隆年间都曾重修，1954年被拆除。

天安门的正南有大明门，位于城市中轴线上，是明清两代皇城正门天安门的外门，又称"皇城第一门"，始建于明代永乐年间，清初改称大清门，后称中华门。

天安门前的东西两侧有长安左门和长安右门，长安街也因二门而得名，取长治久安之意。长安左门为皇城天安门的东复门，长安右门

北京天安门

■ 北京德胜门箭楼

为天安门的西复门。

北京内城位于皇城和外城之间，内城城墙是明朝在元大都城墙的基础上经多次改建而成的。周长40千米，其位置大体与今北京东城、西城两区相当。

清朝入关后，清廷下令圈占内城的房舍给旗人居住。内城以皇城为中心，由八旗分立四角八方。

内城一共有9座城门，沿现在的北京二环路分布，分别是正阳门、崇文门、朝阳门、东直门、安定门、德胜门、西直门、阜成门、宣武门。

西直门明代称为和义门，是运水通道。东直门明代称为崇仁门，是过往运送柴炭车的门，叫作柴道。只要是老百姓日常生活所必需的，都可在这条街上找到。朝阳门明代称为齐化门，是运粮通道。崇文门明代称为哈德门，是运送酒的通道。

正阳门位于内城南垣的正中，是皇帝专用通道。

八旗 八旗制度，是清太祖努尔哈赤于1601年正式创立，初建时设黄旗、白旗、红旗和蓝旗四旗。1614年将四旗改为正黄、正白、正红、正蓝，并增设镶黄、镶白、镶红、镶蓝四旗，合称八旗，统率满、蒙、汉族军队。皇太极继位后又创建了蒙古八旗和汉军八旗，其编制与满八旗相同。

菜市口 清朝著名的杀人法场，位于宣武区菜市口百货商场附近。犯人被杀后便有人在此卖菜，菜市生意兴隆，故菜市口由此而得名。早在辽时，菜市口是安东门外的郊野，金时是施仁门里的丁字街，明朝是京城最大的蔬菜市场，菜市最集中的街口称为"菜市街"，清朝时改称菜市口，并沿用下来。

皇上每年冬季到天坛祭天，惊蛰到先农坛去耕地，这两次出行都是要走正阳门。正阳门也叫前门。

宣武门叫顺治门，死囚从此门押出，拉到菜市口斩首。明清处决死囚选择闹市区，目的是起到震慑作用。阜成门当时叫平则门，是运煤通道。德胜门是军队得胜班师回朝进入的门。

外城是老北京最外侧的一道城墙。北京的外城城墙是明嘉靖年间为防御外敌而修建的。外城城墙与内城城墙相比低矮得多。外城城墙结构与内城基本一致，其周长约14千米，共设有7座城门。

古代最大的建筑群北京宫殿，曾经有24个明、清皇帝在其内统治我国达5个世纪之久。宫殿的营建始于1417年，完成于1420年。

北京宫殿中的"外朝内廷""东西六宫""三朝五门""左文华右武英""左祖右社"、人工堆作万岁

■ 北京外城城墙

■ 祭祖圣地太庙

山等做法，是仿照明初南京宫殿的模式，规模比南京
大。

　　建筑北京宫殿只花了4年时间，这么大的建筑群
能在短时期内完成，显然和我国传统木构架建筑技术
的优点是分不开的，但也和提前备料有关。

　　紫禁城大内宫殿仍沿旧宫基址的原有轴线布置，
四面开门，设角楼。全城分为外朝和内廷两部分。外
朝以中轴线上的奉天、华盖、谨身三殿为中心。内廷
的建筑以中轴线上的乾清宫、交泰殿、坤宁宫三宫为
中心，这是皇帝和皇后的住所。

　　此外，内廷还有供皇太子和皇子们居住的瑞本
宫，祭祖用的奉先殿，先朝宫妃养老的仁寿宫，以及
管理宫内事务的各种司、局等。

　　城前两侧还有两组重要建筑群，东侧是太庙，
奉祀皇帝历代祖先，这是皇权世袭神圣不可侵犯的

世袭 指某专权
一代继一代地保
持在某个血缘家
庭中的一种社会
概念，为政治世
袭和经济世袭
两类。自汉朝开
始，官职不许世
袭。从魏晋开
始，世袭被进一
步区分为世袭罔
替和世袭。从宋
朝开始，出现了
爵位不能世袭的
现象。明朝皇族
封爵均世袭罔
替。清朝世袭罔
替的爵位主要为
铁帽子王。

鸟瞰御花园

象征。西侧是社稷坛，坛上铺五色土，这意味着"普天之下，莫非王土"。这两组象征意义极强的建筑是根据传统的"左祖右社"的形制来布置的。

紫禁城外还有一座小城——北海团城，团城、紫禁城各处门没有大的区别。皇城只存天安门和端门，内城只留正阳门、德胜门箭楼及东南角楼。

阅读链接

长安左门是皇城天安门的东复门。因明清殿试后将黄榜张挂在左门外临时搭建的龙棚内，考生们聚此看榜，一旦金榜题名，犹如鱼跃龙门，所以古时又称此门为"龙门""孔圣门"，为附"左青龙、右白虎"之意，又称"青龙门"。

长安右门为西复门，每年的"秋审""朝审"，都在此门内举行。届时全国死囚都要入此门进行讯问，确认无疑者即绑缚刑场执行。囚犯一旦入长安右门如入虎口，凶多吉少，故此门又称为"虎门"，为附"左青龙、右白虎"之意，此门又称"白虎门"。

明王朝建天坛和万寿塔

在古都北京的所有建筑中，耗时最长的要数天坛了。天坛地处原北京外城的东南部，始建于1406年，完成于1420年。

明王朝用工14年与紫禁城同时建成，名为天地坛。1534年，把天地坛改称天坛，成为我国明、清两朝历代皇帝祭天之地。

■天坛祈年殿

五行 我国古代一种物质观，多用于哲学、中医学和占卜方面。五行指金、木、水、火、土，认为大自然由五种要素构成，随着五要素的盛衰，使得大自然产生变化，影响人的命运，也使宇宙万物循环不已。五行学说强调整体概念，描绘事物间的结构关系和运动形式。

北京天坛占地272万平方米，整个面积比紫禁城还大些，有两重垣墙，形成内外坛。坛墙呈现南方北圆，象征着天圆地方。

圜丘坛在南，祈谷坛在北，并且两坛同在一条南北轴线上，况且中间有墙相隔。圜丘坛内主要建筑有圜丘坛、皇穹宇等，祈谷坛内主要建筑有祈年殿、皇乾殿、祈年门等。

祈年殿建于1420年，初名"大祀殿"，是一个矩形大殿，是古代明堂式建筑仅存的一例，也是天坛的主要建筑。圜丘建于1530年。

天坛从选位、规划、建筑的设计以及祭祀礼仪和祭祀乐舞，无不依据我国古代《周易》阴阳、五行等学说，成功地把古人对"天"的认识、"天人关系"以及对上苍的愿望表现得淋漓尽致。我国各朝各代均

■ 天坛祈年殿全景

■ 天坛圜丘坛

建坛祭天，而北京天坛是完整保存下来的仅有一例。

天坛建筑是我国古文化的载体。天坛在建筑设计和营造上集明、清建筑技术、艺术之大成。祈年殿、皇穹宇是木制构件、圆形平面、形体巨大、工艺精湛、构思巧妙的殿宇，是我国古建筑中罕见的实例。

天坛的主要建筑均位于内坛，从南到北排列在一条直线上。祈年殿是皇帝祈祷五谷丰登的场所，是一座三重檐的圆形大殿，高38米，蓝色琉璃瓦顶，全砖木结构，没有大梁长檩，全靠28根木柱和36根枋桷支撑，在建筑的造型上具有高度的艺术价值。

圜丘坛是皇帝举行祭天大礼的地方，坛平面呈圆形，共分3层，皆设汉白玉栏板。坛面原来使用蓝琉璃砖。1749年重建后，改用坚硬耐久的艾叶青石铺设。每层的栏杆头上都刻有云龙纹。

圜丘坛有外方内圆两重矮墙，象征着天圆地方。圜丘坛的附属建筑有皇穹宇，此外还有配庑、神库、

琉璃瓦 琉璃产生于古印度语，随着佛教文化传到我国，原来的代表色指蓝色。我国古代宝石中有一种琉璃属于七宝之一，后来，琉璃包括红、白、黑、黄、绿、绀蓝等色。人们施以颜色釉后，在高温下烧成的上釉瓦因此被称为琉璃瓦。

■ **和玺彩画** 又称宫殿建筑彩画，在清代是一种最高等级的彩画，大多画在宫殿建筑上或与皇家有关的建筑之上。和玺彩画是我国古代建筑中的一个常见而重要的装饰手法。

藻井 我国传统建筑室内顶棚的独特装饰部分。一般做成隆起的井状，有方形、多边形或圆形凹面，周围饰以各种花藻井纹、雕刻和彩绘。多用在宫殿、寺庙中的宝座、佛坛上方最重要部位。古人穴居时就在穴洞顶部开洞，出现房屋后仍保留这一形式。

宰牲亭等。

皇穹宇位于圜丘坛以北，是供奉圜丘坛祭祀神位的场所，存放祭祀神牌的处所，为重檐圆攒尖顶建筑。1752年重建。

祈谷坛是举行孟春祈谷大典的场所，建于1420年。祈谷坛的祭坛为坛殿结合的圆形建筑，是根据古代"屋下祭帝"的说法建立的。

祈年殿由28根楠木大柱支撑，柱子环转排列，中间4根龙井柱，支撑上层屋檐。殿顶中间设置龙凤藻井。殿内梁枋施龙凤和玺彩画。

皇乾殿，坐落在祈年墙环绕的矩形院落里，是一座庑殿式大殿，是专为平时供奉"皇天上帝"和皇帝列祖列宗神牌的殿宇。

圜丘坛、皇穹宇、祈谷坛是中轴线上3个主要建筑，连接这3座主建筑的是一长长的贯通南北的台基，叫丹陛桥，又叫神道或海墁大道。象征着此道与天宫相接，皇帝由南至北步步升天。

神乐署在圜丘坛西天门外西北方向，始建于1420年。神乐署是管理祭天时演奏古乐的机关，明代时叫神乐观。1420年明代迁都到北京时，有300名乐舞生随驾进北京，从此以后明代神乐观常保持有乐舞生600名左右。

古都北京另一处著名的建筑是悬挂3000塔铃的万寿塔。万寿塔原名永安万寿塔，建于1576年。塔为八角13层密檐式实心砖塔，高约50米，各层檐口都悬挂铃铎。此塔是仿天宁寺的辽塔建造。

万寿塔雄伟壮丽，雕琢精美，是明代单层多檐式塔极重要的范例。万寿塔的动人之处还有它的塔铃，塔上挂有塔铃3000多个，每逢微风拂起，塔铃随风而

乐舞生 我国明代和清代时期，朝廷举行郊社的祭祀及祭孔典礼中的乐生和舞生的合称。明朝制度规定，乐舞生要首先选用道童充任，后来舞生从军民中的俊秀子弟中选拔。到了清朝，朝廷规定乐舞生要在儒童和生员中挑选。

■ 北京天坛皇穹宇

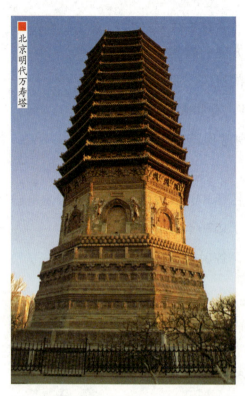

北京明代万寿塔

响，优美悦耳，人们因之都叫它"玲珑塔"。

万寿塔建于1576年，挺拔秀丽，砖石结构，平面八角形，13层，高50多米，实心密檐式。

万寿塔塔基用砖砌成，为双层须弥座，须弥座有佛像、飞天、金刚力士、壹门、八宝等雕刻像。尤其是上部雕刻有全行乐器，极为罕见。

须弥座之上为3层仰莲花瓣拱托塔身。塔身每层还有佛龛24个，曾经供奉镏金铜佛312尊。

塔身四面雕券门，四面设券窗，门窗两边塑金刚神像，塔身八角雕盘旋飞龙。

万寿塔整座古塔挺拔秀丽，雕刻精美细腻，是一件不可多得的"艺术品"。

阅读链接

双层须弥座上有许多小龛，龛内刻有佛礼故事及山川、流水、祥云、佛塔、神兽等图案。尤其是须弥座上部的笙、箫、琴、瑟、云板、铜锣等全行乐器及法螺、宝伞、莲花、宝瓶、盘长等吉祥八宝图案精美绝伦。

须弥座之上为3层仰莲花瓣拱托塔身，塔身四面有砖雕的拱券门和半圆形雕窗。门上有匾额，虽年代久远，匾额上的字迹仍可见"万寿塔"几个字。

门窗两侧都有木胎金刚力士像和菩萨像，金刚力士体态威武雄浑，菩萨像仪态端庄秀丽，是不可多得的艺术精品。

清朝对北京城大规模修建

　　清朝时期的北京城，与明朝时相比没有太大的变化，只是经过几次大规模的修缮。1754年，乾隆扩建了天安门前的宫廷广场，1760年竣工。

　　增筑长安左门外围墙，长安右门外围墙，各设3座门。除此之外，个别城门名称有所改易。

　　清军占领北京并决定在此建都后，就立即着手修复北京宫室。1644年，顺治皇帝命人重建内廷皇帝居室乾清宫。1645年，乾清宫修建完工。清朝又续建原皇极殿、皇

■顺治（1638—1661年），爱新觉罗·福临，清世祖，清朝的第三位皇帝，同时也是清朝入关后的第一位皇帝，满族人，是清太宗爱新觉罗·皇太极的第九子。在位18年，死后葬于孝陵，庙号世祖。

青史留芳的古都古城

康熙 康熙帝，清朝第四位皇帝，也是清定都北京后第二位皇帝。年号康熙，康熙二字取万民康宁、天下熙盛之意。康熙是我国历史上在位时间最长的皇帝。他是我国统一的多民族国家的捍卫者，奠下了清朝兴盛的根基，开创出康乾盛世的大局面。

极门、中极殿和位育宫等建筑。

1647年，在午门上建成五凤楼。1651年，重建承天门并改称天安门。1652年，修皇城北安门并改称地安门。1653年，重建慈宁宫。

1656年，内廷三殿和东西六宫中靠近中路的东三宫和西三宫整体建成，都沿用明代的旧称。由此，清北京内廷区也较完备了。1657年，大内昭事殿、奉先殿先后建成。

康熙盛世，清朝对北京宫室续加经营。1667年重建午门和天安门之间的端门。1669年重建太和殿、乾清宫。1695年再次重建太和殿。1683年重建启祥、长春、咸福三宫。1686年又重建延禧、永和、景阳三宫。至此，内廷东西十二宫完备。

■ 故宫乾清宫内的大殿

1697年，康熙重建坤宁宫东西暖殿和乾清宫两旁的昭仁殿和弘德殿。

自此以后，清朝北京大内外朝、内廷宫殿基本恢复明代旧观。康熙还在奉先殿西侧建了毓庆宫，作为皇太子居所，又在明仁寿宫旧址建宁寿宫，作为皇太后居所。

清朝北京皇宫在顺治、康熙两朝虽然仍属于恢复阶段，但其宏伟壮丽在世界上已经堪称一流。皇宫里有许多汉白玉石狮及其他工艺品，令人赏心悦目，赞叹不已。

北京作为一座伟大的城市，从元朝至清朝前期的400多年间，其宏伟壮丽在世界上始终占据首位。

清朝历经康熙、雍正及乾隆三帝，综合国力及经济文化逐步得到恢复和发展，建立起了庞大的领土与藩属国，史称"康乾盛世"。

清朝建筑也沿用了明朝的帝王宫殿，清朝帝王兴建了大规模的皇家园林，这些园林建筑是清代建筑的精华，其中包括华美的圆明园与颐和园。

被称为"万园之园"的圆明园建于1707年，坐落在北京西郊海淀区。它与颐和园相邻，由圆明园、长

■ 故宫内的国宝青花云龙瓶

园林建筑 建造在园林和城市绿化地段内供人们游憩或观赏用的建筑物，常见有亭、廊、阁、轩、楼、台、舫、厅堂等建筑物。通过建造这些主要起到园林里造景和为游览者提供观景的视点和场所，还提供休憩及活动空间等作用。

■ 圆明园遗址

春园、绮春园三园组成。是清朝帝王在150多年间创建和经营的一座大型皇家宫苑。

圆明园由康熙皇帝命名，康熙皇帝御书3字匾牌，悬挂在圆明园殿的门楣上方。此外，"圆明"是雍正皇帝自皇子时期一直使用的佛号。

圆明园是清朝著名的皇家园林之一，面积约3.5平方千米。圆明园最初是康熙皇帝赐给皇四子胤禛的花园。雍正皇帝于1723年即位后，拓展原赐园，并在园南增建了正大光明殿和勤

■ 胤禛（1678—1735年），清世宗爱新觉罗·胤禛，是清朝第五位皇帝，清入关后的第三位皇帝。年号雍正，庙号世宗。雍正在位时期，平定叛乱，设置军机处加强皇权，实行"改土归流""火耗归公"与"打击贪腐"等铁腕改革政策，对康乾盛世的连续具有关键性作用。

政殿以及内阁、六部、军机处诸值房，御以"避喧听政"。

乾隆皇帝在位60年，对圆明园时常修缮，除了对圆明园进行局部增建、改建之外，还新建了长春园。到1770年，圆明三园的格局基本形成。

嘉庆时期，主要对绮春园进行修缮和拓建。道光时期，国势日衰，财力不足，但宁撤万寿、香山、玉泉"三山"的陈设，罢热河避暑与木兰狩猎，仍不放弃对圆明三园的改建和装饰。

1860年英法联军攻占北京后，占据圆明园。英法联军洗劫两天后，向城内开进。之后英军再次洗劫圆明园。

10月18日，英军冲入圆明园，纵火焚烧圆明园，大火三天不灭，圆明园及附近的清漪园、静明园、静宜园、畅春园及海淀镇均被烧成一片废墟，安佑宫中，近300名太监、宫女和工匠葬身火海。八国联军这一可耻行径成为世界文明史上罕见的暴行。

火烧圆明园，这是人们说惯了的一个提法。其实，火烧圆明园的真正概念，是火烧京西皇家三山五园，焚毁的范围远远比圆明园大得多。

■ 圆明园遗址内的石柱

嘉庆 我国清朝入关后第五位皇帝，清仁宗爱新觉罗·颙琰，年号嘉庆，前后共25年。1820年8月，清宣宗即位后沿用此称。嘉庆皇帝力主严禁鸦片，对英国侵略者保持了高度警惕性，对英国提出的无理要求明智地严词拒绝。

三山五园 北京西郊一带皇家行宫苑囿总称，从康熙至乾隆时陆续修建起来。自辽、金以来，北京西郊即为风景名胜区，西山以东层峦叠嶂，山水衬映，历代王朝都在此地营建行宫。三山五园始建于清康熙时期，兴盛于乾隆时期，多在1860年第二次鸦片战争中被敌焚毁。

历史上侵略军火烧圆明园曾有两次。第一次是1860年，英法联军入侵北京。英法联军火烧圆明园的本意是将其夷为平地，但是由于圆明园的面积太大，景点分散，而且水域辽阔，一些偏僻之处和水中景点幸免于难。第二次是1900年，八国联军入侵北京，再次火烧圆明园，使这里残存的13处皇家宫殿建筑又遭掠夺焚毁。

除了圆明园外，古都北京还有一处我国现存规模最大、保存最完整的皇家园林，它就是颐和园。

颐和园前身是清漪园，始建于1750年，历时15年竣工，是清代北京著名的"三山五园"之一。颐和园拥有多项世界之最、中国之最，1998年被列入《世界遗产名录》。

颐和园位于北京市海淀区，距北京城区15千米，占地约3平方千米。颐和园是利用昆明湖、万寿山为基址，以杭州西湖风景为蓝本，汲取江南园林的某些

■ 颐和园镇水铜牛

■ 颐和园石舫

设计手法和意境而建成的一座大型天然山水园，也是保存得最完整的一座皇家行宫御苑，被誉为皇家园林博物馆。

颐和园原本是清代帝王的行宫和花园，水面约占总建筑面积的3/4。乾隆即位以前在北京西郊一带已经建起了4座大型皇家园林。从海淀到香山，这4座园林自成一个体系，中间的"瓮山泊"便成了一片空旷地带。

1750年，乾隆皇帝为孝敬其母孝圣皇后，把这里改建为清漪园，以此为中心把两边的4个园子连成一体，形成了长达20千米的皇家园林区。

1860年，清漪园被英法联军焚毁。1888年，慈禧太后以筹措海军经费的名义动用数百万银两，重建此园，改称颐和园，作为消夏游乐地。到1900年，颐和园又遭八国联军的破坏，许多珍宝被劫掠一空。

1903年，光绪皇帝对清漪园加以修复。后来在军

八国联军 指1900年以军事行动侵入我国的大英帝国、法兰西第三共和国、德意志帝国、俄罗斯帝国、美利坚合众国、日本帝国、意大利王国、奥匈帝国的八国联合军队。这一事件最后以大清王朝战败，联军占领首都北京、清廷政府逃往陕西西安，谈和以后以清朝付出白银4.5亿两为终。

青史留芳的古都古城

■ 康有为（1858—1927年），又名祖诒，字广厦，号长素，晚年别署天游化人，广东南海人，人称"康南海"，清光绪年间进士，官授工部主事。出身于仕宦家庭，乃广东望族，世代为儒，以理学传家。近代著名政治家、思想家、社会改革家、书法家和学者，著有《康子篇》《新学伪经考》等。

阀混战、国民党统治时期，清漪园又遭破坏。1949年后，人民政府不断拨款修缮。

晚清时期，颐和园成为最高统治者在紫禁城之外最重要的政治和外交活动中心。1898年，光绪帝曾在颐和园仁寿殿接见维新思想家康有为，询问变法事宜。戊戌变法失败后，光绪被长期幽禁在园中的玉澜堂。颐和园因此被后人称为最豪华的监狱。

1900年，颐和园又遭八国联军洗劫，第二年，慈

■ 颐和园佛香阁

禧从西安回到北京后，再次动用巨款修复此园。1924年，颐和园作为对外开放公园。重修的颐和园占地面积近3000平方米。

颐和园内的建筑以佛香阁为中心，园中有景点建筑物百余座、大小院落20余处，面积7万多平方米，共有亭、台、楼、阁、廊、榭等不同形式的建筑3000多间。古树名木1600余株。

鸦片战争时期，西方列强强迫清政府签订不平等条约，以武力获得在华利益。清代在抵抗外侮与内忧的同时，也一直处于改革派与守旧派拉锯战相持不下的局面。

1911年辛亥革命爆发，1912年宣统帝于2月12日退位，清代正式灭亡。清代从后金建立开始算起，共有12帝，历时296年；自入关并迁都北京以来，共历10帝，历时268年。古都北京也结束了她辉煌而坎坷的身为历代皇都的历史。

阅读链接

在颐和园昆明湖畔的玉澜堂是一座三合院式的建筑，正殿玉澜堂坐北朝南，东配殿霞芬室，西配殿藕香榭。3个殿堂原先均有后门，东殿可到仁寿殿，西殿可到湖畔码头，正殿后门直对宜芸馆。

该组建筑初建于乾隆十五年（1750年），原为一组四通八达的穿堂殿。1860年被英法联军烧毁，1886年重建。"戊戌变法"失败后，曾于此处囚禁光绪帝。当时为防止光绪帝与外界接触，曾砌了多道墙壁，今虽大部分拆除，但仍能见到痕迹。

正殿内陈设大都是乾隆时制品，御案后紫檀木屏风颇有特色，画面立体感很强。宝座、御案、香几等均为浅色沉香木和深色紫檀木制成，极为珍贵。

东暖阁是早膳室，西暖阁为寝宫，现在之陈设为原物。大殿内的陈设大多是乾隆时遗物。后檐及两配殿均砌砖墙与外界隔绝，是颐和园中一处重要的历史遗迹。

古都民俗文化和民俗工艺

古都北京有着深厚的文化底蕴，民俗文化蔚为大观。这些传统文化中，无不体现出老北京人优雅、乐观的生活状态。

北京的京剧艺术闻名海外，是我国四大国粹之一。京剧是我国主要剧种之一，京剧在1840年前后形成于北京，盛行于20世纪30—40年代，当时有国剧之称。京剧从产生以来曾经有过许多名称，有乱弹、簧调、京簧、京二簧、皮簧、二黄、大戏、国剧、京戏、京剧等。

■脸谱 我国戏曲演员脸上的绘画，用于舞台演出时的化妆造型艺术。不同的行当，脸谱也不同。"生""旦"面部化妆简单，而"净行"与"丑行"面部绘画比较复杂，特别是净，都是重施油彩的，图案复杂，因此称"花脸"。戏曲中的脸谱，主要指"净"的面部绘画。而"丑"，在鼻梁上抹一小块白粉，俗称小花脸。

■ 北京的面人玩具

京剧音乐属于板腔体，主要唱腔有二黄、西皮两个系统，所以京剧也称皮黄。京剧常用唱腔还有南梆子、四平调、高拔子和吹腔等。

京剧的传统剧目约有1000个。京剧角色的行当划分比较严格，早期分为生、旦、净、末、丑、武行、龙套七行，以后归为生、旦、净、丑四大行，每一种行当内又有细致的分工。

京剧脸谱分为整脸、英雄脸、六分脸、歪脸、神仙脸、丑角脸等。京剧的主要名角有谭鑫培、梅兰芳、尚小云、盖叫天等。

京剧的代表剧目有《霸王别姬》《白蛇传》《定军山》《贵妃醉酒》《金玉奴》《穆桂英大破天门阵》《玉堂春》《让徐州》《搜孤救孤》《徐策跑城》等。

在北京剧种中，仅次于京剧地位的便是京韵大

板腔体 我国戏曲、曲艺音乐中的一种结构体式。或称"板式变化体"。以对称上下句作为唱腔基本单位，在此基础上，按照一定变体原则，演变为各种不同板式。通过各种不同板式的转换构成一场戏或整出戏的音乐。曲艺中如大鼓、河南坠子等，都属板腔体。

■ 京剧《霸王别姬》剧照

鼓。京韵大鼓是北京地区的一种民间曲艺，特点是以北京话为语言基础，唱中有说，说中有唱。京韵大鼓最初是在河北省沧州、河间一带流行的木板大鼓发展而来，形成于北京、天津两地。

河北木板大鼓传入天津、北京后，艺人刘宝全改以北京的语音声调来吐字发音，吸收石韵书、马头调和京剧的一些唱法，创制新腔，专唱短篇曲目，称京韵大鼓。基本唱腔包括慢板和紧慢板。韵白在京韵大鼓演唱中也有重要的位置，韵白讲究语气韵味，要半说半唱，与唱腔自然衔接。

除了京剧和京韵大鼓，在北京民间最喜闻乐见的就是京味儿相声。

相声一词，古作像生，原指模拟别人的言行，后来发展成为像声，又称隔壁像声。

京味儿相声起源于华北地区的民间说唱曲艺，在

刘宝全（1869—1942年），京韵大鼓演员，刘派京韵大鼓创始人。刘宝全的大鼓唱腔是综合胡十、宋五、霍明亮三家之长加以创造而形成的。他还把京剧、河北梆子、石韵等表现手法融合到京韵大鼓的唱腔和表演中。

明朝就已盛行。

　　经清朝时期的发展直到20世纪初，像声逐渐从一个人模拟口技发展成为单口笑话，名称也就随之转变为相声。

　　后来，单一类型的单口相声逐步发展为多种类型的单口相声、对口相声、群口相声。经过多年的发展，对口相声最终成为最受观众喜爱的相声形式。

　　张三禄是目前见于文字记载最早的京味儿相声艺人。他的艺术生涯始于清朝的道光年间。但是一般来说，相声界把朱绍文称作他们的祖师爷。传统相声四大基本功是说、学、逗、唱。

　　老北京除了这些广为流传的曲艺活动，还有一些

口技　民间的表演技艺，是杂技的一种。古代的口技只是一种仿声艺术，表演者用口模仿各种声音，能使听的人产生一种身临其境的感觉，是我国文化艺术的宝贵遗产之一。这种技艺，清代属"百戏"之一种，表演者多隐身在布幔或屏风后边，俗称"隔壁戏"。

■ 相声演员陶像

北京工艺景泰蓝

闻名全国的娱乐习俗，如养鸽子、养蝈蝈、斗鸡等。

除了民间曲艺和娱乐习俗之外，古都北京也有很多特色工艺。景泰蓝、玉雕、牙雕、雕漆、金漆镶嵌、花丝镶嵌、宫毯、京绣等工艺门类俗称燕京八绝。这些特色工艺几乎都有一个共同的特点，那就是它们都曾经是专门为宫廷服务的，日后才逐步流入民间，因此，可以看作是老北京宫廷技艺的精华。

流行于北京民间的还有吹糖人手艺、捏面人手艺和毛猴工艺品。这些精美绝伦的艺术品历经千年经久不衰，更体现出古都古文化的无穷魅力。

青史留芳的古都古城

阅读链接

捏面人这种手艺流传到如今有两三百年的历史。传说当年，刘墉在北京当官，厨房里有个大师傅也姓刘。

这一年，刘厨师老家来了个王姓亲戚，因为家乡年景不好，就来投奔京城的刘师傅，在刘墉府上干些杂活。

老王很会做面活，捏什么像什么，受到刘墉和皇帝的赏赐。后来，老王又琢磨着捏出了许多人物，花样越捏越多，手艺也越干越精。

老王年纪大了，就把手艺传给了儿子，还收了几个孩子做徒弟。捏面人这门手艺也就一代一代在北京传了下来。

古都著名景观和宗教名胜

古都北京曾有"燕京八景"的说法，然而，伴随着岁月的风霜雨雪和天灾人祸，这些景观大多都淹没在历史的烟雾之中了。

北京著名景观除了颐和园、圆明园遗址外，还有八达岭长城、明十三陵、周口店遗址、什刹海等。这些景观，无疑是古都北京人文历

宁静的什刹海

十三陵 我国明代皇帝的墓葬群，坐落在北京西北郊昌平区境内的燕山山麓的天寿山。这里自1409年开始建长陵，到明朝最后一帝崇祯葬入思陵止，先后修建了13座皇帝陵墓、7座妃子墓、1座太监墓。共埋葬了13位皇帝、23位皇后、2位太子、30余名妃嫔和1位太监。

史的象征。

八达岭长城的关城建于1505年，位于北京市延庆县，史称天下九塞之一，是万里长城的精华，在明长城中独具代表性。八达岭长城在明朝嘉靖、万历年间曾有修葺，楼台段长城地势险峻，是明朝重要的军事关隘和北京的重要屏障。

明十三陵是我国明朝皇帝的墓葬群，坐落在北京西北郊昌平区境内的天寿山，总面积1200多平方千米，距离北京约50千米。陵区地处东西北三面环山的小盆地之中，陵区的周围有群山环抱，山明水秀，景色宜人，是难得的风水宝地。

十三陵自1408年5月开始修建长陵，到明朝最后一位皇帝崇祯葬入思陵为止，是我国历代帝王陵寝建筑中保存得比较好的一处。

什刹海也写作十刹海，据史料记载，它四周原

■ 十三陵中的献陵

■ 北京恭王府正门

有10座佛寺，因此有这个称呼。什刹海在元朝称作海子，是一处宽而长的水面，明朝初年，水面缩小，后逐渐形成西海、后海、前海，三海水道相通。这里自清朝起，就成为京城人游乐消夏的地方。

什刹海景区是老北京风貌保存最完好的地方。历史上这里曾建有王府、寺观、庵庙等达30多处，现存十几处。周边还有大量典型的胡同和四合院。

恭王府是北京规模最大，保存最完整的清代王府，位于什刹海西北角，始建于18世纪末。早期是乾隆年间大学士和珅宅第，1799年和珅获罪，宅第被没收赐给庆郡王，1851年改赐给恭亲王爱新觉罗·奕訢，成为恭王府。

恭王府是北京现存最完整、布置最精的一座清代王府。著名学者侯仁之称之为"一座恭王府，半部清代史"。恭王府分为平行的东中西三路，是世界上最大的四合院。

和珅（1750—1799年），原名善保，字致斋，钮祜禄氏，满洲正红旗二甲喇人。曾兼任多职，封一等忠襄公，任首席大学士、领班军机大臣，兼管吏部、户部、刑部、理藩院、户部三库，还兼任翰林院掌院学士、《四库全书》总裁官、领侍卫内大臣、步军统领等等要职，权势之大，清朝罕有。

景山地处北京城的中轴线上，原是元、明、清三代的皇家御苑。是北京城内登高远眺，观览全城景致的最佳地点。

在600多年前的元代，这里还是个小山丘，名叫青山。明朝兴建紫禁城时，曾在此堆放煤炭，故有煤山俗称。

明朝永乐年间，将开挖护城河的泥土堆积于此，砌成一座高大的土山，叫"万岁山"，又称大内的镇山。景山一名是清初改称的。

山上的5座亭子，为乾隆年间兴建。当时山上丛林蔽日，生机盎然，山下遍植花草果木，有后果园之称。是一座优美的皇家花园。

香山又叫静宜园，位于北京西郊，距市区约25千

228

■ 景山公园亭榭

米，最高峰海拔557米，是北京著名的森林公园。

■ 潭柘寺的正门

1186年，金代皇帝在这里修建了大永安寺，又称甘露寺。寺旁建行宫，经历代扩建，到清1746年定名为静宜园。香山红叶最为著名。每年10月中旬到11月上旬是观赏红叶的最好季节，红叶延续时间通常为一个月左右。

古都北京不仅有丰富的民俗文化，而且还有浓厚的宗教文化。北京的宗教有佛教、道教、伊斯兰教、天主教和基督教。其中较为著名的有潭柘寺、礼拜寺、白云观、雍和宫等。

潭柘寺，位于北京西部门头沟区东南部的潭柘山麓。寺院坐北朝南，背依宝珠峰，是北京郊区最大一处寺庙古建筑群。

潭柘寺始建于307年的西晋，距今已有1700年多的历史，因此素有"先有潭柘寺，后有北京城"的民

红叶　黄栌，是观赏树木，主要看叶，深受我国历代文人青睐，最早记载见于司马相如的《上林赋》。红叶在我国各地都有，尤其以千佛山的红叶最为著名。千佛山北瀛芳园处，红叶星罗棋布，浓郁诱人，颇为艳丽。

■ 北京白云观内的
三清四御殿

谚。寺院初名嘉福寺，清代康熙皇帝赐名为岫云寺，但因寺后有龙潭，山上有柘树，故民间一直称为潭柘寺。潭柘寺规模宏大，寺内占地2.5万平方米。

牛街礼拜寺建于1449年，是北京历史最为悠久，规模最为宏丽的清真古寺，也是世界上著名的清真寺之一。寺院始建于辽代，1475年敕名为礼拜寺。

牛街礼拜寺最初是由辽代入仕的阿拉伯学者纳苏鲁丁所创建，历经元、明、清各代的扩建与重修，使其整体布局更为集中、严谨和对称。

牛街礼拜寺占地面积6000多平方米，是我国古典宫殿和阿拉伯式清真寺两种建筑风格相结合的一组独具特色的中国式伊斯兰古建筑群。

寺内两座筛海坟，是元朝初年从阿拉伯国家前来讲学的伊斯兰长老之墓。

清真寺 也称礼拜寺，是穆斯林举行礼拜、举行宗教功课、举办宗教教育和宣教等活动的中心场所。兴建清真寺被视为穆斯林神圣的宗教义务和信仰虔诚的体现，哪里有穆斯林，那里就建有清真寺。

白云观位于北京西便门外，是道教内全真教三大祖庭之一，始建于唐代，最初称天长观。金世宗时，扩建后更名十方大天长观，是当时北方道教最大丛林。白云观于金代末年毁于火灾，后又重建为太极殿。

1227年5月，成吉思汗敕改太极宫为长春观。同年7月，邱处机仙逝于长春观。元代末年，连年争战，长春观原有殿宇日渐衰圮。明代初年，以处顺堂为中心重建宫观，并易名为白云观。清代初年，在王常月方丈主持下对白云观又进行了一次大规模的重修，基本奠定了今日白云观的规模。

雍和宫位于北京市区东北角，是我国规格最高的一座藏传佛教寺院。1694年，康熙帝在此建造府邸，赐予四子雍亲王，称雍亲王府。1725年，改王府为行宫，称雍和宫。

1735年，雍正驾崩，曾在这里停放灵柩，因此，

道教 我国固有的一种宗教，创立于东汉时期，距今已有1800多年的历史。道教主要分为全真派和正一派两大教派。道教奉老子为祖师，尊为太上老君，以《老子》五千文为主要经典。

■ 雍和宫的正殿

雍和宫主要殿堂原绿色琉璃瓦改为黄色琉璃瓦。又因乾隆皇帝诞生于此，雍和宫出了两位皇帝，成了"龙潜福地"，所以殿宇为黄瓦红墙，与紫禁城皇宫一样规格。

雍和宫的整个建筑具有汉、满、蒙、藏这4个民族的特色。

雍和宫南院伫立着3座高大碑楼、一座巨大影壁和一对石狮。过牌楼，有辇道。往北便是雍和宫大门昭泰门，内两侧便是钟鼓楼。

鼓楼旁有一口重达8000千克的昔日熬腊八粥的大铜锅。往北的八角碑亭内有乾隆御制碑文，陈述雍和宫宫改庙的历史渊源。

作为昔日的古都，北京为世人留下了丰富的文化遗产和历史遗迹。这些宗教名胜古迹，无疑是古都北京宗教文化兼收并蓄、海纳百川，以及民族大融合的见证。

青史留芳的古都古城

阅读链接

关于什刹海的来历还有一个关于沈万三的传说。据说，谁想跟沈万三要金银，就得狠狠打他。打得越厉害，要出的金银就越多。因为他富有，所以人们都叫他"活财神"。

这年，皇上要修北京城需要银两，就命人把沈万三抓来。武士们按照他指的地方，挖出了10窖银子。据说，一窖48万两，共计480万两。银子挖出后，放银子的地方就成了大坑，后来大坑里有了水，人们就叫它"十窖海"。

什刹海的"刹"字，北京人讲话快的时候，发音和"窖"字差不多，以后就慢慢叫成"什刹海"了。

古都南京

南京，别称金陵，简称宁，有六朝古都之称，先后有东吴、东晋和南北朝的宋、齐、梁、陈6个政权在这里建都。南京历史悠久，有着超过2500余年的建城史和近500年的建都史，是我国四大古都之一，有"六朝古都""十朝都会"之称。

南京位于长江下游，千百年来，奔腾不息的长江孕育了古都南京这座江南城市。南京襟江带河，山川秀美，古迹众多，是著名的旅游观光城市。南京是我国承东启西的枢纽城市、华东地区的中心城市、重要的产业城市、长江航运物流中心和滨江生态宜居之城，是联合国人居署特别荣誉奖获奖城市。

荟萃山水人文的江南古都

　　历史上南京既受益又罹祸于其得天独厚的地理位置，过去曾多次遭受兵燹之灾，但也屡屡从瓦砾荒烟中重整繁华。

　　吴、东晋、宋、齐、梁、陈合称六朝，因此南京被称为六朝古

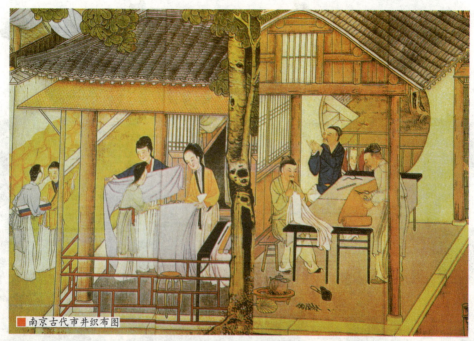

■南京古代市井织布图

■ 南京市的市标南
朝石刻

都。六朝的建康城是当时世界上最大的城市，人口上百万。经济发达，文化繁盛，在江南地区荟萃华夏文化之大乘。

　　南京位于江苏省的西南部，地处长江下游的宁镇丘陵山区，是我国江苏省的省会。南京与我国的郑州、开封、西安、洛阳、北京、杭州、安阳等并称八大古都，在国内外享有盛名。

　　南京东邻江苏省镇江市，地跨长江两岸。南京城区起伏不平，群山起伏，有栖霞山、云台山、九华山等众多名山分布，形成了山多、水多、丘陵多的地貌特征。南京城内主要河流有长江和秦淮河。

　　南京属亚热带季风气候，雨量充沛，四季分明。古都南京的著名景观，不仅有莫愁烟雨、祈泽池深、天界招提等传统金陵四十八景，也有栖霞山景区、雨花台景区、秦淮风光带等新辟的自然人文景观。

秦淮河 南京古老文明的摇篮，素有"六朝烟月之区，金粉荟萃之所"，更兼十代繁华之地，被称为"中国第一历史文化名河"。秦淮河长约110千米，远在石器时代，流域内就有人类活动。六朝以后，成为名门望族聚居之地，宋代开始成为江南文化的中心。

■ 云锦 南京云锦是我国优秀传统文化的杰出代表,因其绚丽多姿,美如天上云霞而得名,约有1600年的历史。在古代丝织物中"锦"是代表最高技术水平的织物。而南京云锦则集历代织锦工艺艺术之大成,公认为"东方瑰宝""中华一绝"。云锦是中华民族和全世界最珍贵的历史文化遗产之一。

五胡乱华 我国东晋时期,塞北多个胡人的游牧部落联盟趁中原的西晋王朝衰弱空虚之际,大规模南下,建立胡人国家而造成与中华正统政权对峙的时期。"五胡"指匈奴、鲜卑、羯、羌、氐五个少数民族的游牧部落联盟。百余年间,北方各族及汉人在华北地区建立数十个国家,开启了五胡十六国时期。

传统八景大多是南京文化的历史遗存,是南京历史人文的象征,而新辟的景观大多是南京周边奇异的自然风貌。总之,有山水有人文,是古都留给人们的总体印象。南京大部分地区通行的南京话,属于江淮官话淮西片。据考证,南京官话曾经长期是我国的官方语言。

自从西晋末年,五胡乱华,晋室南渡以后,中原雅音南移,作为我国官方语言的官话逐渐分为南北两支。明朝推翻元朝以后,定都南京,规定以南京音为基础音系,南京官话成为国家标准语音。由于江南较少受少数民族迁入的影响,加之六朝以来南方文化上的优越意识,明代以及清代中叶之前,我国的官方标准语以南京官话为主流。周边地区所传授、使用的语言也是如此。

南京地区共有50多个民族，其中汉族占总人口的80%以上。少数民族以白下区的止马营、朝天宫两街道的回族为最多。

自古"天下财富出于东南，而金陵为其最"。人物繁阜，造就了南京深厚的文化底蕴，而丰富的民俗文化就是其中的表现之一。

南京民俗文化代表有春节年俗、元宵灯会习俗、清明踏青习俗、端午游秦淮习俗、中秋月摸秋习俗、重阳登高会习俗、腊八节品粥习俗等。这些习俗既有南京古来文化的印记，又有现代生活的演绎。古今交汇，构成了南京民俗文化的特征。

南京艺术三宝是指南京云锦、南京剪纸和南京白局。南京云锦是我国汉族优秀传统文化的杰出代表，

剪纸 又叫刻纸，是我国汉民族最古老的民间艺术之一，它的历史可追溯到6世纪。窗花和剪画的区别在于创作时，有的用剪子，有的用刻刀，虽然工具有别，但创作出来的艺术作品统称为剪纸。剪纸是一种镂空艺术，其载体可以是纸张、金银箔、树皮、树叶、布、皮、革等片状材料。

■ 南京三宝之一南京云锦

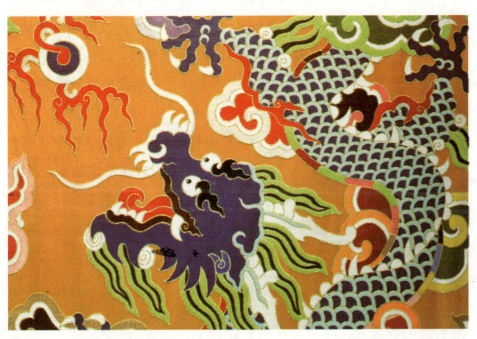

■ 南京的夫子庙

青史留芳的古都古城

白局 南京地区民间的方言说唱，南京唯一的古老曲种，至今已有600多年的历史。白局形同于相声，表演一般1~2人，多至三五人，说的全是南京方言，唱的是俚曲，通俗易懂，韵味淳朴，生动诙谐，是一种极具浓郁地方特色的说唱艺术。

因绚丽多姿，美如天上云霞而得名，至今有1580年历史。南京的云锦与成都的蜀锦、苏州的宋锦、广西的壮锦并称我国四大名锦。

南京云锦集历代织绵工艺艺术之大成，位于我国古代四大名锦之首，元、明、清三朝均为皇家御用贡品，因其丰富的文化和科技内涵，被专家称作是中国古代织锦工艺史上最后一座里程碑，公认为"东方瑰宝""中华一绝"。亦是汉民族和全世界最珍贵的历史文化遗产之一。

南京剪纸为"花中有花、题中有题、粗中有细、拙中见灵"，如喜花之类，大都在特定的花纹外廓内，围绕主题，根据内容需要，填满散花散叶，和谐地构成完整的图案，显得美满充实，喜气洋洋，含意丰富。据史书可考，明代已流传民间。旧时南京人婚嫁喜庆，多聘请艺人来家用大红纸剪各式喜花，缀于箱、柜、被、枕等嫁妆之上，其他如斗香花、鞋花、门笺等品种，都具有鲜明的地方特色。

南京白局是南京地区民间的方言说唱，是南京唯一的古老曲种。这些艺术品种，扎根在南京的人文泥土中，无疑是古都南京的文化气息象征。

南京作为六朝的古都，曾一度是全国的政治、文化中心。唯其如此，许多的历史名人与它结下了不解之缘。

享誉全国的南京菜称为京苏大菜，厨师则自称京苏帮。南京的饮食以京苏菜和清真菜著名。

南京小吃的品种也比较丰富，主要集中在夫子庙、湖南路狮子桥、甘家大院等。其中，夫子庙地区的奇芳阁、魁光阁、蒋有记、永和园、六凤居都是南京小吃的传统名店，制作的特色小吃称为秦淮八绝。

清真菜 既有伊斯兰教习俗，又兼具我国饮食风格的菜肴，又称为回族菜。在我国，回族、维吾尔族、哈萨克族、乌孜别克族等民族有着共同的饮食习俗和饮食方面的禁忌，但在风味上则存在一定差别，因而人们又把居住在新疆的几个少数民族的风味菜肴称为新疆菜，而特指回族菜肴为清真菜。

阅读链接

如意回卤干是南京的著名小吃，关于小吃的由来还有一个故事呢。

传说朱元璋在金陵登基后，一天微服出宫，看到一家小吃店正在炸油豆腐果，香味四溢，便取出一锭银子让店主加工一碗豆腐果。

店主见他如此大方，立刻将豆腐果放入鸡汤汤锅，配以少量黄豆芽与调料同煮，煮至豆腐果软绵入味送上，朱元璋吃后连连称赞。

从此以后，油豆腐风靡一时，流传至今。因南京人在烧制中时常加入豆芽，而豆芽的形状很像古代玉器中的玉如意，因此被称为如意回卤干。

春秋到两晋时期繁荣发展

　　古都南京悠久的历史也造就了独特的人文、风俗、宗教和文化。在汤山出土的南京猿人头骨化石表明，早在30万年前这里就是人类的栖息地。6000多年前，南京就出现了原始村落，在南京大学附近的北阴阳营遗址就是城区最早居民遗址。

■南京朝天宫正门

■ 南京旧城墙

春秋战国时期，南京地处吴头楚尾，是吴国冶城的所在地。公元前472年，越王勾践打败吴国后，命令大臣范蠡在秦淮河畔修筑越城，这就是南京最早的古城。

在修筑越城前后，冶山上建筑了南京早期的城邑冶城。此后，历朝历代都在这里建有名楼，被称为朝天宫遗迹。朝天宫遗迹是江南地区规模最大、保存最为完好的一组古建筑，占地面积3万多平方米，依山而建。

公元前306年，楚威王灭掉越国，占领吴国全境，在石头山筑城，设置金陵邑，古城遗址就是南京城西草场门至清凉门一带。

公元前223年，秦国灭了楚国。公元前210年，秦始皇东巡，他到了金陵后，认为这里有天子之气，于是将金陵改为秣陵，用以贬斥它。

冶山　在江苏六合东北，产铜、铁和磁石。相传西汉吴王濞铸钱于此，故名。

汉朝初年，秣陵相继成为楚王韩信、吴王刘濞的封地。公元前128年，汉武帝封他的儿子刘敢为丹阳侯，刘胥行为胡孰侯，刘缠为秣陵侯。

东汉末年，吴郡的孙策渡江占据丹阳、江乘、胡孰、秣陵等县。到了三国鼎立时期，蜀国军师诸葛亮出使江东，他观察南京山川地形后，说秣陵有"钟阜龙蟠，石头虎踞"的气象。

■ 诸葛亮（181—234年），字孔明、号卧龙，三国时期蜀汉丞相。他是杰出的政治家、军事家、发明家、文学家。在世时被封为武乡侯，死后追谥忠武侯，东晋政权特追封他为武兴王。

孙权是三国吴国的创建者，是三国时期重要的人物。208年，孙权联合刘备，在赤壁大败曹操军队，奠定了东吴的立国基础。

211年，吴郡的国主孙权听从谋士张纮的建议，将都城从京口，就是现在江苏镇江迁到秣陵，改名建业。229年，孙权称帝，国号吴。这就是南京作为国都的开始。孙权在建

■ 孙权（182—252年），字仲谋，三国时期吴国的开国皇帝。孙权继位为江东之主，他任贤用能、挽救了江东危局，维持了父兄基业。222年孙权称吴王，229年称帝，建立吴国。252年病逝，享年71岁，庙号太祖，谥号大皇帝。

业改建太初宫，并将建业城修建成一座真正的古代城市。

第二年在楚国金陵邑故址石头山，修筑石头城。城内设石头仓库，以储藏军械、粮食等物资。在石头城南置烽火台，作为军事重镇。

此后，孙权在江乘、溧水、湖熟等县设典农都尉管理农业。派屯兵3万，在句容至云阳开凿一条运河，沟通了秦淮河与太湖流域的往来。在建业城西南开运渎，又凿东渠，开潮沟，并使秦淮河两岸成为商业繁荣地区。

孙权还兴建了江南第一座佛寺建初寺。252年，孙权病逝，葬于南京钟山南麓，后来，这里就改称吴大帝陵、孙陵冈、吴王坟。

280年，西晋灭掉吴国，改建业为建邺。后因避晋愍帝司马邺的名讳，改名建康。西晋末年，琅琊王司马睿南渡，以建康为根基。317年，司马睿即位，定都建康，史称东晋。

两晋时期，道教在我国产生，随之而来的是兴建道教寺院。著名的寺院是鸡鸣寺和同泰寺。

鸡鸣寺处于三国时属吴国的后苑之地。300年，西晋就在这里依山造室，始创道场。东

243

■鸡鸣寺佛塔

青史留芳的古都古城

晋以后，这里被辟为廷尉署。527年，梁武帝在鸡鸣埭兴建同泰寺，才使这里从此真正成为佛教圣地。

同泰寺与台城即宫城隔路相对，整个寺院依皇家规制而建，规模宏大，有"南朝四百八十寺首刹"的美誉。由于皇帝的尊崇，同泰寺俨然如当时南方的佛教中心。梁武帝经常到寺里讲经说法，曾经先后4次到同泰寺舍身为僧，在寺中过起僧人生活，人称皇帝菩萨。

537年，同泰寺浮屠因雷击起火，酿成寺内大火，这座庞大的寺院只有瑞仪和柏堂两个大殿幸存，其余皆化为灰烬。

东晋侯景之乱后，同泰寺荒芜多年。直到后梁时期，先人又在同泰寺故址建台城千佛院。南唐时期，千佛院改称净居寺，建有涵虚阁，后又改称圆寂寺。到了宋代又把圆寂寺的空地划分一半，建立法宝

■ 千佛寺的佛像

寺。随着时间的流逝和种种破坏，这里只有一座普济禅师庙了。

东晋时期南京出现过的几位重要人物，他们分别是东晋名臣王导和谢安、书圣王羲之以及画圣顾恺之。

王导是东晋的政治家，曾与琅琊王司马睿交往密切。后来，西晋政权日益衰微，王导协助司马睿建立了偏安江左的政权，史称东晋。

东晋立国以后，王导和他的从兄王敦拜为大将军，掌管兵权，统辖六州，因此，当时的人有"王与马，共天下"的说法。王导历经东晋元帝、明帝和成帝三朝，一直担任宰辅，保持了东晋的安定局面。王导去世后，葬在南京幕府山以西。

东晋的另一位名臣是谢安。他是东晋丞相、政治家，年轻时曾隐居在浙江，毫无做官意愿。但是他胸怀韬略，留心时政，了解他的人将他比作诸葛孔明。大家都希望他出来主持政局。

245

六朝都城

古都南京

谢安 字安石，东晋宰相。少以清谈知名，初次做官仅月余便辞职，之后隐居在会稽东山的别墅里。40岁以后东山再起，官至宰相，成功挫败桓温篡位，作为东晋一方的总指挥致使前秦一蹶不振。战后因功名太盛被皇帝猜忌，因此低调避祸，后来病逝。

王导谢安纪念馆

简文帝时，国运每况愈下，已过不惑之年的谢安接任丞相。他性格沉静，临危不乱，温雅有儒将风度，常与大书法家王羲之登冶城游玩。谢安在建康20多年的为官生涯中，辅佐简文帝奠定了南朝300多年安定局面的基础。

在谢安执政期间，曾经对建康宫城做过大规模整修，以原成贤街四牌楼为中心，建成了有大小殿堂3500多间的建康宫，成为1600多年前金陵地区最大的建筑群。谢安在建康南郊东山建有豪华别墅东山秋月，在清代成为金陵的四十八景之一。

青史留芳的古都古城

阅读链接

王羲之的书法可谓入木三分，作为一个书法家，他不仅自己锻炼腕力，增强书写的笔力，也严格要求后人加强练习。他的儿子王献之，从小就在父亲的指导下学习书法。

有一次为了检查献之的笔力，王羲之趁献之集中精力写字时，猛地用手指夹住儿子手中的毛笔往上拉，谁知献之握笔很紧，毛笔没有被夺下来。

王羲之见此情形，非常满意，高兴地说："这孩子将来能成为书法家。"

他当场写了一幅字赠给献之。这件事说明，书法家的笔力是下苦功夫练出来的。

南朝时期古都的杰出人物

与东晋并立的南朝四国分别为宋、齐、梁、陈。吴、东晋、宋、齐、梁、陈合称六朝，因此，南京被称为六朝古都。

六朝都城建康在当时是世界上最大的城市，经济发达，文化繁盛。涌现出一大批有杰出贡献的人物，其中有数学家祖冲之、无神论学者范缜，以及医药学家陶弘景。

祖冲之铜像

祖冲之，生于429年，卒于500年，字文远，南朝科学家。他的先祖及父亲先后在朝廷做官。在宋朝和齐朝，祖冲之曾任地方小吏。

祖冲之在前人的基础上，

青史留芳的古都古城

圆周率 一般以 π 来表示，是一个在数学及物理学普遍存在的数学常数。它的定义是圆形周长与直径的比，也等于圆形面积与半径平方的比，是精确计算圆周长、圆面积、球体积等几何图形的关键值。

■ **指南车** 又叫司南车，是我国古代用来指示方向的一种机械装置。它是利用齿轮传动系统，根据车轮的转动，由车上木人指示方向。不论车子转向何方，木人的手始终指向南方。

运用开密法，推算出了圆周率数值在3.1415926和3.1415927之间。这是当时世界上最精确的数值。直到1427年，祖冲之推算的圆周率数值才被中亚数学家阿尔·卡西更精确的推算所替代。

宋孝武帝大明年间，祖冲之完成了大明历。大明历中首次运用岁差测定每一回归年的天数，其精确程度和现代科学测定的只相差50秒。祖冲之还有许多发明创造，如488年在覆舟山下的乐游苑中装置的水碓磨、用机械开动的千里船，改造的古代指南车等。

范缜，是南朝齐代和梁代著名的哲学家和无神论者。范缜先后出仕齐朝和梁朝任职，长期居于建康。他坚持无神论，同盛行的佛教进行了尖锐的斗争。

489年，范缜在鸡笼山旁竟陵王萧子良的西邸，与萧子良、萧衍及僧侣们进行大辩论，而后，他发表

了著名的《神灭论》。

507年，梁武帝萧衍为了消除《神灭论》的影响，指派62名大臣和僧侣，写了75篇文章反驳范缜。范缜却不为所屈，写了《答曹舍人》等论文反驳他们。范缜的著作大多散佚，现存的《神灭论》和《答曹舍人》，保存在《弘明集》中。

范缜出生两年后，一代医药大师陶弘景诞生了。陶弘景是南朝齐、梁时期道教思想家、医药学家。

齐高帝时，陶弘景担任几个王子的侍读，拜左卫殿中将军。492年，他辞职隐居句曲山，即今江苏句容茅山。后来，梁武帝礼聘他，他也不出山，但朝廷每有征讨大事，总是向他咨询，因此，他有"山中宰相"之称。

■ 陶弘景雕塑

陶弘景是上清经道派主要代表，茅山宗的创立者。其思想源于老庄，并杂有儒家观念，主张佛道儒三教合流。他佛道双修，在茅山道观中设佛道两堂，隔日朝礼。陶弘景所编的《古今刀剑录》是记载当时金属冶炼成就的重要文献。

在医学上，陶弘景增补东晋葛洪的《肘后卒救方》，编撰成《肘后百一方》。他编著的《本草经集注》七卷，记录药物730多种，首创按药物自然属性

茅山宗 以茅山为祖庭而形成的道教派别。实际开创者是陶弘景。492年，陶弘景归隐茅山，悉心编纂了《真诰》及《登真隐诀》《真灵位业图》等200余卷道经，弘扬上清经法。后来上清派被称为"茅山宗"。

和治疗属性分类的方法，沿用1000多年。

侯景之乱 548年，东魏降将侯景勾结京城守将萧正德，举兵谋反。萧正德派大船数十艘，暗中接济侯景军辎重，成为诸侯王发起的祸国殃民事件。南朝的梁武帝萧衍信奉佛教，皇室招降纳叛成风，最终酿成侯景之乱。

南朝梁的建立者萧衍，出生于南京。他自幼勤奋，才华横溢。年轻时，常与社会贤达人士交往，与文坛新秀沈约等7人共游，号称竟陵八友。他曾任雍州刺史，举兵攻克建康，平定齐内乱，被封为梁王。

502年萧衍即位，改国号为梁，成为梁武帝。萧衍在位48年，国家在政治、经济、军事、文化各方面都有发展，百姓安居乐业，都城建康发展成为人口超过百万的大城市，并涌现了一批卓越的科学家、文学家、艺术家，出现一个花团锦簇的文化盛世。

萧衍提倡尊儒崇佛，于505年建国学，开五经馆，培养大批士族子弟和一些来自寒门的子弟。他又制定礼乐，在宫城之西设士林馆招收学者，并立佛教为国教，大建寺庙。

250

青史留芳的古都古城

■ 南唐李煜画像

萧衍注重兴修水利，奖励农耕。他颁布法令，禁止献礼行贿，倡导纳谏。曾在皇宫门前立谤木肺石，旁置一箱，让百姓投放书写官吏善恶是非的材料，对官吏进行监督。

萧衍的晚年，政治渐趋腐朽。后来，因侯景之乱，宫城被困，饿死于台城。他的著作大多散佚，有后人所辑的《梁武帝御

■ 萧衍（464—549年），梁武帝，字叔达，小字练儿。南梁政权的建立者，庙号高祖。萧衍原来是南齐的官员，502年齐和帝被迫"禅位"于萧衍，南梁建立。萧衍在位时颇有政绩。他在南朝的皇帝中列第一位。

制集》传世。

南朝后期，一面是人文齐萃，繁荣发展，一面却又危机四伏，不时遭到隋政权的讨伐。这一时期，南京地区最大的佛寺栖霞寺建成。栖霞寺位于南京城东北的栖霞山上。

栖霞寺坐落在栖霞山中峰西麓。483年，隐士明僧绍舍宅为寺，称栖霞精舍，后来成为江南佛教三论宗的发祥地。栖霞山驰名江南，不仅因为有一座栖霞寺，有南朝石刻千佛岩，还因为它山深林茂，泉清石峻，景色令人陶醉，被誉为"金陵第一明秀山"。

南京作为千年古都，不仅山川秀美，更是人杰地灵。这一时期，南京涌现出许多杰出人物，如词曲皇帝李煜、南唐画家徐熙等。

李煜，是南唐的国主，文学家，世称李后主。李煜在位时，怠于朝政，纵情声色，填词作文，高谈佛理。在清凉寺内建德庆堂作为避暑行宫。

975年，宋兵攻破金陵后，李煜被俘，被封违命侯。3年后被宋太宗赵光义毒死。他擅长诗文、音乐、书画，尤其精通填词。李煜的词早期作品大多反

■莫高窟五代壁画

映宫中奢华的生活，风格绮靡，后期作品多亡国之君的哀痛和对昔日生活的怀念。

李煜留下的诗词虽然只有50多首，但多为名篇，被人广为传诵。后人把他及他父亲李璟的作品，合刊成《南唐二主词》。《虞美人》词是李煜的最后一篇作品，据说这首词是促使宋太宗下令毒死李煜的原因之一。因此，这首词也成了一代才子皇帝的绝笔了。

词 一种诗的别体，是唐代兴起的一种文学样式。到了宋代，经过长期不断发展，进入到词的全盛时期。词又称曲子词、长短句、诗余，是配合宴乐乐曲而填写的歌词。

春花秋月何时了，
往事知多少。
小楼昨夜又东风，
故国不堪回首月明中。
雕阑玉砌应犹在，
只是朱颜改。
问君能有几多愁，
恰似一江春水向东流。

李煜在这首词中，流露出不加掩饰的故国情思。而其中"春花秋月何时了，往事知多少"更是成为千古流传的佳句。李煜的词对后世我国文学的发展，产生了极为深远的影响。

除了李煜，另一位画家也很著名，他就是南唐画家徐熙。徐熙世代为官。擅长花木水鸟、虫鱼蔬果，所画禽鸟，形骨清秀脱俗，花木枝繁叶茂，浓墨粗笔，稍施杂彩，一气呵成，人称为落墨花。

这种重墨轻彩的画法与当时极负盛名的黄荃"勾勒填彩，旨趣浓艳"的画风恰好相反，所画又多为汀花野竹、水鸟渊鱼，与黄荃多画珍禽瑞鸟、奇花怪石也是不同。两人风格成为五代花鸟画两大流派，时人评述说"黄家富贵，徐熙野逸"。

徐熙曾担任宫廷画师。他画的铺殿花、装堂花，深为南唐后主重爱。宋太祖见其作品认为花果最精妙，说"吾独知熙，其余皆不观"。

黄荃 字要叔，成都人，五代十国时期西蜀画家。他擅长画花、竹、翎毛、佛道、人物和山水，是一位技艺全面的画家。黄荃17岁时就因善画供奉前蜀后主王衍。后蜀先主孟知祥即位后，授他为翰林待诏，主管翰林图画院事。后又加官为如京副使，供职西蜀画院达40年之久。

阅读链接

李煜是个才华横溢的皇帝，他工书善画，能诗擅词，通音晓律，是被后人千古传诵的一代词人。

他本无心争权夺利，一心向往归隐生活，登上王位完全是个意外。他痛恨自己生在帝王家。他嗣位之时，南唐已经多次入宋朝进贡，苟安于江南一隅。

974年，宋太祖屡次遣人诏李煜北上，李煜都推辞不去。同年十月，宋兵南下攻金陵，后主李煜被俘到汴京，封违命侯。

978年七夕那天正是李煜42岁的生日，被宋太宗赐牵机药毒死。死后追封为吴王，葬在洛阳邙山。

隋朝至宋朝时历经沧桑

　　隋朝是经历了南北朝200多年分裂之后的大一统王朝，上承南北朝、下启唐朝的一个重要的朝代，史学家常把它和唐朝合称隋唐。

　　隋朝末年，农民起义首领杜伏威、辅公祏率军占据丹阳郡，不久便归顺了唐朝。丹阳也奉命化为归化。后来，杜伏威入朝后被扣，辅公祏就起兵反抗，并在丹阳建立了宋政权。后来，唐朝扫平江南，在

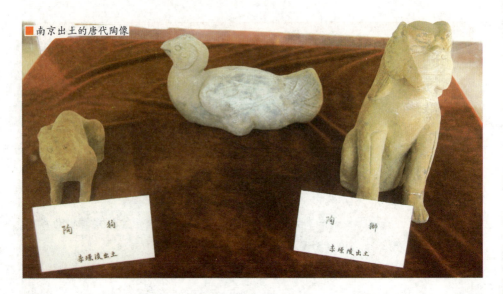

■南京出土的唐代陶像

陶狗　李璟陵出土

陶狮　李璟陵出土

丹阳郡置升州。

758年，著名书法家颜真卿为升州刺史，次年书写《乌龙潭放生池》碑刻一通。李白晚年曾经在升州居住。

唐朝末年，因为北方藩镇叛乱，唐德宗有意迁都到南京，他命镇海军节度使韩滉整修金陵，但是没有成功。

■ 明故宫遗址内的古桥

五代时期，吴王杨行密建立吴国，他命人修缮金陵，作为西都。937年，升州刺史徐知诰取代吴国，建立南唐，定都金陵，改金陵府为江宁府。

975年，北宋灭掉南唐，设江宁府为升州。1018年，宋真宗任命赵祯做升王，不久立为皇太子，改升州为江宁府。

赵祯即位后，称为宋仁宗。他认为江宁是他的"龙兴之地"，于是，他一直让亲信大臣，如包拯等人任江宁府尹。宋神宗时期，王安石两度以江宁府尹的身份出任宰相。

王安石是北宋时期的改革名臣，祖籍江西临川，他在南京度过青年时代。他曾在南京三次任知府、两度守孝、两度辞相后居住，在南京先后生活了近20个年头，逝世后又葬在南京钟山脚下，他的父母兄弟死后也葬在南京。

王安石17岁那年，因父亲王益任江宁通判而随

颜真卿 字清臣，我国唐代中期杰出书法家。他创立的"颜体"楷书与赵孟頫、柳公权、欧阳询并称"楷书四大家"。颜真卿和柳公权的书法并称"颜筋柳骨"。

唐德宗（742—805年），李适，是肃宗的长孙、代宗的长子。唐朝第九位皇帝，在位26年。谥号为神武孝文皇帝。在位前期，颇有一番中兴的气象，但是执政后期，民怨日深。

■ 王安石塑像

通判 官名，是"通判州事"或"知事通判"的省称。在知府以下掌管粮运、家田、水利和诉讼等事项。宋朝初年，为了加强对地方官的监察和控制，防止知州职权过重，专擅坐大，宋太祖创设"通判"一职。通判由皇帝直接委派，辅佐郡政，可视为知州副职，但有直接向皇帝报告的权力。

迁来南京居住。两年后，即1039年，他的父亲因病逝世，葬于南京中华门外的牛首山。于是，王安石就在南京钟山守孝，锐志读书。

1042年，22岁的王安石一举考中进士，从此踏上仕途。1067年，宋神宗即位后，就任命王安石任江宁知府。不久，宋神宗又命王安石到开封当翰林学士兼侍讲。

1070年，王安石开始主持变法，他推行了均税法、农田水利法、青苗法、免役法等新法。这就是我国历史上著名的"王安石变法"。

后因变法受阻，王安石被迫辞去宰相等职务，回到江宁府再次担任府尹。在南京，王安石看到贫富悬殊，而玄武湖旁有不少土地空着可以耕种，就于1075年向宋神宗奏请将玄武湖泄水改田。宋神宗很快批准了他的请求。

1075年2月，王安石再次离开江宁府到开封去任职，准备继续变法。但是，变法已经到了穷途末路，最终失败，于是，宋神宗又让他回到江宁府来了。

1084年春，王安石把半山园改作僧寺。他把半山园及附近的几百亩田一律割给寺庙所有，自己另在秦淮河畔租了一个小小的独院居住。1086年王安石与世长辞。

北宋末年，浙江的方腊起兵反宋，一度准备占领南京，但是没有实现。不久金兵入侵，宋高宗即位，接受主战派人士李纲的建议，改江宁府为建康府，作为东都。不久金兵南下，高宗南逃，在杭州临时驻扎。

1137年，在主战派岳飞等人的坚持下，宋高宗到建康理事。1138年，宋高宗以建都当"修德行而不在于择险要之地"为名，再次南逃到杭州，正式建都，改杭州为临安府，将建康府作为陪都。

1275年，元兵南下，南宋灭亡。1329年，元朝政府将建康改为集庆。古都南京历经兴衰再度繁荣起来。

元朝整体生产力虽然比宋朝低，元世祖即位后，实行了些鼓励生产、安抚流亡的措施。由于经济作物棉花不断推广种植，棉纺织品在江南一带都比较兴盛。

元朝对我国传统文化的影响大过对社会经济的影响。例如，极力推崇藏传佛教，在艺术与文学方面则是发展以庶民为对象的戏剧与艺能，其中以元曲最为兴盛。

南宋时期，著名诗人陆游曾经登南京的雨花台游永宁寺。他见寺中有一泉，色味俱佳，倍加赞赏，品后称其为"二泉"。泉

■ 岳飞（1103—1142年），字鹏举。我国历史上著名的战略家、军事家、抗金名将。岳飞在军事方面的才能则被誉为宋、辽、金、西夏时期最杰出的军事统帅。

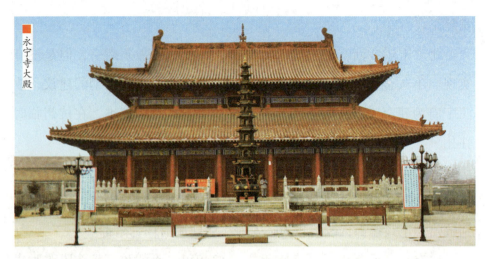
永宁寺大殿

水从数米高的假山石中汩汩流出，汇集成池，池中泉水清澈见底，甘洌可口。

后来，人们就把这一地区建成了雨花台景区，成为南京著名的旅游景区。江南第二泉在雨花台的东岗上，原来是在永宁寺内，因寺而取名永宁泉。

另一处甘露井与第二泉相对而望。据史料记载，甘露井是南京最古老的井之一，已有1700多年的历史，井水清冽，久旱不雨也不枯竭，其味甘醇。

阅读链接

元曲原本来自蕃曲和胡乐，首先在民间流传，被称为街市小令或村坊小调。元曲和唐诗宋词、明清小说，是我国文学史上重要的里程碑。

元朝是元曲的鼎盛时期。一般来说，元杂剧和散曲合称为元曲，两者都以北曲为演唱形式。散曲是元代文学的主体，它的兴起对我国民族诗歌的发展、文化的繁荣有着深远的影响和贡献。它不仅是文人咏志抒怀的工具，也是反映元代社会生活的崭新的艺术形式。

朱元璋兴建世界第一城垣

1356年，朱元璋攻克集庆，改集庆路为应天府作为根据地，自称吴国公。1368年，朱元璋在应天称帝，国号明，即明太祖。明朝把应天府作为首都。

坚固的明代城垣

1378年，朱元璋改南京为京师，开始大规模地营建南京。1386年，京师城垣工程完工。

明朝的南京是在元朝集庆路旧城的基础上扩建而成的。城市由三大部分组成，分别为旧城区、皇宫区和驻军区。后两者分别是明初的扩展。

明朝环绕这三区修筑了长约34千米的砖石城墙，这就是世界第一大城垣，后来的南京明城墙。明代南京城墙沿线共辟13座城门，门上建有城楼。

南京城墙墙基用条石铺砌，中间用土夯实。所用的城砖，由沿长江各州府的125个县烧制后运抵南京使用，每块砖上都印有监制官员、窑匠和夫役的姓名，其质量责任制之严格可想而知。

1403年，明成祖升北平为北京，作为留都。1420年年底，明成祖迁都北京，把南京作为留都。对南京城发展具有杰出贡献的人物就是明朝开国皇帝朱元璋。

元朝末年，朱元璋参加郭子兴领导的农民起义军。1356年，朱元璋攻取南京，把南京改为应天府，为了平定天下，他注意选用才将，搜罗谋士，秦从龙、刘基、朱升、宋濂、章溢、叶琛等儒士和学者尽入他的帐下。

朱元璋接受朱升"高筑墙，广积粮，缓称王"的建议，以南京为根据地，为统一全国积蓄力量。

1367年，朱元璋派徐达、常遇春率兵北伐，攻克元大都，即北京。第二年，朱元璋在应天府称帝，国

■ 明成祖（1360—1424年），朱棣，明朝第三位皇帝。1402年夺位登基，改元永乐。他五次亲征蒙古，多次派郑和下西洋，编修《永乐大典》，疏浚大运河等一系列新政。1421年迁都北京。在位期间经济繁荣、国力强盛，史称"永乐盛世"。

郭子兴 元末江淮地区的红巾军领袖。元代末年加入白莲教，散家财结豪杰，响应刘福通起事，攻据濠州，自称元帅。后将朱元璋收为部下成为九夫长，并将义女马氏嫁给他。他为人骁勇善战，后因与某些将帅不和，终日愤恨，死于和州。

号明，建元洪武。1368年，朱元璋下诏设南北两京，以金陵为南京。

自1366年起，他下令建造皇宫和扩建应天府城作为都城，都城外又筑有外郭，长60千米。1386年，应天府完工，是当时世界的第一大城。

朱元璋重视兴修水利，开通胭脂河。为造就人才，1381年，在鸡笼山下建国子监。朱元璋又将元末建于鸡笼山上的观象台扩建成国家天文台——钦天台。

1382年，明政府兴建了南京鼓楼。明朝钟楼在鼓楼西侧。后来，清朝康熙皇帝南巡时曾登临游玩。第二年，地方官在鼓楼的基座上竖碑建楼，并更名为碑楼，因此有"明鼓清碑"之称。

明代最著名的寺院就是鸡鸣寺，又称古鸡鸣寺，位于鸡笼山东麓山阜上。鸡鸣寺是南京最古老的梵刹之一。

1387年，明太祖朱元璋命崇山侯李新督工，在同泰寺故址重新兴建寺院，把故宇旧屋全部拆除，加以拓展扩建，题额为"鸡鸣寺"。

后来，鸡鸣寺经宣德、成化年间的扩建和弘治年间为时6年的大修，寺院规模扩大到占地6.6万多平方米。寺院依山而建，别具风格，共建有殿堂楼阁、亭台房宇30多座。

鸡笼山 旧名亭山、历山。坐落在和县西北约20千米处。群山环拱，一峰独雄，形状很像一鸡笼，故名鸡笼山。道家《洞天福地记》称其为"第四十二福地"，素有"江北第一名山"之称。山中遍布参天古树，寺庙众多。后来历经兵乱，原有建筑多数被毁。

261

■ 南京皇宫遗址

蓝本 原是古籍版本的一种形式。明清时期，书籍在雕版初成以后，刊刻人一般先用红色或蓝色印刷若干部，以供校订改正之用，相当于"校样"，定稿本再用墨印。由于蓝印本是一部书雕版之后最早的印本，因此就有"初印蓝本"之称。后来的"蓝本"一词，就是从"初印蓝本"引申出来的。

古都南京在明代万历年间就有金陵四十八景的说法，据明代文人顾起元的《客座赘语》记载，先是榜眼余梦麟将所游览金陵名胜20处，各作诗纪之，并约朱之蕃、顾起元同唱和，诗作汇在一起，称作《雅游篇》，刊行于世，风行一时。

而朱兰隅兴犹未尽，更"搜讨记载，共得四十景"，最后编成《金陵四十景图考诗咏》。这四十景也就成了后世作金陵景物图咏的蓝本。

但陆生骑毛驴乘小船躬历寻访所绘的图，现已不知下落。后人还能见到的年代最早的金陵八景图卷，也产生于明朝万历年间，是1600年江宁画家郭仁所绘，珍藏于南京博物院。

南京著名的皇帝陵寝是明孝陵。明孝陵是明朝开国皇帝朱元璋与马皇后的陵墓，坐落在紫金山南麓独

■ 南京鼓楼

南京明孝陵石像

龙阜珠峰下。

明孝陵景区名胜众多，风光秀丽，位于其正南的赏梅胜地梅花山，东侧的紫霞湖、正气亭、定林山庄等美不胜收，令人流连忘返。

梅花山在明孝陵南，原来是东吴孙权墓地所在地，又称孙陵岗。梅花山是南京人踏青赏梅的胜地。山上有观梅轩、博爱阁等景点。

阅读链接

传说朱元璋登基后，在浙江微服察访。一天，他去多宝寺进香。多宝寺的名称引起他的兴味，不禁脱口吟道："寺名多宝，有许多宝如来。"

这时，一个满身油污、衣着破旧的老秀才接着吟道："国号大明，更无大明皇帝！"

朱元璋逛罢多宝寺后，便路过一家小酒店，他觉得小酒店实在没有什么可吃的东西，不禁摇头吟道："小酒店三杯五盏没有东西。"

谁知老秀才随即吟出下联："大明君一统万方不分南北。"朱元璋彻底被老秀才的才学打动了，后来，老秀才当了太子的老师。

清朝时古都的杰出名人

　　清军入关后，明朝福王朱由崧在南京即位。1645年，清军又攻克南京，改南京直隶为江南省，应天府为江宁府。1649年，清政府在江宁设两江总督。古都南京再次经历了历史的洗礼。

■清代南京两江总督府

■ 藏于故宫博物院
的科举试卷

经过朝代的动荡和各代的重建、扩建，南京又一次焕发出古都的厚重气息。这一时期也涌现出许多历史名人，如隐居学者顾起元、晚清作家吴敬梓、晚清名臣邓廷桢等。

顾起元，原名张始。1592年与何栋如、俞彦等人在乡里共结文社。1597年，他高中举人，第二年，又在由礼部主持的三场全国会试中一路过关斩将，脱颖而出，高中第一名。

不久，在皇帝亲自策问的殿试中，顾起元中一甲第三名，进士及第，成为天子门生，时年34岁。

此后，顾起元授翰林院编修，历任左谕德、右庶子、南京国子监司业、国子监祭酒、詹事府詹事，官至吏部左侍郎，兼翰林院侍读学士。精通金石之学，擅长书法。他曾经三次上疏辞官，获准后告老还乡，在朝为官仅有5年，大部分时间是以隐居为生。

顾起元晚年就从牛市迁到了杏花村隐居，潜心著

书法 世界上少数几种文字所有的艺术形式，包括汉字书法、蒙古文书法、阿拉伯文书法等。其中"中国书法"，是我国汉字特有的一种传统艺术，被誉为：无言的诗，无行的舞，无图的画，无声的乐。我国浙江绍兴是书法圣地，兰亭奖为我国书法艺术最高奖。

述，轻易不去公庭。在他解职归乡以后，当时的朝廷曾七次下诏书让他重新回京并命他为相，他都一一推拒了。

顾起元一生著述较多，但以散文见长。他的散文注意辞采，注意吸取骈体四六的创作经验。他的诗歌多能感叹时事，抒发感慨与情怀，有些富有现实内容，可以作批判时事之用。

顾起元主要著述有《中庸外传》《顾氏小史》《金陵古金石考说略》《蛰庵目录》《说略》《雪堂随笔》等30多种。

另一位晚清作家是吴敬梓，他出身名门贵族，父亲去世后家道衰落。晚年生活贫困，仅靠卖文和友人接济为生。

吴敬梓性情豪爽，能文善诗，尤其以小说著称。传世之作为长篇小说《儒林外史》。小说以揭露科举制度的腐朽黑暗为中心，展开社会批判，以讽刺的笔法刻画了上自进士、翰林，下至市井无赖的生动

形象。鲁迅说它"虽云长篇，颇同短制"。后世称这部作品为我国古典讽刺小说奠基之作。吴敬梓诗文有《文木山房集》。

晚清名臣邓廷桢，是嘉庆进士，先后任延安知府、湖北按察使、江西布政使、安徽巡抚。邓廷桢在任官期间，颇有政名，尤其善于断冤狱，常为世人称道。1835年，他升任两广总督，主张严禁鸦片。

1839年春天，林则徐奉旨抵广州禁烟，他通力予以协作，取得虎门销烟的胜利。随后，他加紧海防，多次击退英军舰船挑衅。

1840年1月，邓廷桢调任闽浙总督，继续加强缉私与海防，同年10月，遭诬陷而与林则徐同被革职，充军伊犁。1843年释罪，旋即授甘肃布政使。

这期间，邓廷桢勘察荒地招民开垦，成效显著。1845年升任陕西巡抚，1846年卒于任上，归葬南京。诗文颇有成就，尤精音韵，著有《双砚斋诗抄》。

另一位著名的人物是高岑。高岑是一位著名画家，他根据南京胜景，绘成《金陵四十景图》，文学家周亮工为这部图册写了题跋。高岑这一组金陵景物图后来刊入康熙《江宁府志》。

在乾隆年间，金陵四十景发展成为洋洋大观的金陵四十八景。这时曾对南京古刹鸡鸣寺进行过两次大修，并改建了山门。康熙皇帝南巡时，登临寺院，并为这座古刹题书了"古鸡鸣寺"大字匾额。

1750年，地方官为了迎接皇帝和太后南巡，又重建了凭虚阁，作为驻跸行宫，乾隆也为这座古寺题写了匾额和楹联。

清咸丰年间，鸡鸣寺毁于兵火。同年开始重修，仅有房屋10多间，中间是小院，前面是正殿。

1867年，寺僧西池等募资修建了观音楼，楼内供着普度众生、大慈大悲的观音菩萨。

有趣的是，鸡鸣寺的观音与众不同，是一尊倒坐观音菩萨像，即面朝北而望像，佛龛上的楹联道明原因：

问菩萨为何倒坐；

青史留芳的古都古城

天王府的天王殿

鸡鸣寺全景

叹众生不肯回头。

　　鸡鸣寺从此又称为观音阁、观音楼。1894年，两江总督张之洞又将殿后经堂改建为豁蒙楼，并手书匾额。

　　清朝末年，太平天国起义军攻克江宁，改江宁为天京，作为都城。在南京总统府一带修太平天国天王府。1864年，清兵克天京，太平天国败亡，天王府因此被毁。

阅读链接

　　古都南京的美景不愧是洋洋大观。传说在嘉庆年间，有一个钱塘人叫陈文述。他对南京的美景流连忘返，在他居留南京短短的一个月里，竟作诗300多首，涉及金陵旧迹近300处。

　　1875年，诗人易顺鼎中举，北上应试途经南京。他冒雪骑驴于城中，遍访六朝及南明遗迹，一日之间竟写成《金陵杂感》七律20首。

　　《儒林外史》的作者吴敬梓，在1753年，也就是他去世前一年，曾写过23首《金陵景物图诗》，包括冶城、杏花村、燕子矶、谢公墩等。

古都著名寺庙的历史沿革

古都南京不仅有丰富的人文景观，还有深厚的宗教文化。在南北朝时期，南京佛教寺庙达500多所，僧尼达10多万人。

唐代诗人杜牧《江南春》中的"南朝四百八十寺，多少楼台烟雨中"的诗句，就是对当时建康佛寺盛况的真实写照。

南京众多的佛教寺庙大多毁于兵灾或战火，后来保存相对完好的只有极少数。除鸡鸣寺外，清凉寺、鹫峰禅寺、栖霞寺最为著名。

清凉寺位于南京城区西部的

■ 杜牧（803—约852年），字牧之，号樊川居士，号称杜紫薇，唐代诗人。著有《樊川文集》。杜甫与李白合称"李杜"，为了跟诗人李商隐与杜牧即"小李杜"区别开来，杜甫与李白又合称"大李杜"。

■ 南京清凉寺大殿

清凉山南麓，是南京最悠久的梵刹之一，素有六朝胜迹之称。清凉寺的前身是兴教寺，由五代十国时期的权臣徐温始建。

1400年，唐烈祖在这里避暑纳凉，改寺名为石头清凉大道场，石头山从此时起称为清凉山。此后，这里成为南唐宫廷的避暑之处。寺内避暑宫的匾额德庆堂是后主李煜所题。

清凉寺内原藏有中主李璟的八分书、画龙名家董羽的龙，以及书法家李宵远的草书3件艺术珍品，被称为寺中三绝。

清凉寺是南唐重要的宗教活动场所，著名僧人文益长期居住在寺内，被中主李璟封为法眼禅师。

他创建的佛教宗派，即为法眼宗，是禅宗南唐的五大支派之一。其禅学思想及理论在我国佛教史上具

清凉寺 位于南京西部的清凉谷，距台怀镇约15千米，寺内因有著名的文殊圣迹"清凉石"而得名。此寺建于北魏孝文帝时期。唐代时期是替国行道的镇国道场。766年，不空三藏密宗道场。清代乾隆年间，寺宇建筑整齐一新，规模宏大。

有崇高的地位和价值，历史意义十分深远。

980年，幕府山清凉广惠禅寺迁到清凉寺。1402年明成祖朱棣重建寺院，改额为清凉陟寺。当时清凉陟寺规模很大，占地约1.3万平方米。太平天国时期，清凉寺建筑多毁于战火，直到清朝末年才稍有恢复。

鹫峰禅寺坐落于南京白鹭洲公园东北角，建于1461年，是为纪念唐代名僧鹫峰而得名。

明清以来，鹫峰寺屡经兴衰。清朝嘉靖年间，性海禅师来此驻锡，律行精严，持银钱戒，寺内香火又趋鼎盛，常主讲《华严经》，后来他离寺云游。

道光年间，寺宇改为老民堂，当时正殿已年久失修行将毁坏。1835年，南京乡人于静斋、冯君耀率先捐资重建，并在殿前台基上围以石栏，极为坚固。工程竣工以后，太仆蔡友石撰记，学使祁春浦书碑，记载了鹫峰寺中兴的盛况。

青史留芳的古都古城

■ 南京鹫峰禅寺

■ 栖霞寺

栖霞寺始建于489年，由居士明僧绍捐宅为寺，名栖霞精舍。唐代扩建，改名功德寺，增建大小殿宇49座，规模宏伟，与山东临清灵岩寺、湖北江陵玉泉寺、浙江天台国清寺并称为我国佛教四大丛林。

所存寺院建筑为1908年由寺僧宗仰重建。寺院依山势而缓上，背依千佛岩，雄奇肃穆，气象万千。

进山门拾级而上，最高处就是藏经楼。在藏经楼佛龛中供奉有一尊用整块汉白玉雕成的玉佛，据传来自缅甸，极为珍贵。藏经楼中至今尚存72函匣，内藏《大藏经》。

栖霞寺舍利塔为南唐遗物，是长江以南最古石塔之一。石塔建于隋代，603年，隋文帝建仁寿舍利塔，栖霞寺石塔就是其中之一，是栖霞寺内最有价值的古建筑。石塔八角五级，高约15米。现仅残存一部分。塔身下须弥座各面浮雕释迦八相。

《大藏经》 佛教经典汇编全集，浩如烟海，囊括几千部经，包括经藏、律藏、论藏三大部分内容。经藏收录佛陀在世时所宣说的一切教法。律藏收录佛陀为信众制定的一系列日常行为准则。论藏则是佛弟子对经藏、律藏所进行的研究和解释。

第一层塔身特别高，正面及背面均雕刻版门，东北及西南为文殊及普贤像，其余四面为天王像。宝塔图像严谨自然，形象生动，构图颇富有中国画的风格，是我国五代时期佛教艺术杰作。

舍利塔东有大佛阁，又称三圣殿，供无量寿佛。佛像的衣褶风格，形似山西省大同云冈石佛。现在大佛阁前立的两尊石佛，是我国佛教艺术黄金时代的绝世珍品。

大佛阁后，是千佛岩。千佛岩南朝共造294座佛龛，515尊佛像。以后唐、宋、元、明各代都有开凿，共计700尊佛像。千佛岩位于南方，与云冈石窟南北遥遥相对，是我国古代雕刻艺术的杰作。

无量殿为千佛岩最早最大的佛龛。无量寿佛居中，两侧分侍观音菩萨和势至菩萨。开凿年代比云冈石窟早17年。其价值在于保存了南朝佛像的原韵。

栖霞寺不仅规模宏大，殿宇气派非凡，是南京风景最佳处，是中国佛教三论宗的祖庭之一。

南京作为昔日的六朝古都，为世人留下了丰富的文化遗产和历史遗迹。这些文化遗产和历史遗迹为研究历史、军事和建筑等提供了不可多得的实物资料。

阅读链接

在千佛岩有一尊佛像，除此之外，世上绝无仅有，这就是三圣殿左侧的石公佛。

相传，在石匠王寿雕琢最后一尊佛像时，十分困难。锤子抡轻了，石头纹丝不动；锤子抡重了，石块就立刻崩裂。而如果锤子抡得不轻不重，石头仅仅冒点火星，总是凿不成。

眼看期限已到，石匠为了避免众人杀身之祸，便纵身跳进龛内，成了一尊一手举锤、一手拿錾的石公佛。这个传说体现了后人对明代著名工匠王寿的尊敬和怀念之情。

古都西安

　　西安，古称长安、京兆，582年，隋文帝在此建都。西安是举世闻名的世界四大文明古都之一，居我国四大古都之首，是我国历史上建都朝代最多，影响力最大的都城。

　　西安是中华文明的发祥地、中华民族的摇篮、中华文化的杰出代表，是联合国教科文组织最早确定的"世界历史名城"和国务院最早公布的国家历史文化名城之一，世界著名的旅游胜地。

中华民族的文化摇篮

　　西安，古称"长安"，是举世闻名的世界四大文明古都之一，居我国古都之首，是我国历史上建都时间最长、建都朝代最多、影响力最大的都城。

　　西安是中华民族的摇篮、中华文明的发祥地、中华文化的代表。

　■ 兵马俑　我国古代墓葬雕塑的一个类别。古代实行人殉，奴隶是奴隶主生前的附属品，奴隶主死后奴隶要为奴隶主陪葬，是殉葬品。兵马俑就是制成战车、战马、士兵形状的殉葬品。秦始皇陵兵马俑坑是秦始皇陵的陪葬坑，位于陵园东侧1500米处。秦始皇陵兵马俑陪葬坑坐西向东，三坑呈"品"字形排列。秦始皇陵兵马俑陪葬坑，是世界最大的地下军事博物馆。

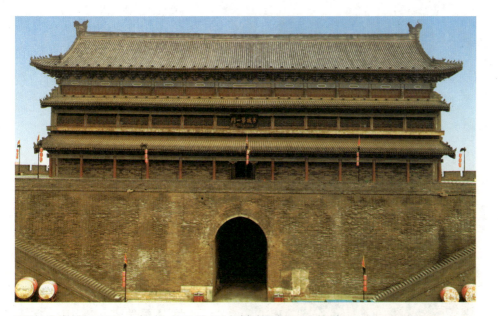

西安文物甲天下，享有"天然历史博物馆"的美称。

■ 西安古城主城门

　　秦始皇陵兵马俑坑被誉为"世界第八大奇迹"，秦始皇陵是最早列入世界遗产名录的中国遗迹，西安古城墙是至今世界上保存最完整、规模最宏大的古城墙遗址。

　　西安位于黄河流域中部的关中平原偏南地区，西安的北部为冲积平原，南部则为剥蚀山地。大体地势是东南高，西北与西南低，呈一个簸箕形状。秦岭山脉横亘于西安以南，是我国地理上北方与南方的重要分界。

　　西安属于暖温带半湿润的季风气候区，雨量适中，四季分明。西安东有潼关之固，西有大散关之险。古代长安交通便利，水陆并用，地势险要，易守难攻，历来是兵家必争之地。

　　在北方，秦代所修的秦直道，宽达百米、绵延上千千米，直通蒙古草原，是当年抗击匈奴、输送

277

十三朝都城

古都西安

匈奴 是个历史悠久，祖居在欧亚大陆的北方游牧民族。他们由古北亚人种和原始印欧人种的混合。古籍中讲述的匈奴是在汉朝时称雄中原以北的一个强大的游牧民族，公元前215年被逐出黄河河套地区，历经东汉时分裂，南匈奴进入中原内附，北匈奴从漠北西迁，中间经历了约300年。

■ 西安收藏的汉赋

给养的主动脉。在南方，有子午道、傥骆道、褒斜道、陈仓道，可越过汉中而抵巴蜀；东南方向商洛山中的武关道，则是通往楚地的咽喉。

西安的自然景观峭拔险峻，独具特色，境内及附近有西岳华山、终南山、太白山、王顺山、骊山、楼观台、辋川溶洞风景名胜区等。

西汉文学家司马相如在著名的辞赋《上林赋》中写道，"荡荡乎八川分流，相背而异态"。描写了汉代上林苑的奢华之美，以后就有了"八水绕长安"的描述。

八水是指渭河、泾河、沣河、涝河、潏河、滈河、浐河、灞河8条河流，它们在西安城四周穿流，都属于黄河水系。

八水之中渭河汇入黄河，而其他七水原本各自直接汇入渭河。由于时代变迁，浐河成为灞河的支流；滈河成为潏河的支流，潏河与沣河交汇。

西安作为十三朝古都，有着深厚的文化底蕴。西安的著名景观，不仅有传统关中八景，也有明代城墙、西安碑林、大雁塔、小雁塔等标志性人文遗迹。

还有秦始皇陵兵马俑遗址、大明宫遗址等举世著名的历史遗迹。

著名的陵寝主要有华夏始祖的黄帝陵、汉武帝刘彻之墓汉茂陵、唐女皇武则天与唐高宗李治的合葬墓唐乾陵。

此外，关中秦腔、长安画风、西安景泰蓝、唐三彩、蓝田玉雕等都是西安传统文化的代表。

古都西安不仅有丰富的自然景观和历史遗迹，也有为数众多的宗教名胜。西安的宗教名胜包括佛教寺院、道院、伊斯兰斋堂。

西安著名的寺院有西安大慈恩寺、西安青龙寺、周至仙游寺、法门寺等。道院有西安八仙庵等，伊斯兰斋堂西安清真大寺等。这些宗教名胜，无疑是古都西安兼收并蓄、海纳百川，以及民族大融合的见证。

秦腔是最能够代表古都西安气质的一种传统文化。这些传统文化中，既有关中古都火爆、豪放的一面，又有它朴素、柔和的一面。

古都西安历史悠久，人文荟萃，英才辈出，仅名列"二十五史"和其他史书中的人物，就有1000多人。他们或出生在西安，或者长期

秦腔　我国汉族最古老的戏剧之一，起于西周，源于西府。秦腔又称乱弹，流行于我国西北的陕西、甘肃、青海、宁夏、新疆等地。又因其以枣木梆子为击节乐器，所以又叫"梆子腔"，俗称"桄桄子"。

■ 西安出土的唐三彩马

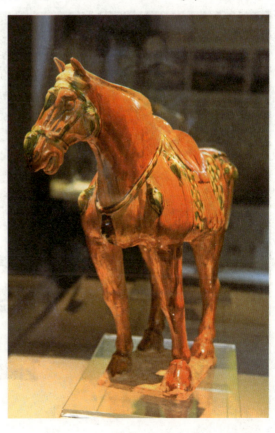

"二十五史"记载我国历代的二十五部纪传体史书的总称。它上起传说中的黄帝，止于1911年，用本纪、列传、表、志等统一的体裁编写。二十五史之中，除第一部《史记》是通史之外，其余都是断代史。

在西安生活、任职，为西安的政治、经济、文化，都做出了重要贡献。

西安的历史名人中，政治家有轩辕黄帝、神农炎帝、大禹、周文王、周武王、秦穆公、秦孝公、秦始皇、汉高祖、汉武帝、隋文帝、唐太宗、武则天、唐玄宗。

军事家有姜太公、王翦、白起、卫青、霍去病、李广、马援、李靖、郭子仪、韩世忠等。

思想家有周文王、周公、董仲舒、王徵、范仲淹、张载、李颙等。

外交家有张骞、苏武、班超、张仪等。

文学家有李白、杜甫、白居易、王维、杜牧、王

■ 演奏秦腔的陶俑

昌龄、柳宗元、韦应物等。

历史学家有司马迁、班固、班彪、班昭等。

画家、书法家有阎立本、吴道子、颜真卿、柳公权、周昉等。

佛学家、翻译学家有玄奘、鉴真、悟空僧人等。

此外，还有钟馗、仓颉、后稷、杜康、孙思邈、王重阳等。

悠久的历史，得天独厚的地理条件，孕育了古都西安灿烂的文化和成百上千的历史名人。这一切，使我们能够感受到古都厚重的历史感和浓厚的文化气息。

阅读链接

轩辕黄帝的诞辰日是农历三月初三，即上巳节，是上古时期我们祖先在水边饮宴、郊外游春的节日。我国自古有"三月三，生黄帝"的说法。

轩辕黄帝是我国古史传说时期最早的宗祖神，华夏族形成后被公认为全族的始祖。上古时期约在今陕西武功县一带形成的黄帝族，就是因为这位杰出的始祖而得名。

黄帝族和住在今陕西岐山一带的姜姓炎帝族世代通婚。后来，黄帝族后裔中的一支创造了夏文化，遂称夏族。夏族又建立了我国第一个王朝夏朝。

从半坡遗址到天府之国

高陵杨官寨遗址 位于高陵县姬家乡杨官寨村，面积约80万平方米。各类房址49座，出土各类可复原的器物7000多件。在南发掘区发现了半坡四期文化的14座房址和陶窑。房址基本是平面呈"吕"字形的前后室结构，是目前所知关中地区最早的窑洞式建筑群。

据考古证实，早在旧石器时代，西安就是蓝田猿人的聚居区，新石器时代早期，这里就已经形成了原始聚落"华胥古国""半坡""姜寨""灰堆坡"等。而西安高陵杨官寨遗址发现，将我国城市历史推进到了6000年前的新石器时代晚期，同时确定了西安是世界历史上第一座城市。

闻名世界的半坡遗址位于西安市以东，是一个典型的母系氏族公社的村落遗址，

■ 半坡遗址 位于陕西省西安市东郊，是黄河流域一处典型的原始社会母系氏族公社村落遗址，属新石器时代仰韶文化，距今6000年左右。面积约5万平方米，是我国首次大规模揭露的一处新石器时代村落遗址。

半坡遗址出土的人面鱼纹盘

属于仰韶文化。这类遗存仅在黄河流域的关中地区就发现了400多处，因此，黄河流域素有华夏古代文化发源地的美称。

遗址现存面积约5万平方米，分为居住区、制陶区和墓葬区3个部分。发掘面积为1万平方米，房屋遗址共46座，圈栏两座，储藏物品的地窖200多个，成人墓葬174座，小孩瓮棺葬73座，烧陶窑址多座，以及大量生产工具和生活用品。

这一切，向我们生动地展现了6000多年前，处于母系氏族社会繁荣时期的半坡先民们生产与生活的情景。

人面鱼纹是半坡彩陶画的典型作品，这一生动的形象反映了半坡人丰富的艺术想象力。人面鱼纹线条明快，人头像的头顶有三角形的发髻，两嘴角边各衔一条小鱼。这一图景反映了半坡人和鱼之间的密切关系和特殊的感情，鱼也有可能是半坡氏族崇奉的图腾。

尖底瓶是半坡出土的最具特点的陶器之一。它是巧妙运用重心原理的一种汲水器。具体方法是在双耳上系上绳子，由于水的浮力，瓶子一接触水面就自动倾斜，灌满水后又因为重心移动而自然竖起。

半坡遗址出土的尖底瓶

用它盛水还有两大特点，一是便于手提与肩背，二是口小，灌满水后从河边到居住区的路上，水不容易漫出。

我国先民们通过长期的实践发现水蒸气可以熟食，于是制作了陶甑，这是人类历史上最早利用蒸汽的范例。

据考古发现，由于当时自然条件很差，半坡先民们的生活十分艰苦，加之疾病流行，小孩的死亡率很高。于是，夭亡的小孩便实行瓮棺葬。半坡出土的小孩瓮棺共有73个。

从半坡遗址可以看到6000多年前，我们的先民生产和生活的生动画面。而西安作为一座城池，最早建城是在公元前12世纪，周文王在这里建立丰京、镐京两京，从此揭开了西安千年帝都的辉煌历史。

瓮棺葬 古代墓葬形式之一，以瓮、盆为葬具，大多将小孩的尸体殓入其中，也有用来埋葬成人的。这种葬俗流行于新石器时代至汉代。多见于史前时期，大多数埋在居住区内房屋附近或室内居住地面之下，也有专门的儿童瓮棺葬墓地。

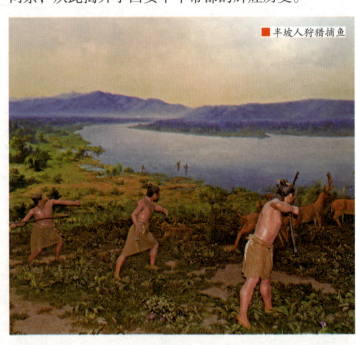

半坡人狩猎捕鱼

■ 唐三彩外国使者俑

从此，西安作为我国的政治、经济、文化中心长达1200多年。西安在我国古代著作纪传体通史《史记》中被誉为"金城千里，天府之国"。

汉唐时期，西安是我国对外交流的中心，是当时最早超过百万人口的国际大都市。

西安从古到今曾用名有酆京、镐京、酆镐、长安、常安、京兆、大兴、永兴、奉元、西京，其中，以长安最为常见和著名。长安，意思就是长治久安。

在长安发展的极盛阶段，它一直充当着世界中心的地位，吸引了大批的外国使节与朝拜者。"西方罗马，东方长安"是长安在世界历史地位中的写照。

自公元前11世纪至9世纪末，西安曾长期是我国古代的政治、经济与文化中心，并历来为地方行政机关，如州、郡、府、路、省和长安、咸宁两县治所。

《史记》 由司马迁撰写的我国第一部纪传体通史，是二十五史的第一部。记载了上自上古传说中的黄帝时代，下至汉武帝太史元年间共3000多年的历史。《史记》最初没有书名，从三国时期开始，"史记"由史书的通称逐渐演变成"太史公书"的专称。

西安寺院中的古碑

在多数朝代，西安属于郡、府级建制即京兆府、郡辖区。在我国历史上，曾经有21个政权先后在西安建都。

由于有的政权只是昙花一现，有的政权是中途迁入或迁出西安，有的政权不为多数史学家认可，因此，较为公认的说法是，西安是十三朝古都，西周、秦、西汉、新、东汉献帝、西晋愍帝、前赵、前秦、后秦、西魏、北周、隋、唐共13个王朝。

此外，还有十朝、十一朝、十二朝、十四朝、十六朝和十七朝等多种说法。

其中十朝古都的说法，依照时间次序分别是西周、秦朝、西汉、前赵、前秦、后秦、西魏、北周、隋朝、唐朝。

阅读链接

西安著名的寺院仙游寺位于西安周至县城南17千米的黑水峪口。这里四山环抱，一水中流，峰峦奇绝，甘泉飞瀑，是西安西南线西端融自然与人文景观于一体的著名景点。

相传，春秋时期秦穆公的女儿弄玉与萧史的爱情故事就发生在这里。弄玉自幼擅长吹箫，通晓音律。她与风流俊逸、才华出众的萧史志趣相投，结为夫妻。

当年，他们就住在寺边的玉女洞。悠扬动听、超凡脱俗的箫声引来祥龙瑞凤，他们双双结伴成仙而去，这就是乘龙快婿典故的由来。

青史留芳的古都古城

秦朝大兴土木建奇宫

有着6000多年的建城史和1200多年的建都史的西安，先后有周、秦、汉、唐等13个王朝在这里建都，有"秦中自古帝王州"的美誉。

西安曾是全国政治、经济、文化中心和最早对外开放的城市，"世界八大奇迹"之一的秦始皇陵兵马俑则展示了这座城市雄浑、厚重的历史文化底蕴。

悠久的历史文化积淀使西安享有"天然历史博物馆"之誉。

西安的文物古迹种类之多，数量之大，价值之高，在全国首屈一

■ 秦始皇（前259—前210年），嬴政，是我国历史上著名的政治家、改革家、战略家、军事统帅。他是首位完成我国民族统一的开国皇帝。他在位37年，被明朝思想家李贽誉为"千古一帝"。

■ 复原后的阿房宫牌楼

阿房宫 秦代的宫殿，秦阿房宫遗址位于三桥镇南。秦始皇于公元前212年修建阿房宫，秦二世时期，又继续修建。秦朝末年项羽入关后，火烧阿房宫。汉朝以后归属上林苑才得以利用和扩建，汉朝末年再次废毁。南北朝时这里建有佛寺，宋朝时变为农田。

指，许多是国内仅有、世界罕见的稀世珍宝。

秦王朝的宫殿阿房宫遗址，位于西安市西郊约15千米的阿房村一带，是秦王朝的宫殿。始建于公元前212年。秦始皇统一全国后，国力日益强盛，他命人在渭河以南的上林苑中开始营造朝宫，即阿房宫。

秦始皇去世后，秦二世胡亥继续修建阿房宫。唐代诗人杜牧在《阿房宫赋》写道：

> 覆压三百余里，隔离天日。骊山北构而西折，直走咸阳。二川溶溶，流入宫墙。五步一楼，十步一阁；廊腰缦回，檐牙高啄；各抱地势，钩心斗角。

可见阿房宫在当时的确是非常宏大的建筑群。

据专家推测，阿房宫可能是基础打好了，但宫殿没有完全盖好。当时修阿房宫不到一年，秦始皇就死了。劳动力又被拉去修秦陵墓，陵墓没修完，秦二世就垮台了，阿房宫也就没有建完。

阿房宫前殿遗址夯土台基东西长1200多米，南北宽400多米，现存最高高度12米，夯土面积54万平方米，是迄今为止，所知的我国乃至世界古代历史上规模最宏大的夯土基址。

阿房宫前殿遗址的面积规模与史书记载的"东西长五百步，高达数十仞，殿内举行宴飨活动可坐万人"所描写的基本一致。

除了阿房宫，在世界上有较大影响的莫过于秦始皇陵兵马俑了。秦始皇陵兵马俑博物馆坐落在距西安约37千米的临潼区城东，南依骊山，北临渭水，气势宏伟，是我国最大的古代军事博物馆。秦始皇陵兵马俑阵经发掘对外开放后，立即引起世界的轰动。

夯土 古代建筑的一种材料。我国古代建筑材料以木为主角，土为辅助，石、砖、瓦为配角。古代的城墙、台基往往是夯筑的。夯土是一层层夯实的，结构紧密，一般比生土还要坚硬，最明显的特点是能分层，上下层之间的平面，即夯面上可以看出夯窝，夯窝面上往往有细沙砾。

■ 西安阿房宫正殿

■ 规模宏大的秦兵马俑

戟 一种我国古代独有的兵器。实际上戟是戈和矛的合成体，它既有直刃又有横刃，呈"十"字形或"卜"字形，因此戟具有钩、啄、刺、割等多种用途，所以杀伤能力胜过戈和矛。戟在商代就已出现，西周时也有用于作战的，但是不普遍。到了春秋时期，戟已成为常用兵器之一。

3个大型陪葬的兵马俑坑呈"品"字形排布，总面积2.28万平方米，坑内置放与真人、真马一样大小的陶俑、陶马共7400多件。

3个陪葬坑中，一号坑最大，坑深5米，面积14 000多平方米，坑内有6000多陶人陶马，井然有序地排列成环形方阵。

坑东端有3列横排的武士俑，手执弓弩类远射兵器，好像是前锋部队。在它们的后面，是由6000多名铠甲俑组成的主体部队，手执矛、戈、戟等长兵器，同35乘驷马战车在11个过洞里排列成38路纵队。

二号兵马俑坑平面呈曲尺形，面积6000平方米，自西朝东由骑兵、步兵、弩兵和战车混合编组，是一座大型军阵。军阵大致可分为弩兵俑方阵，驷马战车方阵，车步、骑兵俑混合长方阵，骑兵俑方阵4个相对独立的单元。共有陶俑陶马1300多件，战车80多

辆，并有大量的金属兵器。

■ 西安兵马俑青铜战车

三号兵马俑坑平面呈"凹"字形，面积520平方米，它与一、二号坑是一个有机的整体，好像是统率三军的指挥部，出土了68个陶俑和4匹马一辆车。

据考证，这些兵马俑，是以现实人物为基础而创作的，艺术手法细腻、明快。陶俑装束、神态也各具形态。

在这些俑中，光是发式就有许多种，手势也各不相同，脸部的表情更是神态各异。从它们的装束、表情和手势就可以判断出是官还是兵，是步兵还是骑兵。

它们之中，有长了胡子的久经沙场的老兵，也有初上战场的青年；有身高近2米的将军俑，巍然直立，凝神沉思，表露出一种坚毅威武的神情；有头微微抬起，两眼直视前方，显得意气昂扬而又带有几分

将军俑 陶制，高约2米，秦俑，出土于陕西西安临潼秦始皇陵兵马俑一号坑。秦始皇的兵马俑分步兵俑和骑兵俑两个主要兵种。雕像中的将军体格健壮，是目前俑坑中级别最高者。

西安出土的秦代青铜剑

稚气的武士俑；还有身披铠甲，右手执长矛，左手按车的武士，姿势动作显示出他是保卫的车士俑。总之，这些陶俑具有鲜明的个性特征和极高的艺术水平。

兵马俑坑内的青铜兵器有剑、矛、戟、弯刀以及大量的弩机、箭头等。据化验数据表明，这些铜锡合金兵器经过铬化处理，虽然埋在土里2000多年，依然刃锋锐利，闪闪发光，表明当时已经有了很高的冶金技术，无疑是世界冶金史上的奇迹。

在距离秦皇陵兵马俑博物馆约3千米的地方，就是有名的鸿门宴遗址。

鸿门宴遗址位于西安临潼区新丰镇鸿门堡村，它南依骊山，北临渭河，地处潼关通往长安的要道，遗址前横着一条1千米长的峭塬，中间像刀劈似的断为两半，南北洞开，犹如城门，鸿门因此而得名。

后人把鸿门宴遗址加以整修，再现了当年的面貌。10米高的旗杆上飘扬着杏黄色的帅旗，在台子的北面建有一座蒙古包似的军帐，门口高挂着楚军军旗，帐内模拟当时的宴会场面。军帐里面塑有"项庄舞剑、樊哙闯帐"等塑像，生动地再现了当年战事中的重要一幕。

在秦代，古都西安通往西北、西南的咽喉要道就是古渡。因而，古渡在地理上处于十分重要的位置。著名的咸阳古渡就始于这一时代。

咸阳古渡就是咸阳渭河渡口。渭河横贯关中，从古代秦都咸阳旁边流过，加之流水丰沛，岸线狭长，桥梁数量有限，舟渡就是一种重要的交通方式。

咸阳古渡始于秦代。直到明洪武年间，咸阳城西迁到渭水驿，古渡也就随之西迁。真正成为秦中第一大渡，并一直沿用至新中国成立之初。

咸阳古渡并非一处，在渭河上就曾有大大小小几

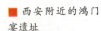

■ 西安附近的鸿门宴遗址

十个渡口，除古渡遗址外，还有两寺渡、安阳渡、西同渡、嘉麦渡、新开渡、孙张渡、北田渡、交口渡、李家渡、耿渡、新丰渡及许多不大固定的临时小渡口。

阅读链接

相传，秦代末年，项羽和刘邦争夺天下。刘邦驻军灞上，势力强大的项羽驻军鸿门。项羽听从谋士范增的计策，在鸿门置办酒宴，企图借机杀掉刘邦，于是演出了一幕闻名古今的鸿门宴。

在酒宴上，范增一再示意项羽发令，但项羽却始终犹豫不决。范增便暗示项庄舞剑为酒宴助兴，趁机杀掉刘邦。然而项伯为了保护刘邦，也拔剑起舞，掩护了刘邦。

就在危急关头，刘邦的部下樊哙执剑拥盾闯入军门，怒视项羽。项羽见此人气度不凡，即命人赐酒。刘邦随后找了个借口一走了之，从而保全了性命。后来，人们将鸿门宴喻指暗藏杀机。

汉朝在咸阳遗址建立都城

在我国历史上，西安和咸阳如同一座城市。这从古时长安与咸阳的关系可见一斑。西安和咸阳是我国地理距离上最近的两个城市，两市相距约25千米。

秦始皇当年定都在咸阳，阿房宫大部分面积在今天西安市境内，秦皇陵和兵马俑位于西安临潼区。秦朝的宗庙在渭河南岸，秦朝的宫殿布局还没有形成宫城、皇城和三大殿的这一布局。

汉朝都城长安，是在秦朝咸阳遗址基础上建立起来的。秦朝的咸阳自从惠文王时期开始，就不断向南扩

刘邦塑像

刘邦

■咸阳汉阳陵

青史留芳的古都古城

展，在渭河以南修建了章台、兴乐宫、甘泉宫、信宫、阿房宫及七庙等建筑。

刘邦夺得天下后，经大臣娄敬、张良等的劝说，才建都长安。他命人修缮秦朝的兴乐宫，并改名为长乐宫，在秦代章台的基础上建未央宫。

西安是我国古代丝绸之路的起点。西汉时期，汉武帝派遣张骞出使西域，正式开辟了以长安为起点，连接欧亚大陆的通道——丝绸之路。

从那时起，我国的使臣、商贾和中亚、西亚、南亚各国的使节客商就开始频繁往来，络绎不绝。中外商业贸易迅速发展，文化交流日趋活跃，友好往来不断加深。

到了东汉顺帝时期，诞生了我国土生土长的宗教道教，距今已有1800多年的历史。西安有道教宫观27所，道教职业人员约200人。

在这一时期，建有著名陵墓汉阳陵。汉阳陵位于咸阳市渭城区正阳镇张家湾和后沟村以北的咸阳塬

丝绸之路 起始于我国古代政治、经济、文化中心古都长安，连接亚洲、非洲和欧洲的古代商业贸易路线。它跨越陇山山脉，穿过河西走廊，通过玉门关和阳关等地，最终抵达非洲和欧洲，是一条东方与西方之间经济、政治、文化进行交流的主要道路。它的最初作用是运输我国古代出产的丝绸。

上，是汉景帝刘启和皇后王氏同茔异穴的合葬陵园，地跨咸阳市渭城区、泾阳县、高陵县三县区。

古代西安和咸阳互为表里，因此汉阳陵可以说是西安的历史遗迹。汉阳陵出土的裸体彩俑，震惊世界，被誉为"东方维纳斯"。

汉阳陵平面呈不规则葫芦形，东西长近6千米，南北宽近3千米，面积约12平方千米。由帝陵、后陵，南区从葬坑、北区从葬坑，刑徒墓地、陵庙等礼制建筑、陪葬墓园及阳陵邑等部分组成。

整个陵园以帝陵为中心，四角拱卫，南北对称，东西相连，布局规整，结构严谨，显示了唯我独尊的皇家意识和我国古代帝王严格的等级观念。

阳陵帝和黄皇后陵都是"亞"字形，坐西面东。汉阳陵帝陵封土高约31米，陵底边长160米，顶部东西54米，南北55米，陵园为正方形，边长410米，四边中央各有一门，距离帝陵封土都是110米。

帝陵陵园南门阙是时代最早，等级最高，规模最大，保存最好的三出阙遗址，它的发掘对于门阙的起源、发展，门阙制度的形成、影响，以及我国古代建筑史的研究等有着重要作用。

汉阳陵出土的汉俑十分引人注意。它们只有真人的1/3大小，约0.6米高，赤身裸体且没有双臂。

据研究，这些陶俑在刚刚完工时都身着各色美丽的服饰，胳膊为木制，插入陶俑胳膊上的圆孔，以便木胳膊可以灵活地转动，但是经过千年的风霜之后，衣服与木胳膊都已腐朽了，因此只剩下了裸露而残缺的身躯。

兵马俑的队伍中还有一部分是女子俑。她们大多面目清秀，身材匀称。但也有一些颧骨突起，面貌奇异者，可能是当时的其他民族的兵员。总之，比起秦始皇陵兵马俑的肃穆与刚烈，汉阳陵汉俑显得平和而从容，正反映了"文景之治"时期的社会氛围。

汉代"文景之治"时期，社会经济发展，百姓安居乐业，文化生活也日益丰富起来。从汉代到魏晋时期，每年农历三月初三这一天固定为上巳节，节日习俗也逐渐成为一种水边交游宴饮的活动。渐渐地，参与的百姓、显贵及宫廷人士越来越多，就演变出了著

■ 西安出土的汉代舞蹈俑

名的习俗——曲水流觞，也称曲水流饮。

提起曲水，自然就要提到曲江池。曲江池位于西安市南郊，距城区约5千米。它是汉代一处极为富丽优美的园林。曲江池两岸楼台起伏、宫殿林立，绿树环绕，水色明媚。每当新科进士及第，皇帝总要在曲江赐宴。

新科进士在这里乘兴作乐，将杯子放在盘上，将盘子放在曲流中，盘随水转，轻漂漫泛，转至谁前，谁就执杯畅饮。这在当时堪称一件雅事，曲江流饮由此得名。

西安曲江流饮的风俗，可以追溯到西安传统的上巳节。上巳节的渊源又可追溯至周朝，周朝巫术流行，人们会在每年农历三月的上巳节这天泼水求吉，女巫还要在河边举行除灾祛病仪式，称为祓禊。从汉代开始，祓禊逐渐被春游活动所取代。

到了晋代，在民间又逐渐形成另一种习俗——游大蜡。大蜡是流传在长安神禾原畔鸡子殿及原下新街、关家村和彰仪村一带的民间工艺品。

相传鸡子山是东晋高

■ 出土的汉代酒器凤鸣双连杯

■ 西安出土的青铜祭祀雕像

西安寺院内的香烛

僧道安法师讲经的地方，后来这里建造了鸡子殿。每天晚上，僧人们自带蜡烛到经堂诵经吟诗，许多蜡烛汇聚一堂，室内通明，因此称为"焰光会"。

由于僧人需要的蜡烛量非常大，后来，每年农历正月十五和十六，鸡子殿四周村子的村民便自愿向庙宇献大蜡。

大蜡的形状像磨盘一样，上大下小，直径和高各为1.2米，重180千克，四周插有12朵晶莹夺目的蜡制大花，象征着万物兴旺、年月瑞祥。蜡身上盘绕着8条金龙，昂首衔珠，堪称一绝。

阅读链接

在西安周至县豆村仍然有游大蜡的习俗。在当地，大蜡是供奉在关帝庙里燃用一年的祭品。

每年农历四月初八游大蜡，由匠人提前将精美的大蜡制作好，于四月初八早上由十多人抬上，由仪仗、锣鼓队、秧歌队做引导，在村里游行，村民把大蜡视为吉祥物。

游大蜡所到之处，人们都要放鞭炮迎接，并赠糕点、烟酒、红色物品等答谢，以祈求风调雨顺、五谷丰登、生意兴隆。周围十里八乡的村民和外地的游客都来参观，像过庙会一样，十分热闹。

隋唐时期的著名寺院

　　佛教于公元67年传入西安后，在我国汉唐时期非常兴盛。古都西安的寺院景观美不胜收，比较著名的有青龙寺、芙蓉园、大慈恩寺、仙游寺、大秦景教寺、清真大寺、大明宫、大雁塔、小雁塔等。

■ 西安青龙寺阁楼

西安青龙寺位于西安东南郊铁炉庙村北，建于582年，原名灵感寺，708年改名青龙寺。

青龙寺是唐代著名的佛寺之一。唐代佛教兴盛是空前的，而城内的佛寺更为突出，其传播之广不仅在国内，而且对国外也有影响。

尤其对当时日本宗教的发展影响很大。在9世纪初至中叶，日本入唐求法的学问僧、请益僧频繁往来长安。他们曾在青龙寺受法，使青龙寺成了向外传播佛教密宗、颇有影响的寺院之一。

583年，隋文帝修建了久负盛名的皇家御苑芙蓉园。到了唐代，又对园林进行了扩建，除在芙蓉园增修紫云楼、彩霞亭、凉堂与蓬莱山之外，又开凿了大型水利工程黄渠，以扩大芙蓉池与曲江池水面。这里逐渐成为皇族、僧侣、平民盛游之地。

隋代开皇年间，隋文帝命人兴建了世界闻名的佛教寺院大慈恩寺。大慈恩寺是唐代长安的四大译经场之一，也是我国佛教法相唯识宗的祖庭，距今已有1300多年的历史。

慈恩寺最初称无漏寺。648年，唐高宗李治做太子时，为了追念他

唐代西安芙蓉园石雕

唐高宗李治画像

的母亲文德皇后又进行了扩建。

慈恩寺寺院的规模很大，共有13个院落，近900间房屋，云阁禅院，重楼复殿，异常豪华。唐代高僧玄奘曾受朝廷圣命，是该寺院的首任上座住持，并在此翻译佛经10余年。

在寺院山门内，有钟楼和鼓楼对峙，中轴线之主体建筑依次是大雄宝殿、法堂、大雁塔、玄奘三藏院。钟和鼓是寺院的号令，有晨钟暮鼓的说法。

东侧钟楼内悬铁钟一口，重约15吨，高3米多。唐代学子一旦考中进士便到慈恩塔下题名，称作雁塔题名，后来成为重要的文化活动之一。

601年，隋文帝在黑水河南北两岸兴建了行宫，并且起名为仙游宫。南寺称为仙游寺，北寺称为中兴寺，两座寺之间有一个黑水潭，也称仙游潭。

据史籍记载，隋文帝杨坚从小被养育在冯翊般若寺，长大后返回杨家时，女尼智仙交给他一袋舍利子共31粒。

■ 慈恩寺内的大钟

唯识宗 慈恩宗、瑜伽宗、应理圆实宗、普为乘教宗、唯识中道宗、唯识宗、有相宗、相宗、五性宗。广义是指俱舍宗、唯识宗等以分别判别诸法性相为教义要旨的宗派，是我国佛教十三宗之一。以唐代玄奘为宗祖，依五位百法，判别有为、无为之诸法，主张一切唯识之旨之宗派。

601年，隋文帝诏令全国31州建舍利塔分别供奉，同时入塔，包括西安仙游寺法王塔。后来，除了仙游寺的舍利子，其他30座塔及舍利子情况不明。

后人在仙游寺法王塔发现镏金铜棺。棺中琉璃瓶内存放着国内首次发现的10粒隋代舍利子，以及双面刻纹石碑一块和石函一具。这在我国佛教史上具有非常重要的价值。

到了唐代，西安改为长安，并作为唐朝都城。宫城完全与西安市重合，皇宫与明城墙重合。唐朝帝王陵，如昭陵、乾陵等则大部分在咸阳市境内。西安的宗教文化极其发达。

在我国和东南亚影响深远的八大宗派中，有6个宗派的祖庭在西安。长安佛教对日本、朝鲜及东南亚国家的佛教都有重大影响，许多国家的僧人和佛教徒经常来长安的佛教寺院朝拜和交流。

青史留芳的古都古城

■ 西安八仙宫聚仙阁

唐代寺院如兴教寺、草堂寺、藏传佛教寺院广仁寺等，在历史上都有很大的影响。

■ 道教圣地老母殿

其中，影响较大的宫观有周至县道教的发源地之一楼观台、西安八仙宫、道教全真派的祖庭户县重阳宫、临潼老母殿等。

基督教从《大秦景教流行中国碑》的记载算起，传入西安已有1300多年的历史。唐代著名的基督教寺院是大秦景教寺。该寺位于周至县终南山下，楼观台的西侧，仅存一座古塔。

651年，伊斯兰教传入西安。西安现有清真寺21所，其中影响最大的寺院是清真大寺。

西安清真大寺，位于西安西大街鼓楼西北的化觉巷内。由于它与大学习巷的清真寺东西遥遥相对，而且规模较大，由此又被称为东大寺或清真大寺。

舍利子 原指佛教祖师释迦牟尼佛圆寂火化后留下的遗骨和珠状宝石样生成物。舍利子在印度语中叫驮都，也叫设利罗，译成中文叫灵骨、身骨、遗身。是一个人往生，经过火葬后所留下的结晶体。舍利子跟一般死人的骨头完全不同，形状千变万化，颜色也有多种。

据寺内现存碑文记载，清真大寺创建于742年，也就是唐玄宗李隆基天宝元年。寺院占地面积1.3万多平方米，建筑面积6000多平方米。全寺院沿东西走向呈长方形，共分四进院落。院内树木成荫，花圃对称排列，石刻牌坊矗立其间。

远近闻名的大明宫遗址位于西安市区北郊的龙首原上，是唐代长安城禁苑的组成部分。大明宫原本是皇帝朝会的地方，后在武则天统治时期，大明宫更名为蓬莱宫，并在这里主持朝政。

大明宫始建于634年，后来，屡遭兵火的破坏。896年，大明宫被大火焚毁。大明宫遗址周长7.6千米，共有11座城门。城内的主要街道丹凤门大街宽达176米。已经发现的40多处宫殿阁亭遗址，大多集中在城北太液池的四周，主要有含元殿、麟德殿、三清殿、清思殿、宣政殿和紫宸殿等宫殿遗址。

大明宫的北部是宫廷类的园林区，建

筑布局比较疏朗，建筑形式多种多样，堪称唐代园林建筑的杰作。

唐代西安佛教建筑艺术中，最为著名的是大雁塔和小雁塔。

大雁塔又名大慈恩寺塔，位于西安市区南郊大慈恩寺内，始建于652年，玄奘法师为供奉从印度带回的佛像、舍利和梵文经典，在慈恩寺的西塔院建起一座5层砖塔。大雁塔在武则天长安年间重建后又经多次修整。大雁塔是长安著名的游览胜地，因而留有历代大量文人雅士的题记。

大雁塔是楼阁式的砖塔，塔通高64米，塔身7层，塔体呈方形锥体，由仿木结构形成开间，由下而上按比例递减。每层的四面各有一个拱券门洞，可以凭栏远眺。整个建筑气魄宏大，造型简洁稳重，比例协调适度，格调庄严古朴，是

梵文 印度雅利安语早期名称，印度教经典《吠陀经》就是用梵文写成，其语法和发音被当作一种宗教礼仪而保存下来。19世纪，梵语成为重构印欧诸语言的关键语种。梵文不仅是印度古典语言，也是佛教经典语言。梵文佛典起初书写于贝多罗树叶上，又称"贝叶经"。

■西安大雁塔近景

义净 俗姓张，字文明，我国唐代僧人，旅行家，我国佛教四大译经家之一。义净14岁出家时就仰慕法显、玄奘西行求法的高风。从慧智禅师受具足戒后，学习道宣、法砺两家律部的文疏五年，前往洛阳学《对法》《集论》《摄论》，又往长安学《俱舍》《唯识》。

保存比较完好的楼阁式塔。塔内装有楼梯，供人登临，可俯视西安古城。

小雁塔又称荐福寺塔，小雁塔正式称谓应为荐福寺佛塔，位于西安市区南门外的荐福寺内，始建于唐中宗景龙年间，是属于保护得较好的著名唐代佛塔。

它形体秀丽，是唐代精美的佛教建筑艺术遗产。小雁塔与大雁塔相距约3千米，因规模小于大雁塔，因此称为小雁塔。

荐福寺建于662年，是唐高宗李治死后百日，宗室皇族为他献福而建造的。小雁塔是为了存放唐代高僧义净从天竺带回来的佛教经卷、佛图等而建立的。

小雁塔位于安仁坊，所在的塔院是荐福寺的一部分，不过当时塔院并不在荐福寺内，而是与荐福寺门隔街相望。

■ 西安小雁塔远景

西安荐福寺

在唐代末期的战乱中，荐福寺屡遭破坏，寺院毁废，只有小雁塔得以保存。

小雁塔是密檐式砖构建筑，塔形秀丽，是我国唐代精美的建筑艺术遗产。

小雁塔保存着一口金代铸的大铁钟，铁钟高4.5米，重1吨多，上面刻有"皇帝万岁、臣佐千秋、国泰民安、法轮长转"16字吉祥语。

阅读链接

天师钟馗是道教中的赐福镇宅圣君。有关钟馗的记载最早见于《唐逸史》。

传说唐明皇病中梦见小鬼偷去绣番囊和玉笛。他正要发怒，见一大鬼挖下小鬼的眼珠吞掉了。此鬼自称是南山钟馗，曾应考武举人，因其貌不扬遭佞臣攻讦落第，羞愤撞殿前石阶而死，后高祖赐武举人绿袍陪葬。钟馗化鬼后发誓要斩妖除魔，剪除佞臣。

唐明皇醒来以后，便向画师吴道子追忆梦中钟馗的相貌，命他绘出钟馗像，颁布天下。从此，民间也挂着他的画像用来驱鬼辟邪。

宋元明时期的西安古都

北宋时期，朝廷对西安大部分古迹、建筑进行了维护和修缮。1116年，一位自称山谷迁叟的信士经过多年努力，修缮了小雁塔。

这一时期，北宋建立了西安最大的一座道教观寺院八仙庵。八仙

■西安最大的道观八仙宫

■ 吴道子（约680—759年），又名道玄。唐代著名的画家，画史尊称为吴生。他擅佛道、神鬼、人物、山水、鸟兽、草木、楼阁等，尤精于佛道、人物，长于壁画创作，人称"吴带当风"。

庵又名万寿八仙宫，位于西安市东关长乐坊，建在唐代兴庆宫的遗址上。

八仙是道教传说中的8位神仙。据说，宋代有一个姓郑的书生曾经在这里遇到8位神仙，于是人们开始造庵，祭祀八仙。八仙庵在元、明、清各代都有重修，以清代建筑为多。

北宋时期，建立了我国收藏古代碑石墓志时间最早、名碑最多的一座碑林。当时，朝廷建碑林的目的是保存《开成石经》。900多年以来，西安碑林经过历代扩大、征集、收藏和精心保护，藏碑石近3000通。

经过扩建的西安碑林有6个碑廊、7座碑室、8个碑亭，陈列展出1000多通碑石。在名碑荟萃的展室里，有浩瀚儒家石经，有秦汉文人的古朴遗风，有魏晋北朝墓志的精华，有书圣王羲之的书体，有画圣吴道子的画幅，有大唐名家的绝代书法，有宋元名士潇洒的笔墨。

从历史价值来说，许多碑文具有珍贵的史料价值，有的可借以补充和订正史书记载的缺误，有的是

八仙 民间广为流传的道教8位神仙。八仙之名，明代以前众说不一。有汉代八仙、唐代八仙、宋元八仙，所列神仙也各不相同。直到明代吴元泰的《八仙出处东游记》中才被定为：铁拐李、汉钟离、张果老、蓝采和、何仙姑、吕洞宾、韩湘子和曹国舅八人。

■ 西安著名文化景观碑林

研究中外文化交流史和地方史的宝贵资料。

从陕西周至县出土后移入碑林的《大秦景教流行中国碑》，通高2.79米，宽0.99米，刻于781年，用中国和叙利亚两国文字记载了唐代基督教中一派的景教由中亚传入我国的情况。

1369年，明代废奉元路设西安府，西安这一名称从此被固定并沿用下来。

明代是荐福寺的中兴时期。这一时期，荐福寺曾有五次大规模的整修，基本上保留了原有的格局。此外，在宋代碑林的基础上，明代又增建藏石碑3000多通，被誉为我国石质历史书库。

在明朝，西安建立了我国历史上保存最为完整的古代城垣建筑，它就是明代城墙。

明代城墙位于西安市中心区，是明朝初年在唐长安城的皇城基础上建筑起来的。现存城墙建于1374年

景教 唐朝传入我国的基督教聂斯脱里派，也就是东方亚述教会，被视为最早进入中国的基督教派，成为汉学研究的一个活跃领域。唐代曾在长安兴盛一时，并在全国建有"十字寺"，但多是由非汉族民众所信奉。

至1378年，是中世纪后期我国历史上最著名的城垣建筑之一。

西安明城墙呈长方形，墙高12米，底宽18米，顶宽15米，东墙长2.5千米，西墙长约2.6千米，南墙长3.4千米，北墙长3.2千米，总周长约14千米。

在古代，武器装备比较落后，城门是唯一的出入通道，因而城墙是防御重点。西安城有东、西、南、北4座城门，分别为长乐门、安定门、永宁门和安远门。4座城门分别又有正楼、箭楼、闸楼三重城门。

闸楼在最外，主要作用是升降吊桥，箭楼在中，正面和两侧设有方形窗口，供射箭用。正楼在最里面，是城的正门。箭楼与正楼之间用围墙连接，叫瓮

吊桥 就是悬索桥，由悬索、桥塔、吊杆、锚锭、加劲梁及桥面系所组成。吊桥的跨越能力是各种桥梁体系中最大的。按加劲梁的刚度，吊桥又可分为柔性与刚性两种。

■ 西安古城安定门

青砖 我国古代由黏土烧制而成的建筑材料。黏土具有极强的黏性而得名。将黏土用水调和后制成砖坯，放在砖窑中高温煅烧便制成砖。黏土中含有铁，烧制过程中加水冷却，使黏土中的铁不完全氧化，则呈青色，即青砖。

城，是屯兵的地方。瓮城中还有通向城头的马道，缓上无台阶，便于战马上下。

全城还建有11处马道。城墙四角都有突出城外的角台。除西南角是圆形，是保持唐皇城转角原状外，其他都是方形。角台上修有较敌台更为高大的角楼，表明了这里在战争中的重要地位。

城墙上每隔120米修一座敌楼，也叫箭楼，恰好在弓箭的有效射程之内，便于从侧面射杀攻城的敌人。城墙上外侧筑有雉堞，又称垛墙，共5900多个，上有垛口，可射箭和瞭望。内侧矮墙称为女墙，无垛口，以防兵士往来行走时跌下。

最初的西安城墙完全用黄土分层夯打而成，最底层用土、石灰和糯米汁混合夯打，异常坚硬。后来又将整个城墙内外壁及顶部砌上青砖。城墙顶部每隔40

■ 西安的明代瓮城

■ 西安城中的箭楼

米至60米有一道用青砖砌成的水槽，用于排水，对西安古城墙的长期保护起到非常重要的作用。

城墙四周环绕着宽而深的护城河，正对城门处设有可以随时起落的吊桥。吊桥升起，进出城的通路便被截断。

据说朱元璋攻克徽州后，一个名叫朱升的隐士便告诉他应该"高筑墙，广积粮，缓称王"。朱元璋采纳了这些建议。

当全国统一后，朱元璋便命令各府县普遍筑城。西安古城垣就是在这个建城的热潮中，由都督濮英主持，在唐皇城旧城基础上扩建起来的。

西安古城中的明代城垣曾是一个庞大而精密的军事防御体系，也是我国现存最完整的一座古城堡，为研究明代的历史、军事和建筑等提供了不可多得的实

朱升（1299—1370年），字允升，安徽休宁人，明朝开国谋臣。元末举乡荐，为池州学正。避弃官隐石门，学者称枫林先生。因向朱元璋建议"高筑墙、广积粮、缓称王"被采纳而闻名，毛泽东赞其为"九字国策定江山"。

■ 西安鼓楼夜景

彩绘 在我国自古
有之，被称为丹
青。其常用于我
国传统建筑上绘
制的装饰画。我
国建筑彩绘的运
用和发明可以追
溯到2000多年前
的春秋时代。它
自隋唐期间开始
大范围运用，到
了清朝进入鼎盛
时期，清朝的建
筑物大部分都覆
盖了精美复杂的
彩绘。

物资料。

在明代，除了明代城墙外，又建了两处标志性建筑鼓楼和钟楼。

西安鼓楼位于西安西大街北院门的南端，向东与钟楼相望，始建于1380年，比钟楼早建4年，迄今为止已有600多年的历史。

1699年和1740年鼓楼先后经历两次重修。楼上原有一面巨鼓，每天击鼓报时，因此称鼓楼。历经岁月沧桑，巨鼓早已不在，只有鼓楼巍然耸立。

西安鼓楼是我国现存最大的鼓楼。第一层楼身上置腰檐和平座，第二层楼重檐歇山顶，上覆绿琉璃瓦。楼的外檐和平座都装饰有青绿彩绘斗拱，使楼的整个建筑层次分明，浑雄博大。登楼的青砖阶梯设在砖台基两侧，在第一层楼的西侧有木楼梯可登临楼的第二层。

　　在鼓楼的南檐下正中，悬挂有"文武盛地"蓝底金字匾额，是清朝乾隆年间重修此楼竣工后，陕西巡抚张楷模仿乾隆皇帝的御笔书写的。北檐正中挂有"声闻于天"匾额，笔力挺拔，相传是咸宁李允宽所书。两匾不仅说明了建筑物的意义，且如画龙点睛，使楼生机盎然，更显得宏伟壮丽。

　　西安钟楼位于西安市区中心的东西南北四条大街交汇处，始建于1384年，因楼上悬挂一口铁钟而得名。初建时，地址在今广济街口，与鼓楼对峙。是我国古代遗留下来众多钟楼中形制最大、保存最完整的

■ 西安著名景观钟楼

一座，也是西安市地标性建筑之一。

钟楼建在方形基座之上，是砖木结构，重楼三层檐，四角攒顶的形式，总高36米，基座高8米多，每边长35米，面积约1300平方米，内有楼梯可盘旋而上。

在檐上覆盖有深绿色琉璃瓦，楼内贴金彩绘，画栋雕梁，顶部有镏金宝顶，金碧辉煌。以它为中心辐射出东、南、西、北4条大街并分别与明城墙东、南、西、北四门相接。

1582年，巡安御使龚贤主持，将钟楼整体迁移到广济街口。后来，钟楼便落户这里，从而呈现出典型明代建筑艺术风格，重檐斗拱，攒顶高耸，屋檐微翘，华丽庄严。

据说，明太祖朱元璋登基后不久，朱元璋专门修了一个全国最大的钟楼，并调来"天下第一名钟"景云钟。朱元璋又派他的二儿子镇守西安，这就是著名的秦藩王，秦藩王的王府就在今天的西安新城。

■西安城箭楼

■ 西安城墙

除了上述景观，还有明代高岳崧建立的著名民居高家大院。高家大院是西安市保护最完整的民居院落之一。是明代人高岳崧的故居。

高岳崧，祖籍江苏镇江，明崇祯年间曾中榜眼，后来官至太司，高家大院即是崇祯皇帝赐给他的。从1641年至1871年，高家本族七代为官。1871年，高岳崧的子嗣参加科举考试，被皇帝钦点榜眼，得御赐"榜眼及第"牌匾。

高家大院坐北朝南，占地约600平方米，南北长50米，东西宽12米，建筑布局为3开间三进院落，街房、厢房、过厅、二门、上房一应俱全。

院内两侧的厢房都是房子半边盖的典型陕西民居特色，过厅为硬山明柱出檐式，而且前后、东西相向对称，上房为硬山明柱出檐两层楼房。

大门是生漆木门，拴马桩立于门侧。两个门墩上的浮雕是麒麟、蝙蝠、梅花鹿等吉祥动物。过厅的房

高岳崧 字峻生，或峻峰，号幼潭、子年，陕西长安人。1871年，辛未科梁耀枢榜进士第二人。1675年，高岳崧出任长安州知府。他平时谨慎小心，做官廉俭节约，恪尽职守。他和睦待人，赡养族中长老，从无过分举止。高岳崧去世时年仅31岁。他的住宅后人称为高家大院。

■ 高家大院内的建筑纹饰

320

青史留芳的古都古城

门上刻有牡丹、梅花、宝剑、方鼎；上房的门上则为梅、兰、竹、菊四君子，整个大院古韵四溢。

特别值得一提的是，高家大院的门楼砖雕及房屋的木质构件刻花精细，具有典型的地方建筑装饰艺术风格。

该院落从房屋结构及室内家具陈设都完整地保留下来，这样完整的院落如今在西安已经很难见到。

阅读链接

传说，朱元璋修建钟楼是有原因的。朱元璋登基不久，关中一带连连发生地震，民间相传城下有条暗河，河里有条蛟龙，蛟龙在翻身，长安在震动。

朱元璋心里感觉不踏实，于是想办法要压住它。道士们给他出了个主意，在西安城中心修一座钟楼，钟乃天地之音，可镇住蛟龙。为此，朱元璋修了一座全国最大的钟楼，并调来"天下第一名钟"景云钟前来助阵。钟楼修好后，朱元璋又派二儿子镇守西安，这就是著名的秦藩王。

天下闻名的关中胜景

　　古都西安的著名景观，不仅有明代城墙、西安碑林、大雁塔、小雁塔等标志性人文遗迹，还有华岳仙掌、骊山晚照、灞柳飞雪、草堂烟雾等传统关中八景。传统关中八景是对西安历史和人文的追忆，标

■ 草堂寺内的弥勒佛像

华山 我国著名的五岳之一，海拔2.1千米，位于陕西省西安以东120千米的华阴市境内，北临渭河平原和黄河，南依秦岭，是秦岭支脉分水脊的北侧的一座花岗岩山。华山风景秀美，是神州九大观日处之一，素有奇险天下第一山之称。此外，还是我国著名的道教圣地。

志性人文遗迹则是西安的历史和人文延续。

在西安碑林，有一通清代碑石，记录了以西安为中心的关中八处著名的风景名胜，它们被称为关中八景，又称长安八景。这八景分别是华岳仙掌、骊山晚照、灞柳飞雪、曲江流饮、雁塔晨钟、咸阳古渡、草堂烟雾和太白积雪。

在华山苍龙岭仙掌崖，可以清晰地观赏到朝阳峰危崖上五道巨大的痕印，宛如巨人左手掌迹。这便是关中八景之首华岳仙掌。

进潼关入陕西眺望秦岭，首先看到的就是华岳仙掌。每逢晴朗的早晨，掌印如镀赤金，巍然矗立，光彩壮丽，观赏者无不叹为观止。

骊山位于西安临潼县城南，是我国古今驰名的风景游览胜地，最为著名的就是骊山晚照景观。

骊山属秦岭山脉的一个支脉，最高峰九龙顶海拔1.3千米，由东秀岭和西秀岭组成，山势逶迤，山上松柏常青，壮丽翠秀。周代、秦代、汉代、唐代以来，这里一直是皇家园林所在地，离宫别墅众多。

骊山西秀岭到第三峰即老君殿的断层北麓处为一个转折，由此向西南呈阶梯状延伸渐

■ 华山苍龙岭仙掌崖的华岳仙掌

■ 关中八景之一骊山晚照

成缓坡。每当夕阳西下，回光返照，复经折射，楼殿亭台，崖壁幽谷，苍松翠柏，仿佛金光笼罩，各呈异彩，景色格外绮丽，因此有骊山晚照的美誉。

清代诗人曾经赞美道：

丹枫掩映夕阳残，
千壑万崖画亦难。
此时骊山真面目，
人生能得几回看！

尤其到了深秋时节，满山红叶，更令人沉浸于"渭水秋天白，骊山晚照红"的诗情画意之中，骊山晚照因而名列关中八景之一。

灞河在西安市区的东面，发源于蓝田县灞源乡东家沟，原名滋水。春秋时期，秦穆公为显耀自己的武

潼关 设于东汉末年，当时关城建在黄土塬上，隋代南移数里，唐武则天时北迁塬下，形成今日潼关城旧址。唐置潼津县，明设潼关卫，清为潼关县，民国时裁之。潼关是关中的东大门，历来为兵家必争之地，素有"畿内首险""四镇咽喉""百二重关"之誉。

秦穆公 一作秦缪公。春秋时代秦国国君。嬴姓，名任好。在位39年，谥号穆。在部分史料中被认定为春秋五霸之一。秦穆公非常重视人才，其任内获得贤臣的辅佐，曾协助晋文公夺取君位。周襄王任命他为西方诸侯之伯，遂称霸西戎。

功，成就霸业，改名灞水。

灞桥是当年长安东西交通的必经之地，自古以来，灞水、灞桥、灞柳就闻名于世。灞河两岸从秦汉时期开始，广植河柳，每年春季柳絮随风飘扬，宛若雪花，灞柳飞雪被誉为关中八景之一。

唐代又在灞桥设立了驿站，亲友出行大多在这里告别。因此有"杨柳含烟灞岸柳，年年攀折送行人"的诗句。"柳"和"留"同音，折柳赠行人，为留客之意。

唐朝以来，有关灞河柳的诗咏众多，如李白在《忆秦娥》中诗道：

萧声咽，秦娥梦断秦楼月。秦楼月，年年柳色，灞陵伤别。乐游原上清秋节，咸阳古道音尘绝。音尘绝，西风残照，汉家陵阙。

■ 草堂寺的烟雾井

■ 李白（701—762年），字太白，号青莲居士，唐代诗人，有"诗仙"之称，伟大的浪漫主义诗人。存世诗文千余篇，代表作有《蜀道难》《将进酒》等诗篇，有《李太白集》传世。762年，病逝于安徽当涂，享年61岁。其墓在安徽当涂。

曲江池位于西安市南郊、距城约5千米。它曾经是我国汉唐时期一处极为富丽优美的园林。

曲江池当年两岸楼台起伏、宫殿林立，绿树环绕，水色明媚。每当新科进士及第，总要在曲江赐宴。新科进士在这里乘兴作乐，放杯至盘上，放盘于曲流上，盘随水转，轻漂漫泛，转至谁前，谁就执杯畅饮，遂成一时盛事。"曲江流饮"也由此而得名。

草堂寺位于秦岭主峰山北麓的户县秦镇草堂营村，相传始建于晋代。当年，后秦王姚兴为安置西域高僧鸠摩罗什，专门在这里给鸠摩罗什和3000多弟子建造了草堂寺，让他和弟子一起翻译佛经。

寺内有建于唐代的姚秦三藏法师鸠摩罗什舍利塔一座，高2.44米，全部使用西域玉石相拼而成。玉色灿烂莹润，这座塔又称八宝玉石塔。

塔前有两棵柏树一口水井，人称"两柏一眼井，爬柏龙雀树"。传说，当年井中央有一块石头，有一条蛇常常卧在石上，于是有白雾冲天而上，草堂烟雾

325

十三朝都城

古都西安

姚兴（366—416年），后秦文桓帝，字子略，羌族，后秦武昭帝姚苌长子。393年姚苌死时正值符登攻打后秦，姚兴密不发丧，待至次年击败符登后才即位，改元皇初。姚兴在位时，勤于政事，治国安民。重视发展经济，兴修水利，关心农事；提倡佛教和儒学，广建寺院。

与周围山冈水气及草堂寺上空缭绕的香烟混为一体，形成草堂烟雾的美景，为著名的草堂烟雾。

太白山是秦岭山脉的主峰，位于陕西眉县、太白、周至三县交界处。主峰仙台海拔3700米。

早在北魏郦道元《水经注》里采录的古老传说中就有记载：

> 太白山南连武功山，于诸山最为秀杰，冬夏积雪，望之皑然。

这是太白积雪一词的最早出处。

清代文人朱集义在关中八景中对太白积雪曾这样描述：

郦道元 字善长。北朝北魏地理学家、散文家。仕途坎坷，终未能尽其才。他博览奇书，游历名山秀水，撰《水经注》40卷，是我国游记文学的开创者。他的作品对我国后世游记散文的发展影响很大。另外著有13篇《本志》及《七聘》等文，年久失传。

■ 西安楼观台建筑群

自玉山头玉屑寒，

松风飘拂上琅玕。

云深何处高僧卧，

五月披裘此地寒。

太白山崇高峻伟，草木繁
盛。山巅有大爷海、二爷海、
三爷海和玉皇池4个高山湖
泊，池水清澈，深不可测。由
于这里山高云淡、空气稀薄、
气候寒冷，终年积雪不化，即
使三伏盛暑，皑皑白雪，仍然
在莽莽天际银光四射，其景
致格外壮观美丽，太白积
雪因此得名。

327

十三朝都城

古都西安

■ 西安楼观台上的
炼丹炉

古都西安的著名人文历史景观，除了有传统八景
和地标性建筑外，较为知名的还有楼观台景区和高家
大院。

楼观台位于西安市周至县东南15千米的终南山北
麓。这里风景优美，依山带水，茂林修竹，绿荫蔽
天，号称天下第一福地，是我国著名的道教圣地。古
籍中赞美它"关中河山百二，以终南为最胜。终南千
峰耸翠，以楼观为最名"。

楼观台古迹主要有老子说经台、尹喜观星楼、秦
始皇清庙、汉武帝望仙宫、大秦寺塔以及炼丹炉、吕
祖洞、上善池等60多处。

相传，早在西周时期，函谷关令楚康王的大夫尹

尹喜 字文公，号
文始先生，周朝楚
康王的大夫。他
自幼究览古籍，
善观天文，习占
星之术，能知前
古而见未来。周
昭王时期，他眼
见天下将乱，便
辞去大夫之职，
请任函谷关令，
静心修道，或称
"关尹"。《列
子》《吕氏春秋》
等书中多记为
"关尹""关尹
子"。

■ 灵宝函谷关遗址

楚康王 芈姓，熊氏，本名熊招，楚共王之子。公元前559年至公元前545年在位。他推行了"量入修赋"的经济改革，公平地征收军赋，对楚国及后世中国都具有重要的意义。

喜在这里结草为庐，夜观天象。

忽有一天，他见紫气东来，知道将有真人从这里经过。

后来，果然老子西游入关，被尹喜接到草庐安顿。老子在这里著《道德经》五千言，并在楼南高岗筑台授经，留下楼观台这一名称。

西安作为十三朝古都，为世人留下了丰富的文化遗产和历史遗迹。这些文化遗产和历史遗迹，为研究西安的历史、文化、宗教和建筑，提供了不可多得的实物资料。

阅读链接

关于关中八景之一华岳仙掌的来历，还有一段神奇的传说。相传远古时，有一年农历三月初三，忽然一声巨响，汹涌的洪水，很快淹没了良田、村舍。

传说此时天庭王母娘娘正办蟠桃会，老寿星不小心把酒洒下天庭，才变成了人间横祸。玉帝见状马上传旨巨灵仙，排除水患。巨灵仙落下云头，手扶绝壁，缩身挤入大山间，随后山开地裂，洪水退去。

巨灵仙驾云而去。巨灵仙虽然走了，但是他那只仙掌却深深地印在了华山东峰的绝壁之上，给西岳华山增添了一幅神奇的胜景。

古城底蕴

千古传奇的魅力古城

荆州古城

　　荆州城，又名江陵城，是全国历史文化名城之一。荆州是可与古希腊、古罗马文化相媲美的楚文化的发祥地。

　　春秋战国时期的楚国，在城北的纪南城建都长达400多年，留下了丰厚的历史文化遗存，其古老底蕴，可上溯到绵延久远的史前时期。不仅是三国文化诞生和繁衍的历史圣地，更是历代王朝封王置府的重镇。魏、蜀、吴三国时代，这里曾是兵家必争的战略要地，至汉代时，又是全国商业都会之一。

周厉王时期荆州始筑城墙

　　荆州位于湖北省中南部，人们时常说的俗语"大意失荆州"，典故就出在这里。荆州作为全国历史文化名城，保存众多的名胜古迹，其中最有名的就是荆州古城。

　　距今五六万年前的鸡公山旧石器时代遗址就在古城东北；古城附近已经发现的新石器时代遗址很多处。无可置疑的史迹告诉人们，荆

■荆州城城门

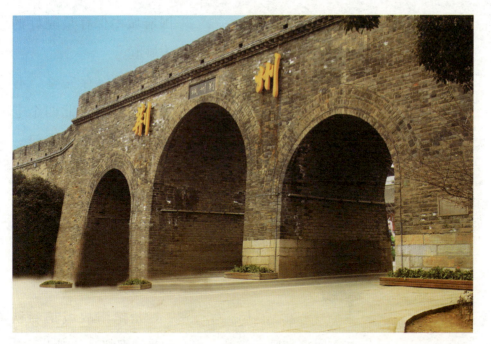

■ 荆州城城墙

州这块古老的热土有着悠久灿烂的历史文化。

位于湖北省荆州市小北门外的郢北村鸡公山遗址，是一处旧石器晚期遗址。遗址内不仅出土了数以万计的打制石器、石核和石器废料，而且发现了丰富的遗迹现象，在遗址中部有数个由大量石器围成的不规则形空地。

鸡公山遗址是一处长期使用并保存完好的石器制作场，填补了我国旧石器时代平原居址的空白。

据《后汉书·地理志》记载，早在2800多年前的周厉王时期，荆州就已开始修筑城墙。此后历朝历代都对城墙加以修缮。

春秋战国时期，荆州古城墙曾是楚国的官船码头和渚宫，后成为江陵县治所，出现了最初城郭。经过几百年的风雨，后世所存的古城墙大部分是明末清初的建筑。古城的砖城逶迤挺拔，完整而又坚固，是我

《后汉书》由我国南朝时期历史学家范晔编撰，是一部记载东汉历史的纪传体断代史，是我国"二十四史"之一。与《史记》《汉书》《三国志》合称"四史"。书中分十纪、八十列传和八志。《后汉书》全书记述了上起东汉的汉光武帝公元25年，下至220年间，共195年的史事。

国府城中保存最完好的古城垣。

该城保存完整，有东、南、西、北四个老城门以及一个新南门。城内有玄妙观、关帝庙及铁女寺等。荆州城北的纪南城是春秋战国时期楚国的都城，保存得也较为完好。

■ 荆州古城远景

楚纪南故城是春秋战国时期楚国的都城，当时称为"郢都"，因为城在纪山的南边，也称"纪郢"。西晋学者杜预在《左传》的注释中始将郢都改称"纪南城"。

从公元前689年楚文王迁都郢至公元前278年秦将白起攻取郢都，前后共400多年，楚国共有20代国王在此建都。在此期间，楚国还统一了近50个小国，势力极大。楚国全盛时期，纪南城也成为楚国的政治、文化、经济中心，是当时南方的第一大都会。

纪南城址规模宏大，有7座城门。北垣和南垣古河道入口处均为水门。水门缺口东侧城垣上有一夯土台基。

城垣四周环绕有护城壕遗址，城内已探出东周夯土台基几十座，以中部偏东南处最为密集，当为宫殿区。其东侧和北侧还探出墙基遗址。

城内有3条古河道。冶炼作坊区在城西南部。宫

杜预 字元凯，京兆杜陵人，即陕西西安人，西晋著名的政治家、军事家和学者，灭吴统一战争的统帅之一。官至司隶校尉。功成之后，耽思经籍，博学多通，多有建树，被誉为"杜武库"。著有《春秋左氏经传集解》及《春秋释例》等。

城以西的陈家台曾发现两座铸炉，炉底和附近还发现有锡渣、铜渣、鼓风管和残陶范等。

宫城北面的龙桥河两侧，曾发现窑址、水井以及墙基、散水、下水管道等遗迹，并有大片瓦砾堆积，应是当时烧制陶瓦陶用品和市民居住生活的地区。

全城共有水井几百口，以宫城以北的龙桥河两侧最多，有土井、陶圈井、竹圈井和木圈井。有的井底遗留一大陶瓷，当为冷藏窖。出土遗物以陶瓦的数量最多，有筒瓦和板瓦两类。

城内西北部发现两处墓地，已发掘的均是春秋晚期的小型楚墓。地面有封土堆的大中型古冢800多座，多数是春秋晚期至战国中晚期之交，与遗址的堆积和出土遗物的年代基本一致。这大体表明了古城的繁荣时期。

三国时期，荆州是争霸要津。赤壁之战后，曹

楚文王　楚武王子，芈姓，熊氏，名赀。公元前689年，熊赀继武王位为楚国国君，是为楚文王。继位时已人到中年，性格锋芒毕露。但是，他也是一位很有作为的国君，为了奠定楚国的根基，他即位后采取的第一大战略行动就是把都城定在郢，即今湖北江陵纪南城。

■ 荆州城内的古建筑

操、刘备和孙权三家分荆州。209年，周瑜打败曹仁，夺取南郡，孙权拜周瑜为偏将军，领南郡太守，驻江陵。210年，周瑜死后，孙权采纳鲁肃建议，把自己所据的部分"借"给刘备，于是刘备占有荆州绝大部分的地盘。

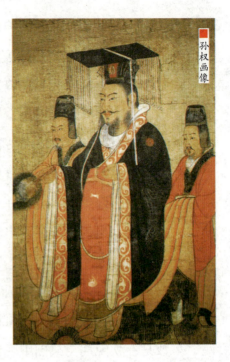

■孙权画像

在我国古典文学名著《三国演义》，一百二十回中，就有七十二回的内容涉及荆州。"刘备借荆州""关羽大意失荆州"等脍炙人口的故事，就发生在这块古老的土地上。

公安门位于古城墙东南角，又称小东门，是古城唯一的水门。如今水门码头虽早已失去它的作用，但码头之上的青石护岸栏杆，上下码头的石阶仍清晰可辨。

210年，占领公安县的刘备，从接替周瑜执掌帅印的鲁肃手中侥幸借得荆州，并派关羽镇守，他自己仍扎营公安。

以后刘备每次经公安

■魏太祖曹操彩像

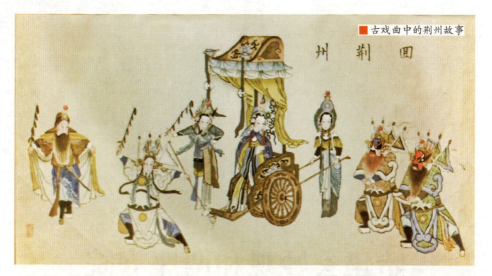

来到荆州视察防务，都要经过水路，由小东门码头登岸入城。

为了纪念这段难忘的历史，后人就用刘备驻守之地的公安代称小东门。年长日久，小东门称谓淡化，公安门便成了惯称。

此后，东晋末年的安帝，南朝时的齐和帝、梁元帝、后梁宣帝，隋朝后的后梁王以及唐末五代十国时的南平国王等，先后有11个王侯在此称帝、称王，并建都，历时100多年。

最古名城

荆州古城

阅读链接

在荆州城大北门金水桥外有一条街道，叫得胜街。这条街道连同洗马池都是大有来头的。

传说，关羽镇守荆州时，曾在沔水与曹军遭遇，并展开激烈战斗，关羽获得胜利。随后，关羽班师凯旋进城，沿街百姓自发聚集欢迎得胜将士。一时间，鞭炮声声，载歌载舞。

关羽得胜回城受到如此盛大的欢迎，喜不自胜，进城后，看到他的坐骑赤兔马满身征尘，顿生怜惜之情。关羽见北门内东侧有一个清澈见底的池塘，便策马而至，亲手为赤兔马洗涤。百姓亲眼看见此景，甚为感念，遂将此塘谓之洗马池。

唐代始建玄妙观和两座寺院

铁女寺内的古塔

　　唐朝时期，荆州被作为陪都，称南郡，与长安城南北呼应。荆州在我国漫长历史的演进中，所处的这种重中之重的地位和作用，有力地促进了荆州古城的发展与进步。

　　这一时期著名的建筑有铁女寺、开元寺、玄妙观以及荆州古城墙等。

　　铁女寺建于629年，距荆州古城北门楼只一箭之地。随着年代的久远，铁女寺庙几次毁损。元代末年，世道不宁，民不聊生，铁女寺坍塌。

到了明代洪武年间，辽王朱植改藩荆州后才重新修建了此寺。

门内赫然兀立大石碑，正面为一巨大"佛"字，背面就是朱植的《铁女寺碑记》。二铁女置于大雄宝殿内，其形态模糊，如坐似立。铁女寺规模虽算不上宏大，但其特有的来龙去脉和古建胜迹却使其魅力独具，香火、游人不断。

■ 铁女寺内一角

现存建筑是明朝修建的，包括山门、大雄宝殿、观音殿、弥勒殿、韦驮殿和藏经楼。寺内供奉两尊铁像，传说就是两位铁女原身所熔，甚是生动。寺内供有舍利，一部血书《妙法莲华经》。

开元观建于唐代开元年间，后代屡有修葺。现在所存的建筑多是明、清两代所建，中轴线建筑山门、雷神殿、三清殿、天门和祖师殿等都保存很好。

山门是木构门楼式建筑，庑殿顶，上檐施一斗二升交麻叶出四翘斗拱，下檐施六栖出三翘斗拱，三门道造型庄重秀丽。山门外东西两侧有大石狮各一尊，显得十分威严。

监官 我国古代官职，是代表君主监察各级官吏的官吏。监官最早设于战国，当时由御史兼任。秦与西汉设立御史府。魏晋以后，御史台从御史府独立出来，成为全国性的监察机构。至明代时期改御史台为都察院。到了清代都察院便以左都御史、左副都御史为长官。

青史留芳的古都古城

■ 荆州寺院高大的佛殿

■ 宋真宗（968—1022年），赵恒，宋朝的第三位皇帝，宋太宗第三子，997年继位，1022年崩，在位25年。澶渊之盟后，北宋进入经济繁荣期。

玄妙观与开元观建于同一时期。玄妙观名称曾多次变更。1009年，宋真宗下诏更名为天庆观。1297年，元成宗复改为玄妙观。1339年，元顺帝赐题"九老仙都宫"。清代为了避清圣祖康熙皇帝玄烨之讳，改名为元妙观。

古观原由山门和6座殿阁组成。六殿阁分别名为四圣殿、三清殿、玉皇阁、玄武阁、圣母殿和梓潼殿。前四殿依次成直线排列。

四殿中最后一殿玄武阁置于高台，台东为圣母

殿，台西为梓潼殿。后来剩下三重建筑，前为玉皇阁，中为三天门，后为置于崇台之上的玄武阁，均为1584年重建。

荆州古城有着众多的古迹名胜，但荆州古城墙却是其中最具代表、最有分量的古迹之一。

荆州古城墙是我国延续时代最长、跨越朝代最多、由土城发展演变而来的唯一古城垣。

古城垣包括两晋、三国时期的土城和宋朝、五代时期的砖城。五代砖城叠压城墙。由此可见，从三国时代起，荆州古城墙没有发生过大的变迁，土城墙远远早于砖城墙。

到了元代，荆州被作为荆湖行省的省会。此后，历代皆有发展。

荆州古城墙上的三国人物雕塑

三国人物

阅读链接

据江陵县志中记载，当时江陵府有位叫孙坤的冶铁监官，蒙冤入狱以后，孙氏的两个女儿痛父蒙冤，投告无门，两人便一起投入冶铁炉中，化为两尊铁女。皇上闻听此事后，被铁女的孝心打动，释放了她们的父亲，并昭赐立祠祭祀，取名"铁女祠"。

最初，铁女祠是供奉符合儒家标准的女性人物的祠殿。后来，祠中请进了佛菩萨，就改称为"寺"。成了既供铁女又礼佛，熔儒、佛两教于一炉，独具特色的道场。此事在明代朱植所撰的《铁女寺碑记》中有详细记述。

元明清时期古城再度繁荣

荆州古城积淀了丰厚的历史文化。到了明代洪武年间，这里成为湖广分省的省会。明代以后，这里一直是州、县的治所。

提到荆州古城，人们就会想到城上三山。其实，城上三山是人们对荆州古城内城垣上3个带"山"的地名的习惯统称，三山是指松甲山、卸甲山和掷甲山。

■关公（约160—219年），本字长生，后改字云长，名关羽。东汉末年著名将领，是刘备最为信任的将领之一。关羽去世后，他的形象逐渐被后人神化，一直是历来民间祭祀的对象，被尊称为关公。

关帝庙内的大殿

城上三山实际上就是3个土台，只是与关公镇守荆州密切相关，故而得名。后人在三山上建祠以祭祀关公，祠堂后来均已毁圯。

据清代乾隆时期的《江陵县志》记载，松甲山位于东北城垣上，传说关公曾经在此地松甲小憩。又传1395年，楚王朱桢、湘王朱柏在虎渡口一仗大胜凯旋时，荆州知府应伯和在雄楚楼设宴犒劳。

卸甲山在西南城垣上。传说关公凯旋曾在此地卸甲而得名。清代康熙年间，卸甲山改称余烈山，并修建关庙，嘉庆皇帝曾亲书匾额"威震华夏"四字悬于其上。

三山冠"松甲、卸甲、掷甲"之名，皆取"释甲偃武，不事兵甲"之意，表达了自古至今荆州人民渴望和平安宁，共创幸福生活的美好愿望。

到了明朝及以后，荆州越发得到朝廷的重视。在

县志 专门记载一个县的历史、地理、风俗、人物、文教、物产等的志书。现存最早的全国地方志，是公元813年唐代李吉甫编的《元和郡县图志》，共40卷，后有部分散佚。

青史留芳的古都古城

■ 关帝庙内景

张居正（1525—1582年），字叔大，少名张白圭，又称张江陵，号太岳，谥号"文忠"，汉族人，祖籍安徽凤阳，湖北江陵人。明代政治家、改革家。我国历史上优秀的内阁首辅之一，明代最伟大的政治家。

这一时期修建了众多的古迹。如关公馆、万寿宝塔、荆州城墙、张居正故居、古墓群等。

1396年，明代政府出资修建了关公馆。关公馆也称关帝庙，位于荆州古城南门关庙旧址。关庙旧址既是关羽镇守荆州10多年的府邸故基，关羽曾在这里总督荆襄九郡诸事10多年，也是关羽后代世袭江陵的地方所在。

整个馆宇仿照原关庙风格，殿宇分为仪门、正殿、三义楼和陈列楼。正殿和三义楼分别供奉着关羽和桃园结义刘、关、张三人的巨型塑像。

庙内现存明代万历年间栽植的两株雌雄银杏树，关羽青龙偃月刀和赤兔马槽等珍稀文物。关公馆于明代万历年间重建，清代又有两次重修并扩建。

荆州关帝庙自建成以后，规模不断扩大。到了1735年，庙内除了奉祀关羽外，他的曾祖、祖父也都受祭祀，他的儿子关平、部将周仓及杨仪、马良都一起受祭祀。一时间，荆州关帝庙庙宇森严、规模宏伟。

明代所建的另一处景观是万寿宝塔，也称"接引塔"。该塔位于素有万里"长江第一矶"之称的观音矶头上。是明藩辽王朱宪㷒，遵太妃毛氏命为嘉靖帝祈寿而修建的。1548年动工，1552年建成。清代康熙、乾隆和道光年间都曾有过修缮。

该塔向南，塔身以砖、石砌筑，八角七级。塔基须弥座，塔身中空，每层都有塔门。底层塔门上置一石匾，楷书"万寿宝塔"4字。第四层塔室内有一块"辽王宪鼎建万寿宝塔记"碑，字迹斑驳。塔内设螺旋式石梯。

万寿宝塔塔额、枋、斗拱皆仿木构建筑形式，塔一层正中供一尊接引佛，庄严肃穆。塔身各层共饰有

嘉靖 明世宗朱厚熜的年号，明朝使用嘉靖年号共45年。嘉靖尊道教、敬鬼神，当上皇帝以后，还要全体臣僚都要尊道，尊道者升官发财。嘉靖迷信服药方术，经常吞服假方士们炼制的丹药。终于在1542年酿成了历史上罕见的宫女弑君的"壬寅宫变"。

■ 关帝庙内的走廊

汉白玉雕刻佛像，塔身内外壁还共嵌有浮雕佛像砖、花纹砖和文字砖。

雕佛像或端坐、或肃立，各具风姿，据传这些佛像都是嘉靖皇帝下诏各地敬献，因而极具地方特色。字砖中所刻的汉、藏、满文仍然清晰。塔顶置有铜铸镏金塔刹，上刻《金刚经》全文。

荆州城墙自1789年至1792年两次大修后，保存有6座城门。城门的建造巧妙地形成了双重城门，四重门防。双重城门之间称瓮城。

瓮城的巧妙设计体现了我国古代积极防御的杰出军事思想。瓮城最奥妙之处是可以实施积极防御，敞开瓮城，诱敌深入，四面围攻，一举歼之。

荆州城墙除上述六门外，1788年万城堤决溃城之前，在城西南隅还有一门，名为水津门。万城堤决之时，大水正是从水津门和西门涌入，导致城崩。后来

■ 荆州城内的古牌坊

乾隆命钦差大学士阿桂等再造荆州城时，未再建水津门，仅恢复了西门。

荆州古城墙作为古时的一项大型军事防御工事，除了高大坚固的墙体和瓮城等建筑外，城墙之上还有众多配套的军事设施，如今尚存且最具作战防御功能、最有特色的就是暗设的4座藏兵洞。

■ 荆州城防遗址

藏兵洞所在的墙体向外呈长方形突出，对攻城的敌人，可以从三面射孔暗箭齐发，使敌人猝不及防。

1393年，朱元璋的第十二子，受封于江陵的湘王朱柏，由于笃信神仙，在这里量地造林，营建新殿。第二年新殿落成，经过占卜，命名为太晖观。其实，早在宋元时期这里就建有草殿。

湘王畏罪自焚不久就被平反了，其衣冠冢就位于太晖观西侧。后经抢救性发掘，出土文物600多件。

该墓为砖石结构，由前、中、后三室外加耳室组成，墓室前室外顶仿硬山式殿堂建筑，墓室结构奇特别致，建筑工艺精湛，与太晖观交相映衬，共同构成湘献王地上地下两座王宫。

张居正故居位于古城东门内，是后人为了缅怀、

衣冠冢 葬有死者的衣冠等物品，并没有葬有死者遗体的墓葬。这是因为死者的遗体无法找到，或已经葬在另一处，再于某地设衣冠冢以示纪念。衣冠冢其中一类墓是墓中有主人遗物的象征性墓葬。还有一些墓中则连衣冠也没有，纯属象征性的墓葬。

张居正祠堂正殿

纪念万历首辅张居正的场所，原名为"张大学士府"。由于历史原因，其故居毁于战乱。后人又重建张居正故居，并以其原有建筑景观布局。

在荆州古城西北的八岭山上有一处规模庞大的古墓群。位于八岭山墓群的"辽王墓室"至今保存极为完好，现有的墓院墙，是八岭山古墓群按土筑方式修筑的。院墙上部用带卷草的花纹图案砖出檐，上盖大型筒瓦。

墓室的前、中、正殿还装有大型石门和两道木门，石门上有9排9行石制门钉。墓道盖面上刻有"故辽简王之墓"6个大字，底面上刻有辽简王的生平。整个墓志铭全被城砖密封。该墓在历史上虽多次被盗掘，仍出土了100多件珍贵文物。

荆州城古老且历经沧桑，如今古城得到了人民的厚爱。古老的荆州城正焕发出新的青春和更加迷人的异彩。

阅读链接

卸甲山位于荆州古城西南城垣上。传说关公凯旋曾在此地卸甲。而掷甲山位于城垣西北隅，与关公"大意失荆州"有关。相传，关公镇守荆州时，吕蒙白衣渡江偷袭江陵，即荆州城，荆州告急，关公闻讯，急率真兵回救，赶至城下，方知守城将领糜芳等已献出城池，投降东吴。关公痛心疾首，情急之下他脱下铠甲，猛地抛掷到西北城垣上，然后率部西撤。于是，后人称此处为"掷甲山"。

平遥古城

平遥古城位于我国山西省中部，是一座具有2800多年历史的文化名城，是我国境内保存最为完整的古代县城，是我国汉民族城市在明清时期的杰出范例。

平遥旧称"古陶"，始建于公元前827年至公元前782年间。明朝初年，为了防御，始建城墙。1703年，筑四面城楼。

平遥是我国清朝晚期的金融中心，并有我国目前保存最完整的古代县城格局，基本保存明清时期县城的原型，有"龟城"之称。

西周为抵御侵扰始建古城

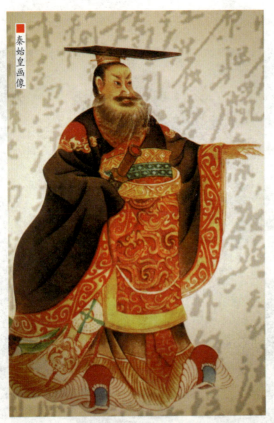

秦始皇画像

在我国北部的山西省中部，有座保存完整的历史名城，它是我国古代城市的原型。世界遗产委员会曾经这样评价它：

它是中国境内保存最为完整的一座古代县城，是中国汉民族城市在明清时期的杰出范例，在中国历史的发展中，为人们展示了一幅非同寻常的文化、社会、经济及宗教发展的

完整画卷。

　　世界遗产委员会的评价一语道破了这座古城的一个特点，那就是一个"老"字。

　　那么，这座古城到底叫什么名字呢？它便是旧称"古陶"的平遥古城。据说，平遥古城始建于西周宣王时期，即公元前827年至公元前782年时期。

　　当时，周宣王为抵御北方游牧民族的侵扰，曾派兵北伐猃狁，并修建了京陵城。京陵城就建在后来平遥县城东北的京陵村，"京陵"二字作为地名一直沿用至今。这可以说是平遥建城的开端，也是现存平遥古城的前身。如果从那时算起，至今已有2800年左右的历史了。

　　春秋时期，平遥隶属晋国，战国时又归属赵国。秦始皇统一中国后，废封国，实行郡县制，置平陶县，属太原郡。汉代时期，平遥属于京陵、中都两县及邬县地区。

　　到了北魏太武帝时期，为避太武帝拓跋焘的名讳，武帝将原来的平陶县改为平遥县，并把县治从别处迁到这里。此次迁动后的新址就是后来平遥古城的地址，此后，平遥历经多个朝代变迁，但名称都没

■ 平遥城楼

有发生变化。

　　隋唐时期，为防御北方突厥族的入侵，作为"表里山河"的军事重镇山西，在战略上具有特殊的重要地位。当时，平遥以一座土夯的城垣，经历过冷兵器时代一场场自卫战争的严酷考验。

　　到了北宋初年，赵匡胤在战斗中派兵焚烧平遥城。然而，虽经历了一场火灾，平遥城池还是有不少建筑保存下来，并在以后得到了不断的修葺。

　　1367年，平遥城墙在旧城基础上开始了扩建。重建后的古城有门6座，东西各两座，南北各一座，全部用砖石包墙。

　　明朝中叶，平遥城市经济的繁荣和人口的增长，促使城市建筑向外扩展。此后，明景德、正德、嘉靖、隆庆和万历年间进行过10多次修葺，更新城楼，增设敌台。为此，现存平遥古城的城墙一直保持着明

赵匡胤（927—976年），大宋王朝的建立者，汉族。960年，建立宋朝，定都开封。在位16年。他在位期间，加强中央集权，提倡文人政治，开创了我国的文治盛世，是一位英明仁慈的皇帝，是推动历史发展的杰出人物之一。

清时期的城墙风貌。

据记载，平遥古城最初的城墙是特别低矮的夯土筑就，为了军事防御的需要，经过明清两代500余年间，先后有20余次的包砌整修，便形成现在见到的砖石城墙。

平遥古城有"龟城"之称，意喻长生不老，青春永驻，坚若磐石，金汤永固。气势宏伟的古城墙，全长6千米，城墙素土夯实，外包砖石，墙顶铺砖以排水。墙外筑有又深又宽的护城壕，足以抗拒来犯之敌于墙外。

城墙的城楼修筑于城池的城门顶，古代时称作"谯楼"。平遥城墙的城楼共有6座，造型古朴、典雅，结构端庄稳健。城楼是城墙顶精致美观的高层建

物华天宝

平遥古城

谯楼 古代城门上建造的用以高望的楼；安庆谯楼初建于1368年，是现存的明代建筑，乾隆年间曾进行扩充，咸丰年间遭焚，但是谯楼独存，存留至今；代县谯楼亦名边靖楼、鼓楼。

■ 平遥古城城楼及大炮

筑，平常登高瞭望，战时主将坐镇指挥，是一座城池重要的高空防御设施。

城墙上还建有角楼、城楼、魁星楼、文昌阁和点将台等建筑。城墙的各个城门都建有重门瓮城，均为方形，与城墙同高。

瓮城上筑重檐歇山顶城楼，城门开在侧面，以便在大城、瓮城上从两个方向抵御来攻的敌人，瓮城设内、外门，平时检查来往的过客，需要时即可关上两座门，形成"瓮中捉鳖"之势。城外有护城河环城一周，河上有一座大吊桥。

城墙的角楼建于城墙四角上的楼橹，主要用以弥补守城死角即城墙拐角处的防御薄弱环节，从而增强整座城墙的防御能力。角楼分别指西北角的霞叠楼，东北角的栖月楼，西南角的瑞霭楼和东南角的凝秀楼。

点将台位于上东门和下东门之间城墙顶上，现为砖砌高台。相传，公元前827年周宣王即位后，派大将尹吉甫率兵北伐猃狁，连战连捷，后奉命屯兵今之平遥，增筑城墙，并在此训练士卒，点将练武。

明代中叶，人们为纪念尹吉甫功绩，在尹吉甫曾点将阅兵的地方修筑了高真庙。明清维修城墙时一并将高真庙连成一体，登高远眺，心旷神怡。

楼橹　守城或攻城用的高台战具。在晋代陆机所著的《洛阳记》中记载，城上每隔一百步有一处楼橹，外有沟渠。清代邵长蘅的《青门剩稿》中也有关于楼橹的记载。建安九年，袁绍构筑楼橹，堆土如山，用箭俯射曹营。

354

青史留芳的古都古城

■ 山西平遥古城墙

■ 平遥古城牌坊

城墙有6道城门，南北各1道，东西各2道。这些门还分别有各自的寓意，南门叫迎薰门，是龟首，面向中都河，城外原有两眼水井，喻为龟之双眼，可谓"龟前戏水"。北门叫拱极门，为龟尾，是全城的最低处，城内所有积水均经此流出。

上西门叫永定门，下西门叫凤仪门，上东门叫太和门，此三门形似龟的三腿向前伸，唯有下东门、亲翰门的外城门径直向东而开，传说是古人怕龟爬走，将其后腿向东门拉直并用绳子绑好拴在麓台塔上。

环城而行，每隔一段距离，就筑有一个凸出的马面，用于瞭望和侧射火力，是保卫城墙的。城墙脚下是防御的死角。有了马面，就可以弥补这个不足，从三面组成一个立体射击网，城防力量大大加强。

马面上的两层小楼，也称敌楼。据旧志称，明代初年重修平遥城墙时，仅建敌台窝铺40座，隆庆三年

马面 又称敌台、墩台和墙台，在我国冷兵器时代，为了加强城门的防御能力，许多城市设有两道以上的城门，形成"瓮城"，城墙每隔一定距离就凸出矩形墩台，以利防守者从侧面攻击来袭敌人，这种墩台称为敌台的城防设施，俗称"马面"。

增至94座，万历三年，在全城以砖石包城的同时，重修成砖木结构的敌楼72座，后经历代修葺，遗存至今。敌楼平面呈方形，四壁砖砌，硬山顶，筒板瓦覆盖，底层面向城内的一面辟拱券门，楼内设木楼梯，上层置楼板，楼上四面各开拱券窗两孔。

平遥古城城墙上的现存敌楼，是供士兵休息、存放粮食和弹药的场所，同时也增加了古城的美观。

城墙顶面用砖墁铺满，内筑为保护守城士兵而修建的护墙，名为女儿墙，外筑供士兵打击敌人和眺望敌情所用的垛口。

据说，这象征了同孔子周游列国的3000门徒和72贤人。敌楼上还有孙子兵法石刻，使得一座壁垒森严的城池显得文雅亲和、先礼后兵，透露出一种浓郁的文化气息。

除了这古老的城墙，在平遥古城内，还有许多从明代以及明代前流传下来的遗址和遗迹，它们与古城墙共同组成完整的平遥古城，为平遥古城增添了无穷魅力。

其中，位于古城内的政府街，坐北朝南，平遥县是我国保存下来

■ 平遥古城敌楼

最为完整的古县衙之一。

■平遥古城内古县
衙遗迹

据说，这座古县衙始建于明代。紧接县衙大门的是仪门，也称礼仪之门，是象征封建礼教的建筑物。

县衙内的建筑沿中轴一字排开，依次为衙门、仪门、牌坊、大堂、宅门、二堂、内宅、大仙楼。

东西厢设六房，即吏、户、礼、兵、刑、工房。院东自南向北有钟楼、土地祠、赞侯庙、粮厅、花厅。院西有申明亭、重狱、女狱、轻狱和公廨房、督捕厅、洪善驿站和阎王殿等建筑群。

衙署大门西侧是申明亭，是有关吏员对民间纠纷进行了解和调解的地方。衙门两边是赋役房，为窑洞厢房，是收取赋役、钱粮的地方。

平遥古城内的另一处著名景观是位于古城东侧的城隍庙。此庙初建于明代初年，1544年重修。到了清

贤人 就是有才有德的人。行事完全顺应天道、地道、人道客观规律，处理问题能够标本兼治。所说的话能够作为天下人的行为准则。身为平民时有志向、有抱负，希望能够身居高位为人民造福，成为王侯将相时也不积攒财物。这样的人，就称作贤人。

代康熙、乾隆年间，城隍庙又曾多次修葺补筑。

1859年，城隍庙在庙会期间毁于火灾，1864年才得以续修。

后世保存的城隍庙重要建筑，属清代规制，庙院宏大，布局完整，总占地面积为7302平方米。平遥城隍庙与众不同之处在于，城隍庙、财神庙、灶君庙三庙合一。

城隍庙位于整个建筑群中轴线，坐北朝南，前后四进院落，殿宇高大挺拔，临街山门，殿前戏楼，殿后寝宫，是我国道教庙宇殿堂的典型建筑形式。

城隍庙的牌楼、山门、戏楼、献殿、城隍殿、寝宫层层叠进，游廊、官厅、东西厢房、配殿纵深相连，贯穿为一体，既有寺庙殿堂配置特色，又具有官署建筑的风格，其神学意趣和"前朝后寝"的功能十分明显。

平遥城隍庙是我国国内保存最完整的城隍庙之一，尤其以规模之大，内涵之丰，建筑之精而著称。平遥城隍庙无论从建筑结构，还是局部的艺术处理，均体现了我国古代儒、道两教为主的文化内涵。

青史留芳的古都古城

阅读链接

在城墙上两边各有一道短堵，叫女儿墙，这来源于一个古老的传说。据说，最早的城墙上是没有女儿墙的。

有一次，一个老人被拉来做工，和他相依为命的小孙女也天天随他来到城上，坐在旁边观看。一天，一位累极了的民工昏昏沉沉中竟然走到城墙边上，小女孩怕他掉下城去，就用力向里推他，不料用力过大，民工虽得救了，小女孩却摔死了。

后来，人们为了纪念小女孩，工匠们就在城上修起了矮墙，并把它叫作女儿墙。

从清代起曾为金融业中心

1616年，清太祖努尔哈赤建国称汗，国号大金，史称"后金"。1636年，清太宗皇太极称帝，改国号为"大清"。

1644年，李自成的大顺军攻占北京，明朝灭亡；驻守山海关的明将吴三桂降清，清摄政王多尔衮指挥清军入关，打败大顺农民军。同年，清顺治帝迁都北京，从此，清朝取代明朝成为全国的统治者。

进入清代，平遥古城迎来了新一轮的发展高潮。据记载，清康熙帝西巡时，曾驾临古城。到了清朝末年，慈禧太后和光绪帝在西逃途中，也曾路宿古城。

当然，平遥最辉煌的一页，

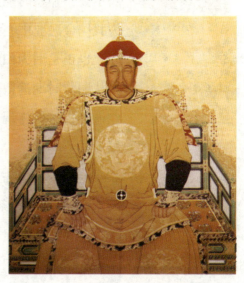

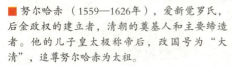

■ 努尔哈赤（1559—1626年），爱新觉罗氏，后金政权的建立者，清朝的奠基人和主要缔造者。他的儿子皇太极称帝后，改国号为"大清"，追尊努尔哈赤为太祖。

■ 日昇昌票号

它曾是清代晚期我国的金融中心。1824年，我国第一家现代银行的雏形"日昇昌"票号在平遥诞生。它也是我国银行业的开山鼻祖。

当时，在日昇昌票号的带动下，平遥的票号业发展迅猛，鼎盛时期这里的票号竟多达20多家，一度成为我国金融业中心。

也正是因为如此，在现存的平遥古城内，还有众多从明清时期遗留下来的街道商铺、居民建筑等，这些遗址古迹均体现了历史原貌，被称作研究我国古代城市的活样本。

沧桑的平遥古城的交通脉络由纵横交错的4条大街、8条小街、72条蚰蜒巷构成。

南大街为平遥古城的中轴线，北起东、西大街衔接处，南到大东门，以古市楼贯穿南北，街道两旁，

票号 票号又叫票庄或汇兑庄，是一种专门经营汇兑业务的金融机构，多指山西票号。早在乾隆时期，山西商人资本雄厚，多贩运福建武夷茶，经水陆运销至北京，路程数千里，资本用量大，为了适应营销需要，山西商帮首先创办了账局，经营存放款业务，后来，在账局的基础上形成票号。

老字号与传统名店铺林立。

这南大街又称明清街，自古以来就是平遥县最繁华的商业中心，街道两侧的店铺都是具有明清风格的建筑。

明清街中央的是山西省省级重点文物保护单位，贯通南北的金井楼，清时被冠以平遥县十二景之一。

金井楼的结构为三重檐歇山顶木构架楼阁，筑砖石台基，四角立通天柱，外包砖墙，东西各有券门一道，四周围廊，柱上施半拱。

金井楼的二层平座回廊，前后槅扇门装修，内施楼板，设神龛，南供关圣大帝，北祀观音大士，另奉魁星，屋顶装天花板，楼顶施彩色琉璃瓦，嵌镶成南喜北寿的精美图案。

金井楼既不是宗教性建筑，也非防卫性建筑，为城内独一无二的楼阁式高层公共建筑。

魁星 中国古代星宿名称。是中国古代神话人物，主宰文运，在儒士学子心目中，魁星具有至高无上的地位。我国很多地方都建有祭祀魁星的魁星楼，香火鼎盛。此外，魁星还是《聊斋志异》中的一篇小说，在古典名著《三侠五义》里传说包公是魁星下界。

物华天宝

平遥古城

■ 平遥古城市楼

多少年来，在人们的心目中，金井楼与古城墙成为一个不可分割的整体，成为平遥古城的象征。

在明清街，除了这金井楼，还有清代平遥"蔚"字五联号之一的蔚盛长票号，旧址位于平遥县城南大街13号，是县级文物保护单位。

蔚盛长票号成立于1826年，由原设于平遥城内的绸缎庄改组而成，总号设在平遥城内。财东是介休北贾村的侯荫昌和平遥普洞村王培南及几户小股东，经理为汾阳人郭存祀。1900年，慈禧太后携光绪皇帝西行路过平遥时，因提取醇亲王汇来的银两而下榻蔚盛长票号。1912年，经理雷士纬求到了书画篆刻大师吴昌硕先生的墨宝"光绪行宫"四字，为此，此处又名"光绪皇帝下榻处"或"光绪客栈"。

在蔚盛长博物馆的北厢房，墙上有一幅由四小幅画为一组的画，这便是明清著名书法家傅山的"梅兰竹菊"四君子指头画。

蔚盛长博物馆的正厅，院子高低与台阶一级比一级高，这代表着步步之高的意思，也就是说院子的高低与身份的高低是成正比的。

正厅便是当时掌柜所住的地方，在厅中央，有一块蓝色的匾，上面写着"乾健伸贞"4个大字。据说，这块匾是当时票号掌柜过六十大寿之时，他的好友赠予他的。

进入正厅之后，首先映入眼帘的是"百葫芦宝床"。此床是此馆珍品之一，采用浮雕和镂空两种工艺，上面雕有100个葫芦，象征多子多福之意，可以看到床的两边还有两个"寿"字，喻多子多福多寿。下边的床板上还雕有9头狮子在嬉绣球。这幅雕刻画代表着狮子滚绣球，好日子在后头。

在百福阁的二楼，还存放着一尊古老的佛像，这是佛祖释迦牟尼。古代生意人信佛，像此票号的历任掌柜便都是信佛之人，放置佛祖塑像在此，是乞求财源滚滚之意。

位于古城明清街南口，坐西朝东，建筑保护非常完好的一座三进院落，是清代主要票号之一的百川通

指头画 指画，指墨，以手代笔，蘸墨作画。我国传统绘画中的一种特殊的画法。即以画家的手指代替传统工具中的毛笔蘸墨作画，别有一种特殊趣味和技巧。历史上清代高其佩和近代潘天寿、洪世清所作指画作品影响较大。

■ 平遥古城民宅内的古典实木家具

■ 平遥古城票号建筑

票号旧址。

　　此票号是明清街店铺、民居建筑中保存最完好、最高的店面，也是古城内最早开发的景点之一，票号财东的祁县城内的渠源浈，经营期间在全国各地设立多处分号，其旧址已辟为"三晋大财东家私博物馆"。

　　博物馆由外及里，分三进院落，每个院落依次增高，隐示着"步步登高"的吉祥之意。

　　穿过门厅，院内南面耳房为住房用品陈列。对面是当时接待重要宾客的大烟房，在中院南厢的原账房内，现设有百川通的全模型，北厢房是当时的银窖。

　　中院正厅原为会客所在，仍以旧时模样摆设。里间是票号的客房，现设有清代紫檀三面浮雕罗汉床图案，木雕工艺十分考究。

　　客厅和楼上的阁楼组成整座院落的主楼。楼檐

三晋　古称唐国，自古为晋南承东启西之咽喉要地。西周周成王封叔虞于此，后曾改称晋。三晋历经2000多年，其文化源远流长，实现了北方文化与中原文化的融合，对继承和发展中华民族文化做出巨大历史贡献。

橡头用油漆彩绘画成铜钱图案，并依次写有"一本万利、二人同心、三元及第、四季平安、五谷丰登、六合同春、七子团圆、八仙上寿、九世同居、十全富贵"，可谓民俗意趣浓厚。

票号后院由佛堂、小姐闺房、家眷会客厅及正屋的家堂组成，陈列品主要有明代所塑的文殊菩萨，各种古旧座椅，如禅椅、小姐椅、太师椅、文椅、圈椅、交椅、四出头官帽椅等，这些陈列，体现了封建社会的等级差别和礼仪程序。

在古城的明清街内，除了几个著名的票号之外，还有很多有名的镖局。从狭义角度来讲，镖局就是为一些商家或个人提供安全保障的专门机构。

平遥古城内的镖局兴起于清代末年，当时，镖局的主要业务就是为票号押送银镖，这就形成了镖局走镖的两大镖系，即银镖和票镖。

银镖 指押送黄金白银等作为货币形式存在的物质的镖。最初是商人委托镖局捎回银两，后发展到商人之间的银子由镖局押送，最后官方饷银也由镖局押送，直到清末，大宗款项都委托给镖局解运，后来有了票号之后，就由票号代为拨兑。

■ 平遥古城内的平遥镖局

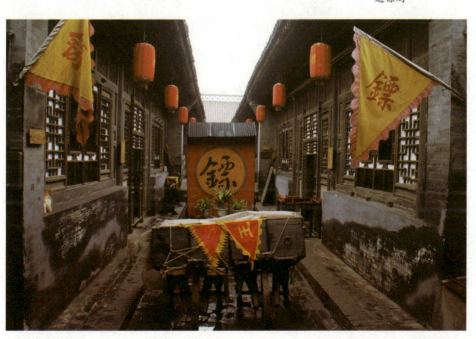

■ 平遥票号正堂

在清朝末期，随着票号的逐渐衰败，镖局的主要业务对象，转化成为一些有钱的客人押送一些衣物首饰和保障人身安全。这就形成了粮镖、物镖、人身镖三大镖系。

山西人在外经商的特别多，这就给山西人创办镖局提供了一定条件。我国第一家镖局，是由山西人"神拳无敌"张黑五在北京顺天府门外创办的兴隆镖局，后来，平遥县的王正清也创办了同兴公镖局。

平遥比较有名的镖局当属同兴公镖局、中国镖局和华北第一镖局。

其中，同兴公镖局是由平遥南良庄人王正清，于1855年创办。当时的王正清是一位名扬京城、威震全国的武术大师，其子王树茂尽得其真传且有青出于蓝之势。因此，同兴公镖局创立之始，就在当时全国著名镖局中享有较大声誉。

平遥古城内现存的同兴公镖局的展馆为明代建筑，全面系统地介绍了清代咸丰直至民国初年同兴公镖局创办、发展，以及歇业的全过程，讲述了武林镖局方面的知识。

平遥的中国镖局是明末清初镖局的旧址。这个镖局展出的古迹文物，向人们提供了一些实物资料，主要介绍中国的镖局发展史，以及在明清时期，我国有名的十大镖局、十大镖师和走镖过程中的逸事趣闻，尤其是研究形意拳、长拳、套路等武术门派的发展。

平遥的华北第一镖局，于1849年开局，历经整整64年，从没有失过一趟镖。到了清代末年，华北第一镖局同其他镖局一样，也面临了衰败的局面。1913年，创造过许多成功奇迹，取得过无数辉煌的华北第一镖局正式闭局。

平遥古城的明清街，街道并不宽，在每个体面门庭的花岗岩门槛上，都有两道很深的车辙印痕，可以想见当年街道上车水马龙的热闹情景。

古城的"干"字街，是由东大街、西大街、南大街、城隍庙街、衙门街组成的。其中，西大街，西起下西门、东和南大街北端相交，与东大街呈一条笔直贯通的主街。我国古代各式银行的"乡下祖父"

山西平遥古城

日昇昌票号就诞生在此街。

日昇昌票号创建于1824年，遗址占地2000多平方米。此建筑群用地紧凑，功能分明。作为晋商文化的杰出代表，日昇昌票号的建筑风格和规模都是典型，但又有其特殊性。它采用三进式穿堂楼院，既体现了晋中民居的传统特色，又吸收了晋中商铺的风格，达到了建筑艺术和使用功能的和谐统一。

日昇昌票号院落分为三进。前院为营业大厅，中院为内部的办公机构，后院属生活区。

这座院落是当年平遥控制全国各家分号的中心枢纽，这里作为总号要起发布指令的作用，而各分号在它的指挥下，把源源不断的钱财赚取回来汇集于此。

在古城内西大街，除了日昇昌票号，还有宝丰隆票号、厚德恒钱庄，以及永泉当、永玉当等著名当铺，这些店铺经过一二百年的风风雨雨，处处已显出苍老，但苍老而风骨犹在，竟然没有太多的破旧感和潦倒感。

在古城内的8条小街和72条蚰蜒巷，名称各有由来，有的得名于附近的建筑或醒目标志，如衙门街、书院街、校场巷等；有的得名于祠庙，如文庙街、城隍庙街、罗汉庙街等；有的得名于当地的大户，如赵举人街、雷家院街、宋梦槐巷等。

古城东北角有一座相对封闭的城中之城，类似于古代城市中的作坊。附近的4条街道也就被命名为东壁景堡、中壁景堡、西壁景堡和堡外街。还有一些街巷则已经无法探究名称来历了，例如仁义街、甜水巷、豆芽街、葫芦肚巷等。

平遥古城内的民居建筑，以砖墙瓦顶的木结构四合院为主，布局严谨，左右对称，尊卑有序。大家族则修建二进、三进院落甚至更大的院群，院落之间多用装饰华丽的垂花门分隔。民居院内大多装饰精美，进门通常建有砖雕照壁，檐下梁枋有木雕雀替，柱础、门柱、石鼓多用石雕装饰。

民间有句俗语："平遥古城十大怪"，其中一怪是"房子半边盖"。平遥民居之所以大多为单坡内落座，流传最广的说法称为"四水归堂"或"肥水不流外人田"。

山西处干旱，且风沙较大之地，将房屋建成单坡，能增加房屋临街外墙的高度，而临街又不开窗户，则能够有效地抵御风沙和提高安全系数。而院内紧凑的布局则显示对外排斥，对内凝聚的民族性格。

阅读链接

关于票号"日昇昌"这3个字的来源，还有着一段美丽而神奇的传说。

一天晚上，日昇昌票号的创始人雷履泰做了一个奇怪的梦。他梦见木器厂内着了大火，但当他赶到木器厂前，这里竟是一座金碧辉煌的天堂大院。忽然，天上开了一座大门，天界众仙飘飘然向西而去。到了头顶，众神仙都频频招手，约他同去。于是，雷履泰就觉得自己身如飘带，冉冉登上仙界。

雷履泰醒来后，受到此梦的启发，便将自己新成立的票号取名为"日昇昌"票号。

古城内外的其他古迹名胜

　　平遥古城从始创至今，已有2800多年的历史。迄今为止，它仍较为完好地保留着明、清时期县城的基本风貌，堪称我国汉民族地区现存最为完整的古城。

　　悠久的历史，积淀了古城厚重的文化底蕴，使这座千年古城成为

平遥古城内的大院台阶

■ 平遥古城双林寺内的千手观音

丰富历史文化的坚实载体，为后人留下了丰富的历史文化遗产。

平遥古城包括三部分：一是以古城墙为界向外延伸保护范围之内的整个老城区，二是县城西南的双林寺，三是县城东北的镇国寺。三部分同为一体，统称为平遥古城。

这里提到的双林寺位于山西省平遥县西南的桥头村。双林寺原名"中都寺"，其地本为中都故城所在，因之得名。

中都寺创建年代很早，因古文献记载失详，难以确考。寺中现存最古之碑为1011年始立的"姑姑之碑"。年代久远，字迹模糊，第二十行"重修寺于武平二年"尚可辨认。

"武平二年"是北齐年号。既是重修，其创建年

北齐（550—577年），是我国南北朝时的北方王朝之一。550年由文宣帝高洋取代东魏建立，国号齐，建元天保，建都邺，史称北齐。历经文宣帝高洋、废帝高殷、孝昭帝高演、武成帝高湛、后主高纬、幼主高恒，共六帝。577年被北周灭亡。

垛口 城墙上呈凹凸形的短墙。两个垛子间的缺口。其构造是，从墙上地坪开始砌至人体胸部高度时，再开始砌筑垛口。垛口上部砌有瞭望洞。瞭望洞下部砌有一个小方洞，是张弓发箭的射孔。射孔底面向下倾，便于向城下射击敌人。

代必早于此。这样说来，即使从北齐算起，中都寺至今也已历经1400多个春秋了。

从碑文的描述中可以知道，当时的中都寺为一方胜境，庙貌雄伟，香火隆盛，游人不绝，曾建有"七重楼阁，高可望省"，可惜毁于火灾。原阁础石至今犹存，直径一米有余，足证其规模之大。约至宋代，中都寺改名双林寺。

宋代以后，寺中曾住有尼姑，故有"姑姑之碑"及"贞义祠"等遗迹，盖与纪念尼姑有关。

双林寺建筑，历遭100多年的风雨兵灾之患，庙貌渐倾圮，虽然历代皆有修葺，但到元代末年，已到了"殿楹损坏，厅廊倾颓"的地步。

因此，明代景泰、天顺、弘治、正德、隆庆年间以及清代道光、宣统年间都曾大规模地重建或重修，现存庙宇全是明代和清代建筑。

■ 平遥古城内的龙门牌坊

平遥古城现存的双林寺呈坐北朝南之势，寺庙围墙仿城墙之样，上置垛口，内为夯土，外砌砖墙，为明代所建。

■ 平遥古城敬一亭

寺院东为禅院、经房。西为庙群，由风格迥异的10座殿堂组成，前后三进院落。唐槐、宋碑、明钟、壁画交相辉映，构成一方胜境。1500多尊作品全部由木胎泥塑而成，它们继承了我国唐、宋、金、元各朝彩塑的优良传统，是我国明塑中的佼佼者，被专家誉为"东方彩塑艺术宝库"。

双林寺的寺院由10座殿堂组成，分前、中、后三进院落。前院为天王殿、释迦殿、罗汉殿、武圣殿、土地殿、阎罗殿，中院为大雄宝殿、千佛殿、菩萨殿，后院为娘娘殿、贞义祠。

各殿内共保存了宋、元、明、清历代的2000多尊佛、菩萨、天王、金刚、罗汉、力士、供养人、珍禽

彩塑 以黏土加上纤维物、河沙、水，糅合成的胶泥为材质，在木制的骨架上进行形体塑造，阴干后填缝、打磨，再着色描绘的作品。由摆放位置与使用范围可分4类，即石窟彩塑、庙宇彩塑、陵墓彩塑、民俗彩塑。

异兽、山水花木等彩塑。色彩艳丽，造型生动。此外寺中的唐槐、宋碑、明钟，以及古建、壁画都十分珍贵。

平遥古城的镇国寺创建于唐末五代的北汉时期，原名京城寺，自明嘉靖年间易名为镇国寺。

镇国寺整座寺院坐北朝南，两进院落，中轴线上有天王殿、万佛殿、三佛楼，天王殿两侧配有钟楼和鼓楼。一进院东西廊有碑亭、三灵侯、二郎殿、财福神和土地各殿。二进院东西有观音殿、地藏殿等。

■ 平遥古城贤侯堂

处于寺庙最前端的天王殿是元代建筑。进入殿内，可参谒佛国护法神将四大天王。四大天王很受民间欢迎，因为它们代表"风、调、雨、顺"，象征着五谷丰登，天下太平。

出了天王殿，钟楼鼓楼相互对峙，钟楼上有金代皇统五年铸造的铁钟一口，形制古朴，工艺别致，而且钟声洪亮。据说，在当年没有汽车火车的远古时代，镇国寺的钟声能传到平遥城内，因此，这口古钟算得上是一件珍稀之物了。

万佛殿位于天王殿之后，它是我国现存最古老的木结构建筑之一，堪称千年瑰宝。

这座殿宇造型独特，平面近似正方形，屋顶庞大，出据深远，但由于屋角反翘，使沉重庞大的屋顶

北汉（951—979年），是五代十国时期的十国之一。一称东汉，刘崇所建。都晋阳，称太原府。盛时疆域十二州，约为今山西省中部和北部。共历经四主。

四大天王 原本是佛教中四位护法天神的合称，俗称"四大金刚"，亦称"护世四天王"，他们分别是东方持国天王、南方增长天王、西方广目天王和北方多闻天王。

呈现出轻巧活泼的建筑艺术形象，整个外观给人一种雄伟壮观、气势非凡的感觉，充分显示了我国古代建筑家在建筑科学方面的非凡技能。

在万佛殿内，共有彩塑11尊。中央是佛坛，主供形体高大的释迦牟尼佛像，此像坐在须弥座上，表现出安逸慈祥、和颜悦目的神态。旁边站立的是迦叶和阿南两位尊者。大殿左右两边分别供奉的是两尊菩萨和供养菩萨。

在菩萨的前面是两天王和两供养童子。这几尊塑像虽是宗教神化的偶像，但却是按照当时社会的等级制度，加以形象塑造的。这些塑像是我国寺庙中现存的五代时期的唯一作品，堪称稀世珍品，在我国雕塑史上占有重要一页。

镇国寺内的第三大殿是三佛楼，此楼创建于明代，殿内主像有3尊，分别是法自佛、报自佛、应自佛。这些佛像自然大方、造型优美。

供养菩萨 实际上是指为佛陀和宣扬佛法服务的菩萨。常画在佛座下面或胁侍菩萨、佛弟子的两边。姿势有站，有坐，有蹲，有跪，形象众多。如奏乐菩萨、跪拜菩萨、持经菩萨、赴会菩萨、思维菩萨、禅定菩萨等都可以说是供养菩萨。

物华天宝

平遥古城

■ 平遥古城内的文物马车

青史留芳的古都古城

■ 平遥古城的寺院佛像

阎王 全称阎罗王，又叫"阎摩罗王""阎魔王"等，汉译为"缚"、捆绑、捉拿有罪过之人。阎王的职责是统领阴间的诸神，审判人生前的行为并给予相应的惩罚。在佛教中，阎王信仰有各自不同但互相联系的说法，如"平等王""双王"等。

在大殿的左右墙壁上，有一组精美的壁画，画的是释迦牟尼的生平八相图，集山水花鸟、人物于一体，描绘了释迦牟尼的一生。

位于后院西侧的地藏殿，俗称阎王殿，建于明代，主像为地藏王菩萨，四周为十殿阎王，6位判官、牛头、马面立于地上，这些塑像有的怒不可遏，有的文质彬彬，有的慈祥和蔼。

在地藏殿的四壁，有壁画，这些壁画集绘画、书法于一体，描述了不善之徒被受刑制裁的场面，其惨状目不忍睹。这些情节表现的是惩恶扬善的哲理，但在封建社会里，劳动人民处在社会的最下层，有冤无处申，有苦无处诉，只有把希望寄托在来世，正如这壁画旁的一副对联所写：

阳世奸雄欺天害理由直汝；
阴司报应古往今来放过谁。

这副对联强烈地表现着惩恶扬善的愿望和人生的哲理。

除了这些殿堂之外，在镇国寺内，还保存着历代石碑20余通，其中最值得一提的是"半截碑"。由于该碑上下左右都有残缺，所以名为半截碑，以残碑的宽厚度估量，原碑非常高大。

此碑内容与镇国寺无关，原来在镇国寺竣工时，在寺的附近捡回这块碑，人们本想将它作为碑座，结果发现碑上的书法甚佳，秀润苍劲，当时没舍得毁掉，才得以幸存下来。经考证，这块碑是北汉建立者刘崇之孙刘继钦的墓志铭碑，文物价值相当高。

另外，在镇国寺内还有一棵名为龙槐的古老槐树，据清代嘉庆的《龙槐记》碑中记载，这棵古树从有此庙时便栽在这里，距今已有1000多年的历史了。

此树长得高不盈丈，树身已满是裂缝，弯弯曲

377

物华天宝
平遥古城

■ 平遥古城武馆

平遥古城内的镖局武器

曲，枝干错综盘结，无头无尾，看上去张牙舞爪，腾云驾雾，也是寺内的一大奇观。

漫步寺内，除了深厚的文化气息和浓厚的历史气息外，还可领略到淡淡的月季香味。园中各色花卉品种齐全，争奇斗艳，给整座千年古寺增添了一片温馨。

镇国寺、双林寺和平遥古城的古城墙合称平遥古城的"三宝"，后来，这三宝被列入《世界文化遗产名录》。

青史留芳的古都古城

阅读链接

在双林寺东北隅有一座小祠堂，名曰贞义祠。祠中有两尊塑像，一尊是躺在床上双目紧闭的少女，人称睡姑姑。一尊是旁边坐着骨瘦如柴的老妇，人称药婆婆。关于她们的来历，还有一个古老的传说。

很久以前，平遥桥头村有一户有钱人，家有一女。女孩16岁时，父母先后去世。女孩因太想念父母，便天天到父母生前常去的双林寺烧香，又把家中所有的钱都捐给寺院。

几年以后，女孩也得了重病，但有一位不曾相识的老妇不辞劳苦地侍奉她，直到女孩去世。女孩去世以后，这位老妇也陪她坐化。

后来，人们为了纪念二人，便在双林寺的东北隅修了一座单间小祠堂，里面塑了她们的塑像。

丽江古城

丽江古城又名大研古城，位于云南丽江，这里景色秀美，建筑古朴，历来就有"东方威尼斯""高原姑苏"等美誉。作为一座著名的古城，丽江古城的一个突出特点就是历史悠久。古城的存在已经有800多年，这漫长的历史给古城带来了浓厚的历史感。

丽江古城是一座具有较高综合价值和整体价值的历史文化名城，1997年，世界遗产委员会把丽江古城列入《世界遗产名录》，从此古城享誉世界。

木氏先祖始建大叶场新城

　　坐落在我国西南部云南省的丽江市玉龙雪山下丽江坝中部，北依象山、金虹山，西枕狮子山，东南面临数十里的良田沃野之处，有一座完全由手工建造的木土结构房屋组成的古老城市。

云南丽江古城远景

和我国的其他古城相比，这座古城的最大特点是没有城墙。

■ 丽江古城木府的忠义牌坊

据说，在很久以前的战国时期，这座古城隶属于秦国的蜀郡，这里当时是一片沼泽地。到了南北朝时期，我国56个民族之一的纳西族先民迁徙至此，古城一带开始兴盛起来。

不过，这座古城真正始建时间是在宋末元初。当时，纳西族的一位姓木的土司，将其统治中心从古城北的白沙镇，移到狮子山麓，开始营造房屋城邑。

由于这位古城的始创者姓木，如果在这座古城外再修建城墙，"木"字加框便成"困"，这是很不吉利的事，于是，在修建这座古城时，木氏土司便故意不筑城墙。

又因为这木氏土司的先祖属于古代纳西族束、叶、梅、禾四大支系中的"叶"一支，所以，此座古城修建好后，木氏土司为新城取名为"大叶场"，这便是后来的云南丽江古城。

茶马古道 指存在于我国西南地区，以马帮为主要交通工具的民间国际商贸通道，是我国西南民族经济文化交流的走廊。茶马古道是一个非常特殊的地域称谓，源于古代西南边疆和西北边疆的茶马互市，兴于唐宋，盛于明清。

■ 丽江古城内的木质建筑

这座古城修成后，很快成为我国南丝绸之路及茶马古道上的重要集市。随着来这里做生意的人越来越多，这里逐渐成为历代滇西北的政治、军事重镇和纳西、汉、藏等各民族经济文化交往枢纽城市。

1253年，元世祖忽必烈南征大理，用革囊渡金沙江来到大叶场，一部分兵营就驻于古城的大石桥一带，后来，大叶场的纳西族人就把这一带称之为"阿营畅"，意思也就是"元军驻扎的村落"。

后来，蒙古军在大叶场设三赕管民官。到1271年，古城地名改称丽江宣慰司，从此，"丽江"二字作为"大叶场"的地名历史由此开始，后人们也因此称此古城为丽江古城。

丽江古城又名大研古城，纳西语称为"依古芝"，意思是金沙江江湾中的集镇，又叫"巩本芝"，意思是仓库集镇，由这些字面意思可知，这座古城是以经济交往为主而发展起来的。

在我国古代，城建的方法是先行开河，然后依河水的来龙去脉进行城建规划，布街辟路。这座丽江古城的城建方法也是依承传统的古城建规划法的经验而修建的，所以它也是我国古代城建方法的活化石。

据说，现存丽江古城的建筑格局完全是保留初建时的样子，整座古城依山势而建，选址独具特点，

土司 元、明、清各代在少数民族地区授予少数民族地区首领世袭官职，以统治该族人民的制度。有广义与狭义之分。广义的土司既指少数民族地区土人在其势力范围内独立建造的且被国家法律允许的治所，又指世代享有特权的土官。狭义的土司专指土官。

布局上充分利用了自然环境优势。西靠狮子山，北依象山、金虹山，南向开阔平坝，形成了坐靠西北面向东南的整体格局，既避西北寒风，又向东南光源。这样，使得古城冬暖夏凉，气候宜人。

丽江古城在街道布局上也独具特点。它无森严的城墙，无十字相交的道路，街道顺水流而设，以红色角砾岩铺就，雨季不泥泞，旱季不飞灰，石上花纹图案自然雅致，质感细腻，与整个城市环境相得益彰。

其中，四方街是丽江古街的代表，位于古城的核心位置，被称为是古城的中心广场。这里不仅是古城的中心，也是滇西北地区的集贸和商业中心。

四方街的形状很像方形的知府大印，一些人说是当年的木氏土司是按其印玺形状而建的，当时的土司取名四方街，取"权镇四方"之意。也有人说是因为这里的道路四通八达，是四面八方的人流、物流集散地，所以叫四方街。

四方街是丽江古城人心脏。从四方街四角延伸出四大主街：光义街、七一街、五一街、新华街。又从四大主街岔出众多街巷，如蛛网交错，四通八达，从而形成以四方街为中心、沿街逐层外延的缜密而又开放的格局。

四方街西侧的制高点是科贡坊，为风格独特的三层门楼。西

■ 丽江古城小巷

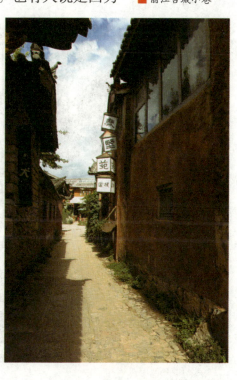

印玺 印章。古代多作封发物件，把印盖于封泥之上，作为信验。秦汉以后多称帝王之印为玺。古代的印玺是我国文物宝库中的重要内容之一，其收藏、鉴别、研究对我国文字的产生、发展有着重要作用。古代印玺包括了鸟篆、大篆、小篆等各种字体。

有西河，东为中河。西河上设有活动闸门，可利用西河与中河的高差冲洗街面。

除了街道布局，丽江古城的民居建筑群也非常有名，它们是纳西族建筑艺术和建筑风格的集中体现。这些民间建筑群体在纳西族原始的井干式木楞房形式基础上吸收、融汇了汉、白、藏等民族建筑的一些优点而形成，在布局形式、建筑艺术等方面都有鲜明的地方特色与民族风格。

古城民居建筑是两层木结构楼房，也有少数三层楼房，为穿斗式构架、垒土坯墙、瓦屋顶，设有外廊。根据构架形式及外廊不同，可分为平房、明楼、两步厦、骑度楼、蛮楼、闷楼、两面厦七大类。

布局形式有三坊一照壁、四合五天井、四合头、两坊拐角、前后院、一进两院、四合院、多进套院、多院组合等类型。

其中，三坊一照壁是丽江纳西族民居中最基本和最常见的民居形式。在结构上，一般正房一坊较高，方向朝南，面对照壁，这里主要供老人居住。三坊一照壁的东西厢房略低，由晚辈居住。

四合五天井与三坊一照壁不同点在于去掉了正房面对的照壁而代之以三间下房的一坊，围成一个封闭的四合院，同时在下房两侧又增加了两个漏角小天井，故名为四合五天井。

古城民居中的四合头与四合五天井一样，由正房、左右厢房四坊房屋组成一个封闭的

丽江古城的小巷

■ 丽江古城大研镇水车

四合院。

　　古城民居中的两拐房，一般是在经济条件暂不许可时修建起来的，这类民居先盖两坊。此两坊屋不能对面建盖，必须呈曲尺形布置，故形成二坊拐角的平面形式，其他两面由照壁及围墙合成庭院。

　　古城民居中的前后院是用花厅联系两个院，前院作花园，后院为正院，两个院的轴线均在房的轴线上。前院房屋一般是小巧玲珑的厅阁等与宅园相协调的建筑。民居中的两进院不同于前后院的是，两院不是在正房轴线上排列，而是左右并行，两院由过厅相联系。一般两院各有一轴线相互平行。前后院及两进院一般皆属中型民居。

　　民居中的多进多套院是基本平面形式的多院综合，有纵向发展的，有横向发展的，也有纵横同时发展的，一进两院式及多进多套院，一般属于富家大户

穿斗式 或称"串逗"式，木构架。是用穿枋把柱子串联起来，形成一榀榀房架。檩条直接搁置在柱头上，再沿檩条方向，用斗枋把柱子串联起来，从而形成了一个整体框架。一般这种木构架的形式在我国南方的江西、湖南、四川等地区广泛应用。

■ 丽江古城内的猜字壁

住宅，皆属大型民居。

另外，古城的纳西族民居中最显著的一个特点是，不论城乡，家家房前都有宽大的厦子，也叫外廊。

厦子是丽江古城纳西族民居最重要的组成之一，这与丽江的宜人气候分不开。因为气候宜人，所以这里的纳西族人就把一部分房间的功能如吃饭和会客等，搬到了厦子里。这一功能也就造成了古城的民居，大都有宽阔的厦子。

除了布局形式，古城民居还非常注重房屋的装饰，其重点是门楼、照壁、外廊、门窗、槅扇、天井、梁枋等。

门楼的形式有砖拱式、木过梁平拱式及木构架式3种，砖拱式门楼多为中间高、两边低的三滴水牌楼式样。木过梁平拱式门楼则是以木过梁承托、外包薄砖的三滴水牌楼。木构架式门楼多为双坡屋面，檐下用多层花板、花罩装饰。

天井 宅院中房子和房子或房子和围墙所围成的露天空地。南方房屋结构组成部分，一般为单进或多进房屋中前后正间中，两边为厢房包围，进深与厢房等长，地面用青砖嵌铺的空地，因面积较小，光线为高屋围堵显得较暗，状如深井，因此而得名。

民居照壁一般有三滴水、一字平式两种，内部的外廊小照壁多用大理石装饰。房屋的门窗均饰以木雕图案，如鸟禽、花卉、琴棋书画、博石器皿等，是功能与艺术相结合的产物。

同时，古城民居的庭院主要采用鹅卵石、五花石等为原料铺装，图案根据庭院大小或房主喜好而定，内容涉及花鸟鱼虫、八卦阴阳、民间传说、神话故事等，手法古朴，布局严谨。占地大、院落多的宅院，普遍由两坊一照壁、花台、水池等构成。

在现存的丽江古城中，主要有白沙民居建筑群和束河民居建筑群。其中，白沙民居建筑群位于古城北，曾是宋元时期丽江政治经济文化的中心，也是丽江古城的最早建筑群。

木雕 雕塑的一种，在我国常被称为"民间工艺"。雕刻用木材一般以不过硬为好，在传统建筑上用于垂花门、外檐、门窗、额枋、隔扇、屏风等。起源于新石器时期，在距今7000多年前的浙江余姚河姆渡文化，就已出现了木雕鱼。秦汉时期，木雕工艺趋于成熟，绘画、雕刻技术精致完美。

■ 云南丽江古城宁静的街道

白沙民居建筑群分布在一条南北走向的主轴上，中心有一个梯形广场，4条巷道从广场通向四方。民居铺面沿街设立，一股清泉由北面引入广场，然后融入民居群落，极具特色。

束河民居建筑群在丽江古城西北，是丽江古城周边的一个小集市。束河民居建筑群依山傍水，房舍错落有致。

街头有一潭泉水，称为"九鼎龙潭"，又称"龙泉"。泉内水质清澈，游鱼可数，从泉中溢出的流水蜿蜒于街衢旁。

另外，有一条名为青龙河的河流从束河村中央穿过，上面还架起一座石拱桥。据说，此桥名为青龙桥，是丽江境内最大的石拱桥。

除了这座四方街，在丽江古城区内的玉河水系上，飞架起的300多座桥梁也是古城的一景。这些古桥形式多样，主要形式有廊桥、石拱桥、石板桥、木板桥等。

在众多的古城古桥中，最著名的数大石桥、万子桥和南门桥。除此之外，还有锁翠桥、万千桥、马鞍桥、仁寿桥等。古桥的存在既方便了居民的出行，也为古城增添了一道亮丽的风景。

阅读链接

三眼井又称三叠泉或三叠水，是我国丽江特有的一种水井。我国北方的三眼井多以品字形分布，井水深，井口小，共有3个井口供三人同时取水。而丽江三眼井实际上是一个泉眼出水，从高到低分三级地势流淌。因三眼井按地势而成，下塘水不会污染上塘水，又可供不同需求者同时使用。

在丽江古城中，共有三眼井5个。凡有三眼井的地方，周围都有小型广场，栽有古树名木，除了挑水、洗衣服的人从外，早晚时分，还有许多老人小孩喜欢到此憩息，构成丽江古城特有的一幅现代市井生活图，这也是丽江古城的一大特色。

丽江知府组织兴建土司衙门

1382年，古城所属通安州知府阿甲阿得归顺明朝，明朝在此设立丽江军民府，明太祖朱元璋钦赐阿甲阿得姓木，并封他为世袭知府。

此后，木得在狮子山麓兴建丽江军民府衙署，并继续扩建古城贸易集市和街道建设，到了明朝末年，丽江古城已经呈现出一片繁荣的景象。

在现存的丽江古城中，有很多建筑就是在明代修建起来的。其中，位于丽江古

■ 朱元璋（1328—1398年），明太祖朱元璋，字国瑞，汉族，明朝开国皇帝。原名朱重八，后取名兴宗。1368年，在南京称帝后建立了全国统一的封建政权。统治时期被称为"洪武之治"。

■ 丽江古城木府

城西南角便是明代的丽江军民府府衙。

此府衙俗称木府，始建于1382年，府衙分布在一条东西轴线上，依次排列有金水桥、忠义坊、圆池、正殿、光碧楼、寿星楼、丹墀、一文亭、玉音楼、三清殿，直至狮山御园，一进数院，巍峨壮观。

这是一座仿紫禁城的纳西族宫廷式建筑群，西面为府署，中间为家院，东面为南北花园，可以说得上是气势恢宏，然而这里面住的不是皇帝和皇后，而是纳西族的世袭统治者木府家族。

原府衙于清咸丰、同治年间遭兵乱洗劫，现存府内建筑是后世重建的。中轴线上的主体建筑依次为：玉带桥、忠义坊、木府门、议事厅、万卷楼、护法殿、光碧楼、玉音楼、三清殿和后花园，侧面还有驿馆和木家院等。

其中，进入木府的第一道大门为关门口。这里是

咸丰 爱新觉罗·奕詝，20岁登基，在位11年，31岁病死，咸丰是清朝秘密立储继承皇位的最后一位皇帝，他被后人称为无远见、无胆识、无才能、无作为的"四无"皇帝。他宠爱叶赫那拉氏，误国殃民，留下千古遗憾。

明清时期茶马古道必经之处。门口的一对石狮乃木府修牌坊时的狮子转移至此，至今已有上百年的历史。

天雨流芳牌坊是进入木府的第二道大门，上面写着"天雨流芳"4个大字。这4个字乃有一语双关的意思，用汉语理解是"皇恩浩荡如天雨流芳"。用纳西语的解释是"看书去吧"。

在天雨流芳牌坊后面，是明代木氏土司所建的玉带桥，因护城河从北、东、南三面玉带般环绕木府，此桥如玉带上的扣饰，故名玉带桥。因桥形酷似马鞍，该桥又名马鞍桥。一般的桥梁长度大于宽度，而玉带桥桥宽则远远大于桥长。

进入木府的第三道大门是一座采用金沙江边的汉白玉建成的，石柱撑着牌坊上的碑、椽、檐、坊盖，共有两层结构的大型石牌坊，名为"忠义坊"。

朱翊钧 （1563—1620年），汉族，明朝第十三位皇帝，明穆宗第三子，即万历皇帝。庙号神宗。他亲政初期，勤于政务，在军事上发动了"万历三大征"，平定哱拜叛乱和杨应龙叛乱，对外帮助朝鲜击败侵朝日军。在位48年，是明朝在位时间最长的皇帝。

■ 木府忠义牌坊

匾额 我国古建筑的重要组成部分，相当于古建筑的眼睛。匾额中的"匾"字古也作"扁"字。用以表达经义、感情之类的属于匾，而表达建筑物名称和性质之类的则属于额。有种说法认为，横着的叫匾，竖着的叫额。

牌坊上层中央是金字"圣旨"，下层的大号金字是圣旨的内容："忠义"，这是明神宗朱翊钧钦赐镌刻的。4只石狮蹲踞在牌坊前，威风凛凛。赫赫有名的木府就在牌坊后边。

木府朝向坐西朝东，与一般古代官府坐北朝南不同，木府是朝向皇帝所在的方向，体现着孝忠皇帝。

木府所有的门都是木质，因为木府还有自己的理论，那就是"木府理论"。

"木府理论"称：木氏土司当年极为尊崇"开门为诸侯，关门是天子"的思想；其次纳西族因在"夹缝中求生存"，非常推崇汉文化教育；同时，木府内"木"的内涵很丰富："见木低头""丽江和'木'

■ 丽江古城木府万卷楼

■ 丽江古城木府内的议事厅

相处""以水养木""喜木朝阳"等；再者，木氏土司与中央王朝关系密切，许多匾额、楹联等都反映了这一点。

为此，可以看出，"木府理论"其实也是寻回了被人们遗忘已久的木氏王国文化。

进入木府大门，是一个大广场，左右是钟楼、鼓楼，穿过广场步上三层平台是一座巨大的宫殿式建筑议事厅。土司木公在这里办公，厅前高悬3块金匾，是明太祖、明成祖等3位皇帝赐给木土司的，内容都是"诚心报国"，既是褒奖，也是希望。

议事厅后是坐落在水中央的3层的万卷楼，这里是木土司藏书学习的地方，环境清幽，门窗木雕精美。万卷楼的后门上是嘉靖年间皇帝赐的"忠孝文武"匾。

往后去就是护法殿又称后议事厅。据说这是木土

诏书 皇帝布告天下臣民的文书。在周代，君臣上下都可以用诏字。秦始皇统一六国，建立君主制国家后，自称朕。并改命为制，令为诏，从此诏书便成为皇帝布告臣民的专用文书。汉承秦制，唐、宋废止不用，元代又恢复使用。明代用诏书宣布重大政令或训诫臣工。

司处理家事的地方，中间供奉"天地君亲师"的牌位和土司祖先的画像，后门上挂着"乔木世家"匾。

护法殿后，一条街道把木府分成两部分，靠过街楼连接。从后门进入光碧楼，楼上陈列着丽江古往今来的杰出人物的画像和照片。

光碧楼的后边是亭亭玉立的玉音楼，这里是专门存放历代帝王发布的诏书，以及接圣旨之所和歌舞宴乐之地。

演奏乐曲，接待来客，本来应该是一座很快乐的建筑。但是人们看到二楼后边悬挂的一块匾就快乐不起来了，匾上写着"天威咫尺"，意思大概是不要以为山高皇帝远，不要过分放纵自己，忘记自己对国家的责任。据说，这块匾额是一位名叫木增的土司对后世子孙意味深长的警示，要求后世子孙千万要加强自我约束。

古城内木府背枕狮子山，山上遍植柏树，如今狮子山上还保存着一大片古老的柏树林，它就是"丽江十二景"之一的"黄山古柏"。在狮子山极目下望，古城鳞次栉比的民居瓦房呈现出一片与天地混融的黛青色，苍苍茫茫宛若一幅巨大的水墨画。

阅读链接

古城内木府大门前的"忠义坊"是一堵石牌坊。相传丽江木天王为了建造石牌坊，派许多工匠到江边开凿石头，把重达500~5000千克的石柱石板往丽江古城运，许多人被活活累死。

石料备齐后，木大王又叫一位丽江白族师傅来主持工程，搭架试修了几次都倒了。后来师傅从小孩的游戏中得到启发，先竖石柱，周围拿土堆得和石柱一样高，再砌丽江古城石牌坊，砌好后又把土撤去，终于成功。

据说，木府建造此牌坊时，四周用木板、竹子围住，造好后才拆去。木天王怕走漏风声，又把造牌坊的工匠活埋灭口。

徐霞客做客古城木府福国寺

1636年，已经51岁的明代大旅行家徐霞客，从家乡江苏无锡出发，开始他一生中最后，也是时间最长、路程最远的一次考察旅游。

两年后，徐霞客从贵州进入云南。当徐霞客进入丽江古城，踩在五彩碎石铺成的街道上时，他被丽江的山水倾倒了。

在后来编撰的《徐霞客游记》中，我们还能够看到当时的丽江古城风貌：

■ 徐霞客（1587—1641年），名弘祖，字振之，号霞客，汉族，江苏江阴人。伟大的地理学家、旅行家和探险家。作品被后人整理成《徐霞客游记》。

■ 丽江木府景观

坞盘水曲，田畴环焉。中有溪自东山出，灌溉田畴更广。又有谁西南自文笔山，沿南山而东转，随东圆岗之下，经三生桥而东，与二水会，于是三水合而成漾共江之源焉……

从《徐霞客游记》中，我们可以触摸到300多年前这个文明古郡的缩影，感受到古老文化的巨构华章。

据说，徐霞客的丽江古城之行是受到当时的土司木增邀请的。

这位木增是丽江第十九代土司，他从11岁起便世袭父职，有出众的政治军事天才。

当时，明朝的统治已走向末路，内忧外患。忠于明朝皇帝的木增，多次贡献银饷给明朝廷，以急朝廷的战事之需。他还上书给皇帝，建议皇帝敬天，遵守

木增 明代纳西族作家。字长卿，一字生白，号华岳。著有《啸月函》《山中逸集》《芝山集》《空翠居录》《光碧楼选集》等7部诗文集。遗诗1000多首，收入《四库全书·子部杂家》。其诗多一题复咏，运用不同韵律和诗体表达不同的立意。

先祖法变；爱身修德，去声色；爱民减役薄税；用贤能；广开言路；详察亲访，辨别好坏；守信用，赏罚分明；平定辽东边患；重视孔子之学等。

1620年，明皇帝赐给木增"忠义"二字，这就是后来丽江古城木府门前的忠义牌坊的由来。

除了在军政方面表现卓著外，这位木土司自幼勤奋好学，博览群书，少年时就能吟诗作赋。他在纳西族地区大力倡导学习汉文化。

为此，木增还在丽江木府内兴建了"万卷楼"，广泛收集百家经典，在现存的古城木府里，还有他当年收集的汉文丛书。

另外，木增的书法也很出色，在后来修建的丽江博物馆，人们可以看到他书写的两副对联：

僧在竹房半帘月；

鹤栖松径满楼台。

谈空客喜花含笑；

说法僧闻鸟乱啼。

草书 汉字的一种书体，特点是结构简省、笔画连绵。形成于汉代，是为了书写简便在隶书基础上演变出来的。有章草、今草、狂草之分。初期的草书，是一种草率的写法，称为"章草"，章草是早期由草书和汉隶相融的雅化草体。

从两副对联中，人们可以看到这位土司的草书潇洒飘逸，功底深厚。

木增在纳藏文化史上的最大功绩，是1614年亲自主持开始刊印藏文佛经大典《甘珠尔》。这部108卷包括1000多篇文献的经典历时9年才得以完成，史称丽江版《甘珠尔》。

再说徐霞客来到古城后，木增在古城的福国寺东堂五凤楼前，隆重地接待了这位旅行家。徐霞客在这里住宿几天，还考察了丽江附近的景物名胜。这在《徐霞客游记》中记述得非常详细。

丽江古城的福国寺始建于1601年，最早只是木氏土司的家庙。

当时的木氏土司请来汉传大乘佛教僧人在此念经修行，成为汉传佛教禅寺，寺名"解脱林"。后来的明熹宗朱由校赐名为"福国寺"，此后福国寺之名一

■ 丽江福国寺

直被沿用了下来。据明朝《福国禅林纪胜记》碑载：

延袤数里，松桧万章，盘桓夹层，是为解脱林。林中之梵刹、危楼、飞观、绘橡薄栌，金碧辉映者，为福国寺。

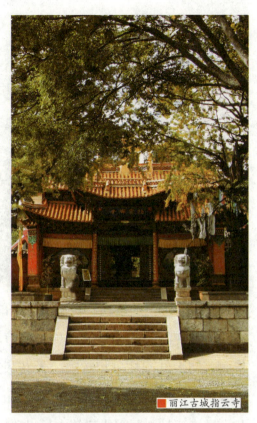
■丽江古城指云寺

到了清代康熙年间，福国寺里已没有了汉传僧侣住持。1678年，丽江木氏土司木懿从青藏请来都知等高僧，将福国寺改建为藏传佛教噶玛噶举派寺院。

改扩建后的寺院成了一所有经堂殿宇五大院、僧房十八院的建筑群，福国寺成了丽江第一座藏传佛教寺院。

福国寺是丽江五大寺的母寺，作为云南最大的噶玛噶举派寺院，噶玛巴、夏玛巴、大司徒仁波切、嘉察仁波切等都曾在此主持过大法会，佛法极为兴盛，寺中珍藏有许多有关噶玛巴活动的圣迹和文物。当时有僧侣90多人，规模甚是壮观。

1864年的正月，福国寺毁于兵火，到了1882年又曾重建。福国寺后来被毁，只有"五凤楼"与"解脱林"的门楼被保留了下来。

作为丽江主要的文化遗产，寺院最有名气的当属大殿五凤楼。

五凤楼，又名"法云阁"，建筑极为精美。不论从哪个方向来看，均像5只展翅欲飞的凤凰，五凤楼也因此而得名。五凤楼为3层木构塔式建筑，三叠八角，气势十分雄伟。五凤楼的檐角组成上翘曲

丽江五凤楼

线，使庞大沉重的楼顶，显示出轻快的飞动感。

五凤楼的楼尖为贴金宝顶，多节玲珑。楼内雕刻精致，彩绘典雅华丽，与大红圆柱争相辉映。天花板上绘有太极图和飞天神王以及龙凤呈祥等图案，线条流畅，色彩绚丽，具有汉、藏、纳西等民族建筑艺术风格，是中国古代建筑中稀世珍宝和典型范例。

五凤楼是云南省民族地区现存的一项具有科学、历史、艺术价值的重要古建筑。1983年，五凤楼被云南省人民政府认定为省级重点文物保护单位。

阅读链接

据说，作为土司木增的贵宾，徐霞客受到了木家上下的盛情相待，在其宴会上，徐霞客惊叹称："大肴八十品，罗列甚遥，不能辨其孰为异味也。"

同时，木增的儿子招待徐霞客时也毫不逊色："菜肴中有柔猪、牦牛舌……柔猪乃五六斤小猪，以米饭喂成者；其骨俱柔脆，全体炙之，乃切片以食。牦牛舌似猪舌而大，甘脆有异味。"同时，徐霞客还被赐给了珍贵的红毡、丽锁。连当地福国寺的住持也"馈以古磁杯、薄铜鼎、并芽茶为烹沦之具"。

大理古城

　　大理古城东临碧波荡漾的洱海，西依常年青翠的苍山，形成了"一水绕苍山，苍山抱古城"的城市格局。从779年南诏王异牟寻迁都阳苴咩城开始，已有1200多年的建造历史。

　　大理的全称是大理白族自治州，是一个以白族为主的多民族聚居地区，大理古城是我国首批24个历史文化名城之一，大理城的城区道路仍保持着明、清以来的棋盘式方格网结构，素有九街十八巷之称。

明代在羊苴咩城遗址建古城

　　作为我国首批历史文化名城之一的大理古城，在我国古城中的地位是独一无二的。后世所见的大理古城是以明朝初年在阳苴咩城的基础上恢复的。

　　古城呈方形，开4门，上建城楼，下有卫城，更有南北3条溪水作

■ 云南大理古城内的石头房屋

■ 大理古城内的白族民居

为天然屏障。城墙外层是用砖砌而成，城内由南到北横贯着5条大街，自西向东纵穿了8条街巷，整个城市呈棋盘式布局。

羊苴咩城位于大理城南的苍山中和峰下，仅留残垣的城墙。

羊苴咩城是继南诏太和城后，南诏、丽江古城国的重要都城。北城墙依梅溪修建，溪水深沟成了天然的护城河。羊苴咩城墙用土夯筑。据史书记载，羊苴咩城南城墙应在龙泉溪旁，但城墙遗迹不明显。

在大理古城内，有一块1309年的《加封孔子圣诏碑》，碑文内容表明，大理古城是羊苴咩城东面的一部分。

早在六诏与河蛮并存时期，羊苴咩城就是大理洱海地区的一个较大的村邑，已经具有城市的雏形，是

皮逻阁（697—748年），南诏的第四代王。他在位期间，在唐王朝的支持下并吞了其他五诏，使洱海地区统归南诏管辖。738年，他入京朝贡，受到唐玄宗的礼遇，加封为"特进云南王、越国公、开府仪同三司"。

《蛮书》 为记载南诏史事的史书。又名《云南志》《云南记》《云南史记》《南夷志》《南蛮志》《南蛮记》。共10卷。唐樊绰撰。

大军将 南诏官名。员12人，与清平官地位相仿，在内则每日与王商议国事，出外则领兵任节度使。清平官出缺时，以大军将递补。

■ 大理古城城楼

南诏王皮逻阁统一六诏、征服河蛮后占领的城邑。阁逻凤曾对羊苴咩城进行扩建，成了南诏的重要城镇。

779年，南诏王阁逻凤去世，由于他的儿子凤迦异早逝，而立他的孙子异牟寻为南诏王。后来，异牟寻修建了三阳城作防御吐蕃城垣，并于779年将王都从太和城迁至羊苴咩城。

羊苴咩城和云南省大理太和城一样，只有南、北两道城墙，西依苍山为屏障，东据大理洱海为天堑，羊苴咩城地势十分险要。据《蛮书》记载，羊苴咩城内建有南诏宫室和高级官吏的住宅。

羊苴咩城南、城北两座城门之间由一条通衢大道相连。城内有一座高大的门楼，在左右有青石板铺垫的高大台阶。从羊苴咩城南城门楼进去，走300步就到第二座门楼，羊苴咩城两旁又有两座门楼相对而

■ 大理古城城墙

立。这两座门楼之间，是高级官员清平官、大军将和
六曹长的住宅。

进第二道门，走200步到第三道门。门前置放兵
器，在羊苴咩城内建有两座楼。第三道门后面有一照
壁，走100步就可以见到一大厅。

这座大厅建筑宏伟，厅前建有高大台阶，厅两旁
有门楼，厅内屋子层层叠叠。过了大厅，还有小厅。
小厅后面是南诏王的宫室。

856年，南诏王劝丰佑在羊苴咩城内修建了一座
宏伟的建筑物，这就是五华楼。五华楼位于大理古城
的中心部位，是古代南诏王的国宾馆，又叫五花楼。
因其规模相当宏大，在南诏时，曾被称之为"天下第
一楼"。

清平官 南诏官名，相当于唐代的宰相。继南诏之后的大长和、大天兴、大义宁、大理均沿置。南诏最高行政长官统称"清平官"，六人七人不等，清平官中设"内算官"一人，掌握机密，威权极重。

这个巨大的羊苴咩城楼上可容纳万人，下面可以竖5丈旗，是南诏接待西南各部落酋长的国宾馆。每年，南诏王以及后来大理国的大理王都会在五华楼会见西南夷各个小国君长，和其他一些重要宾客，赐酒席佳肴，奏以南诏、大理时期的音乐。

据《南诏野史》记载，元世祖忽必烈征大理时，曾在五华楼前驻过兵，后来五华楼被战火烧毁，明代已不存在了。后人从五华楼遗址发掘出的宋元时期的石碑，碑文进一步证实了《南诏野史》的记载。

五华楼作为国宾馆的历史也长达数百年之久。明洪武年间，政府在易址重修大理古城时，将城中的钟鼓楼改称五华楼，但其规模格局已远远不如南诏时期的五华楼。1862年，清代地方官又集资重修五华楼，后来屡经修建。

《南诏野史》记载，到1253年，羊苴咩城作为南诏旅游景点、大长和、大天兴、大义宁、大理国等王朝的都城。

1274年，元朝在云南建立云南中书省，云南省会设在鸭池城后，羊苴咩城才失去云南政治、经济、文化中心的地位。1382年，明朝新建大理府城，大理羊苴咩城才逐渐荒废。

青史留芳的古都古城

阅读链接

南诏王阁逻凤去世后，立他的孙子异牟寻为南诏王。当时正值南诏、吐蕃联军进犯西川，即四川，遭到唐将李晟的痛击。吐蕃责怪南诏，改封异牟寻为"日东王"，使大理南诏的地位降为吐蕃属国。

据《旧唐书》记载，异牟寻是一个知识渊博，有才智，颇具领导才能的人。当他开始意识到叛唐投靠吐蕃的危害时，希望重新归附唐朝，但又害怕吐蕃兴师问罪，异牟寻修建了三阳城作防御吐蕃城垣，并于779年将王都从太和城迁至羊苴咩城。

始建于古南诏国的崇圣寺三塔

　　崇圣寺三塔，是南诏国和大理国时期建筑的一组颇具规模的佛教寺庙，位于原崇圣寺正前方，呈三足鼎立之势。崇圣寺初建于824年至859年间，大塔先建，南、北小塔后建，寺中立塔，故塔以寺名。

　　崇圣寺三塔位于大理古城北，东对洱海，西靠苍山，是大理市"文献名邦"的象征，是云南省古代历史文化象征，也是我国南方最古老、最雄伟的建筑之一。

　　崇圣寺是我国明代旅行家徐霞客在《滇游日记》中所写的三塔寺。崇圣寺的壮观庙宇在后来烧毁，只有三塔完好地保留下来。

　　崇圣寺三塔，由一座大

崇圣寺

■ 大理三塔旁的崇圣寺

密檐式塔 我国佛塔主要类型之一，是一种由楼阁式塔演变而来的新式佛塔，多是砖石结构。密檐式塔始于东汉或南北朝时期，盛于隋、唐，成熟于辽、金，它是由楼阁式的木塔向砖石结构发展时演变而来的。密檐式塔是唐代、辽代塔的主要类型，而且多为四角形、六角形和八角形。

塔和两座小塔组成。大塔又叫千寻塔，与南北两座小塔的距离都是70米。

千寻塔高约70米，是方形密檐式空心砖塔，一共有16级，具有典型的唐代建筑风格。塔身内壁垂直贯通，上下设有木质楼梯，可以登上塔顶从瞭望小孔中欣赏大理古城的全貌。

千寻塔矗立在两层高大的台基上，塔前朝东的照壁上有"永镇山川"4个苍劲有力的石刻汉字，是由明代黔国公沐英的孙子沐世阶所写。

千寻塔始建于823年至859年间。建塔的方法传说有多种，其中的一种叫"土层掩埋法"，也就是由塔基开始，每修好一级塔，就用土层掩埋一级，并把土堆压成一个斜坡形的土台子，这样就大大方便了运送建筑材料和修建上一级塔。等到大塔封顶时，土台的斜坡已延伸数千米远，接下来又一层一层地挖去埋塔的土层，直到完全显露出整座塔。

三塔中，南北两座小塔高度相同，约42米，各有10级，是一对八角形密檐式砖塔，八层以上是实心，八层以下则是空心。外观轮廓线像锥形，具有典型的宋代建筑风格。

南北小塔约建于1108年至1172年间，大理国段正严、段正兴时期。随着年代的久远，两座小塔已经偏离了垂直线，倾斜了400多年。

仰望三塔，千寻塔每级四面都有拱形佛龛，相对的两龛内供有佛像，另外两龛则作为窗洞直通塔心。而南北小塔，每级的八方都有形状各异的塔形佛龛，各层塔身都有浮雕作为装饰。崇圣寺三塔的级数都为偶数，而其他地方佛塔的级数一般都是奇数。

崇圣寺三塔，从修建之日起，除了经历上千年风吹雨打和日晒之外，还经历过30多次强地震考验。其中，明代正德年间的大地震，大理古城房屋绝大部分倒塌，千寻塔也折裂如破竹。可是10天后，千寻塔竟奇迹般地自行复合如初。

崇圣寺及三塔建成后，一直到明代，寺院保存完好。

据史料记载，崇圣寺及三塔是三阁七楼九殿，房屋890多间，有佛像1.14万尊。

大理国时期曾有9个国王禅

佛龛 供奉佛像、神位等的小阁子，如佛龛、神龛等，一般为木制，我国古代的石窟雕刻一般是神龛式，小龛又称楔。龛原指掘凿岩崖为空，以安置佛像的地方。后世转为以石或木，制成橱子形，并设门扉，供奉佛像，称为佛龛。

■ 崇圣寺三塔

位为僧，任崇圣寺住持。在佛教盛行的大理国时期，百姓不论贫富，家家户户都有佛堂。不论男女老少，都手不释数珠，因此大理国素有"佛国"之称。

而崇圣寺又有"佛都"之誉，寺中的三塔、鸿钟、雨铜观音、证道歌碑和佛都匾、三圣金像，被视为五大宝物。直到明代，官员李元阳组织重修崇圣寺时，寺中的五宝还保存完好。

寺内的雨铜观音塑像，庄严静美，细腰赤足，造型精妙。相传，当时在殿内铸造高近10米的观音像时，铸到一半铜就已用完了，这时天上下了一场铜雨，人们便收集这些如珠铜雨才铸完了观音，故名雨铜观音。

在南诏和大理国时期，藏传佛教、印度密教和禅宗等宗教文化曾在大理得以交汇与融合。

阅读链接

在千寻塔上书有"永镇山川"4个字，之所以写这4个字，有两种说法。

一种说法是，大理地区历史上水患较多，恶龙作怪，因此要治水就要先治龙。可是，龙只畏惧大鹏。因此只要塔和塔上的大鹏金翅鸟存在，龙就不敢作恶了，水患当然也就减少了。

另一种说法是，明朝时期，地处边疆的大理地区已划归明朝版图，明政府为了充分表达对这块版图的坚守之意，在屹立不倒的塔基上题字刻碑就再合适不过了。

康熙年间始建古城第一门

　　文献楼位于大理古城南门外，素有古城第一门之称，是大理古城的标志性建筑。

　　文献楼始建于清代康熙年间。因楼额悬挂云南提督偏图，汉名李羲瑞在1701年所题的"文献名邦"匾额，故名文献楼。"文献名邦"

大理古城文献楼

青史留芳的古都古城

■ 大理古城文献楼内的题词

匾的两侧有清代文人周仁所写的长联：

溯汉唐以还，张叔传经，杜公讲学，硕彦通儒代有人，莫让文献遗风暗消在新潮流外；

登楼台而望，鹫岭夕阳，鹤桥小路，熙来攘往咸安业，但愿妙香古国常驻于大世界中。

塔刹 指佛塔顶部的装饰，塔刹位于塔的最高处，是"冠表全塔"和塔上最为显著的标记。"刹"来源于梵文，意思为"土田"和"国"，佛教的引申义为"佛国"。各种式样的塔都有塔刹，正所谓是"无塔不刹"。塔刹是塔顶攒尖收尾的重要部分。

这副对联简单明了地介绍了大理古国的风情。

此外，还有"文献楼""南诏故都"等匾额。楼的东墙上镶嵌一块纪念大理最早的汉文化传播者张叔、盛览的石碑，上刻"张叔盛览故里"六字石碑。

文献楼横跨古城南面进入大理古城的通道两旁，柳树成荫，充满诗情画意，是当时官府迎送达官贵人的门户。

蠹立在砖石结构门洞上面的文献楼，是两层歇山式土木石结构的镝楼，具有典型的白族建筑特色。文献楼历史上几毁几修，重建后的楼体雄伟壮丽。

大理古城另一处标志性建筑是弘圣寺塔，俗称一塔，位于大理古城中和镇西南原弘圣寺前。历经岁月，大理弘圣寺早已荡然无存，只存寺塔威严耸立。

弘圣寺塔是16级密檐式方形空心砖塔。弘圣寺塔全塔分为基座、塔身和塔刹3个部分，有3台正方形基座，四壁用石头垒砌，备台之间有石阶相通。

弘圣寺塔第一台石阶在南面，第二台石阶在东面，第三台石阶在西面，直对塔门。

弘圣寺塔门呈圭角式，其上镶浅浮雕的5尊佛像，东、南、北三面各劈假卷门一道，弘圣寺塔身各层之间用砖砌出叠涩檐，四角飞翘。从2~15层，每层四面皆有佛龛，龛内置佛。弘圣寺塔佛顶四角原有金

413

苍山洱海

大理古城

■ 大理文献楼

■ 杨慎（1488—1559年），明代文学家，明代三大才子之一。字用修，号升庵，后因流放滇南，故自称博南山人、金马碧鸡老兵。禀性刚直，遭贬谪以后，特多感愤，又能文、词及散曲，论古考证之作范围很广。著作达百余种。后人辑为《升庵集》。

翅鸟现已不存。

云南省弘圣寺塔刹装置在塔顶覆钵上，上为仰莲，再上为7圈相轮，相轮上为八角形伞状宝盖，再上为葫芦形宝珠，弘圣寺塔宝盖角上挂有风铎，弘圣寺塔的造型，与大理千寻塔相似。

关于弘圣寺塔的建造年代，史籍记载的说法不一，如《大理县志稿》中说：

弘圣寺塔，在大理城南弘圣寺，弘圣寺塔高二十余丈，十六级。世传周时阿育王建，明李元阳重修。

杨慎在《重修弘圣寺记》中又说："塔形于隋文帝时。"

弘圣寺塔是宗教的产物，修建如此宏伟的建筑物，必须具有一定的社会条件，以上说法均是附会。

现依据弘圣寺塔塔门上佛像的造型及所出土的梵文塔砖《阿闪佛灭正报咒》以及出土的塔、佛像的造型判定，应为大理南诏国时期的建筑，明嘉靖时郡人李元阳曾对弘圣寺塔进行过修葺。

新中国成立后在维修弘圣寺塔时，在塔顶部发现一批南诏、大理国时期的重要文物。这些文物多是宗教题材的佛、菩萨、天王、力士、明王、塔模、金刚杵、铜镜、手镯、光珠和贝等。

材料质地有木、玉、金、银、水晶、铜、镏金铜和铁等。每件文物都技艺精湛，堪称上品，佛像的造型也是面貌各异。整座古塔简直就是一座巨大的文物宝库。

除了文献楼和弘圣寺塔，元世祖平云南碑也是

相轮 五重塔屋根的金属部分的总称，塔刹的主要部分。从上到下依次是宝珠、龙车、水烟、九轮、受花、覆钵、露盘。宝珠装有佛舍利。龙车是高贵者的乘坐，水烟避免火灾，九轮代表五智如来和四菩萨，受花用于装饰的基台，露盘是覆钵的土台。

■ 大理文献楼夜景

不可多得的历史证物。此碑立于大理古城三月街街场内，立碑时间为1308年。

碑正面朝东，背靠苍山，面向洱海。碑由青石座、两截青石碑身、大理石碑额、麻石砌筑圆券顶和围护迎框组成。

石碑的顶部稍有残缺。文字均为直行正书。碑文出自翰林院名家的手笔，文辞典雅，气势磅礴。上石着重叙述征伐云南事迹，下石颂扬了元世祖的功德。碑额呈半圆形，正面有"世祖皇帝平云南碑"和双龙捧月浮雕，背面刻有3尊浮雕像。

碑文不仅歌颂了元世祖讨平云南的赫赫战功，还简要地叙述了忽必烈挥戈南指、转战万里，采取大迂回的行军路线，兵分三路向云南挺进的经过。当时，忽必烈亲自率领中路大军，渡大渡河、雅砻江和金沙江，从丽江直逼洱海，一举讨平了大理。

碑文还记载了元宪宗在大理的一些行政措施。因此，该碑对研究元初的政治、军事及云南地方史提供了较为可靠的实物资料。为了保护该碑，大理地方政府专门为该碑建了围墙。

阅读链接

元世祖平云南碑的碑文追述了元世祖平云南的经过。1262年，忽必烈由宪宗蒙哥"授纳专征"。第二年，蒙古军乘革囊渡过金沙江进入云南丽江。此行之前，已经先行遣使前往大理，招降大理国段氏，但因道路受阻使臣没有回来。11月，从丽江又派使臣去招降大理国，可是使臣到了大理国便遭杀害。

1254年，忽必烈北上，轻松就打败了大理国段氏。忽必烈下令：凡是善意归降者，一律厚待。至此，宋朝大理地方政权灭亡。元军攻下了羊苴咩城和拓东城以后，又平定了37个乌蛮部落，云南从此太平。

凤凰古城位于湖南省西部，是我国历史文化名城，国家AAAA级景区，曾被新西兰著名作家路易·艾黎称赞为中国最美丽的小城。

凤凰古城西托云贵，东控辰沅，北制川鄂，南扼桂边，是怀化、吉首和贵州铜仁三地之间的必经之路。

作为国家历史文化名城，凤凰的风景将自然与人文融合一处。建于清康熙年间的"湘西明珠"小到仅有一条像样的东西大街，可它却融风景秀丽与名胜古迹于一身。

凤凰古城

取名于百鸟之王的古城

凤凰古城风景秀丽，历史悠久。相传天方国，就是古印度国的神鸟"菲尼克司"满500岁以后，收集香木自焚。后又从死灰中复生，秀美异常，再也没有死。

凤凰古城牌坊

这种鸟就是我国传说中的百鸟之王——凤凰。凤凰古城的西南有一座山，酷似展翅而飞的凤凰，凤凰城因此而得名。

凤凰古城古称镇竿，位于湖南湘西土家族苗族自治州的西南边。在春秋战国时期凤凰古城属于楚国的土地，秦朝隶属于黔中郡，唐朝始设渭阳县，

■ 凤凰古城

元朝和明朝设五寨长官司，清代设厅、镇、道、府，成为湘西军事和政治中心。

古城始建于1704年，历经300多年的风雨沧桑，古风不减，古貌犹存。

东门城楼和北门城楼仍然存在。城内的青石板街道、黄丝桥古城、奇梁洞、江边木结构吊脚楼，以及南方长城等建筑，无不具有古城特色。

这座最美丽的小城，现有文物古建筑60多处，古遗址100多处，明清两代特色民居建筑120多栋。还有明清石板古街道20多条。保存完好的唐朝旧县治黄丝桥古城是我国保存最完整的石头城之一。

黄丝桥古城始建于687年。据《湖南省志·地理志》所载："唐置渭阳县，县治在今治西南，此地现名黄丝桥"，经宋、元、明、清各代改造修葺，新中国成立后又修复，形成了一座雄伟壮观的石头城。黄丝桥古城在古代是官府屯兵之所，是历代统治者的前

战国 指公元前475年至公元前221年，它是我国古代重要的历史时期之一，其主体时间线处于东周末期。战国时代是华夏历史上分裂对抗最严重且最持久的时代之一。这一时期各国混战不休，故被后世称为"战国"。

■ 凤凰古城的民居建筑

腰檐 塔与楼阁平座之下的屋檐，称为腰檐。平座是楼层用斗拱、枋子、铺板等挑出，利以登临眺望的高台。通俗一点来说，建筑除了顶部的屋檐，下层还有类似屋檐的结构，比如楼阁各层都有的檐口，以及塔的各层檐口，顶层除外都叫作腰檐。

哨阵地。

黄丝桥古城是青石结构建筑，筑城所用的石料全是采用石灰岩的青光石。平整的石面精钻细凿，工艺考究。砌筑时以糯米稀饭拌和石灰砌缝灌浆，使数百米城墙浑然一体，坚固牢实。

古城开有3个城门，均建有10多米高的清式建筑格局的高大城楼，东门城楼题"和育门"，西门城楼题"实城门"，北门城楼题"日光门"。

3个城楼的屋顶均为歇山式，下层覆盖以腰檐，上布小青瓦，飞檐翘角，分外壮观。

城墙上部为锯齿形状箭垛，还有两座外突的炮台。不禁让人联想到当年，炮台之上箭垛之旁刀戟林立，人影浮动，刀光剑影的悲壮场面。

奇梁洞位于凤凰古城以北，属典型的碳酸盐岩洞。该洞以奇、秀、阔、幽四大特色著称。共分古战

场、天堂、画廊、龙宫和阴阳河五大板块。

洞中有山，山中有洞，洞洞相连。它集奇岩巧石、流泉飞瀑于一洞，由千姿百态的石笋、石柱、石钟乳构成了一幅幅无比瑰丽的画卷。

奇梁洞前端就是古战场。古战场内，如今还有许多地名与这场战斗有关：被义军用巨石砸翻而滚入河中的"落马河"；打米供近万义军吃饭的"古碾房"；由义军首领何车护身法宝荷花伞化成的"雨洗荷花"；以及何车的三员大将化成的"蛇头石""整石""河马戏山"等。

天堂是奇梁洞区别于"龙宫"的一大景区。走过古战场，顺河而下，是扑朔迷离、奇丽诡异的"龙宫"。拾级而上，随着路悬坡陡，数百级台阶盘，盘旋递升直至景致如画，五光十色的"天堂"。

"天堂"精彩纷呈，美不胜收，有大的景点30多

飞檐 我国传统建筑檐部形式之一，多指屋檐特别是屋角的檐部向上翘起，若飞举之势，常用在亭、台、楼、阁、宫殿、庙宇等建筑的屋顶转角处，四角翘伸，形如飞鸟展翅，所以也常被称为飞檐翘角。飞檐是我国建筑民族风格的重要表现之一。

依山傍水的凤凰古城

处。可溶性碳酸盐岩在漫长的岁月里，变幻出多姿百态、风韵万千的众多造型，为"天堂"造就了美妙绝伦的意境。

除了大景点以外，还有众多的小景点。它们一起构成了"天堂"峰回路转、光怪陆离、瑰丽奇妙的无边美景。

"十里画廊"有林海雪原、冰山雪莲、西南丛林、华山险道、躬耕桃源、西湖小景和殿堂琴音等，另有壁画，仙人佛像，千姿百态。

"十里画廊"一步一景，精妙非常，人间胜景，令人魂牵梦萦。

阅读链接

传说中，凤凰是人世间幸福的使者，每500年，它就要背负着积累于人世间的所有不快和仇恨恩怨，投身于熊熊烈火中自焚，以生命和美丽的终结换取人世的祥和幸福。

同样在肉体经受了巨大的痛苦和轮回后它们才能让更美好的躯体得以重生。凤凰经历烈火的煎熬和痛苦的考验，获得重生，并在重生中达到升华，称为"凤凰涅槃"，这段故事以及它的比喻意义，在佛经中称为"涅槃"。

宋代修建天王庙和杨家祠堂

到了宋代，凤凰古城又增建了许多建筑，其中最为著名的当属天王庙和杨家祠堂。虽然历经岁月的洗礼，但是古城仍然成为四方游人的向往之地。

天王庙也称三王庙和三侯祠，位于城东南观景山麓。这是一组工艺精巧的古建筑群，正殿坐南朝北，内置袍笼整齐，怒目威严的赤、

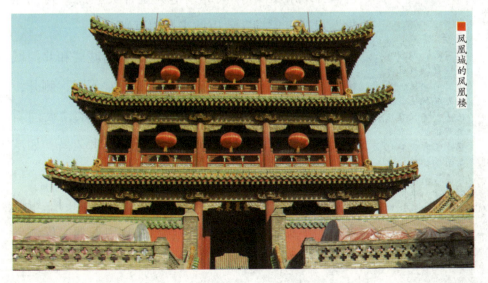

凤凰城的凤凰楼

白、黑三王神像，正门及门窗屋檐有许多奇特的古老浮雕。相传，三王就是南宋宣抚靖州军民总管杨胜龙、杨胜彪和杨胜篡三兄弟。

三王庙的正殿梁间，挂满了官商士民所献的"威镇苗疆""神恩浩荡"和"威灵显应"等各式木质金漆匾额。1836年，清太子太傅果勇侯镇总兵杨芳手书"三公天人"金字匾额一幅，高悬正殿中央，楷书4字笔力雄健，赫然映目。

1797年及1856年，管辖湘西的统治者都曾借助过神权来统治苗疆，大肆编造天王神灵胜迹，封"三侯"设"三侯祠"，以此来慑服百姓。

杨家祠堂位于凤凰古城沱江镇东门城楼和北门城楼之间。杨家祠堂的大门和一般的祠堂不同，侧开，令人感到很是奇怪。原来，杨家人信风水，大门斜开，正对着沱江，可以使祖业千秋，万世荣昌，如沱江之水源源不断，兴旺发达。

进入大门，抬头可见二重门上的牛头和门上蝙蝠木雕。牛头是湘西人的崇拜物事，用以辟邪，保佑平安。蝙蝠则是带来福气，带来吉祥。

总兵 官名。明初，镇守边区的统兵官有总兵和副总兵，无定员。总兵官本为差遣的名称，无品级，遇有战事，总兵佩将印出战，事毕缴还，后渐成常驻武官。

宣抚 官名。唐德宗后，派朝官巡视经过战乱及受灾的地区，称宣慰安抚使或宣抚使。宋代宣抚使为镇抚一方之军政长官，职位高于安抚使。元代于西南地区设宣抚司，参用土官，处理地方军政大事。明清宣抚使皆土官世袭之职。

杨家祠堂是典型的四合院建筑，木结构，上下两层，由大门、戏台、过厅、廊房、正厅组成。戏台在正厅对面，单檐歇山顶，檐下饰如意斗拱，4根台柱雕龙刻凤。

相传凤凰城中的杨姓都是大宋杨门忠烈的后代，所以戏台正中是"杨母教子"的彩绘，栩栩如生，其上写着"威震三关"4个遒劲大字，后有两侧门，供演员出入，分别写着"出将"和"入相"，彰显杨家"出则为将，入则为相"的自豪。

戏台两边有耳房、后台，专供演出者化妆休息。戏台的前方和上方有一组木雕，描绘的是一对青年男女自由恋爱，冲破重重阻力，后来幸福结合在一起，过着男耕女织的田园生活，最后儿孙满堂，安度晚年的美好图景。

戏台前是一小天井，铺满红砂条石。杨家祠堂曾经是凤凰城里听书看戏的公众场所，特别是在节日期间，上演傩堂戏，娱神驱邪。唱戏之时，锣鼓喧天，热闹非凡，盛极一时。

杨芳（1770—1846年），字诚村。自幼家道贫寒，好读书，苦练武，迫于生计，投身行伍。嘉庆帝对他倍加赞赏，赐他"诚勇巴图鲁"名号，升广西新泰协副将。1806年初，调任固原提督，后调任陕西西安镇总兵。

425

湘西明珠

凤凰古城

■ 杨家祠堂内的彩绘壁画

■ 杨家祠堂牌坊

傩堂戏 土家族的
一种祭祖活动，
又受到中原文化
及巴、楚文化的
影响，有着比较
明显的巴人"俱
事鬼神"和楚人
笃信巫术的文化
痕迹。它融巫
术、原始宗教和
戏剧为一体，成
为一种佩戴面具
演出的宗教祭祀
戏剧，据说已有
600多年的历史。

　　两边廊房，做工也很精细，颇为考究，窗户、门、檐饰件都是镂空雕花。以前，家族中有红白喜事，做寿或重要聚会，就在廊房就餐。

　　正殿为抬梁式，长方形天井鹅卵石铺地，极为讲究，为杨氏祠堂、议事之场所，香烟缭绕，庄重神秘，令人望而生畏。两侧还有杨氏家训：杨家声名已经百世流芳，子孙千万不要给祖宗脸面抹黑。

　　杨家祠堂设计精巧，壁画栩栩如生，整体建筑具有鲜明的民族特色和建筑艺术价值，成为湘西重镇最具特色的建筑典范。

　　凤凰古城在明清时期是大湘西的政治、经济、文化的中心，战事虽多，官商富绅也可云集此地，统治者们政治策略上，采取"以夷治夷，以苗治苗""攻心为上，攻城为下"的政策，因而在县城里，建有祠堂庙宇达50多座，另有亭台楼阁10多座。

作为一种纪念性的建筑，凤凰古城的祠堂大致可分为两类，一类是民众集资修建，用以纪念当地为官并有建树的人物，如分布在县城的傅公祠、王公祠、节孝祠等。另一类则是同一姓氏的族人为祭祀其祖先而立，其用途均为纪念、祭祀、议事、娱乐场所，这类祠堂平面布局多属四合院形式，其规模大小，根据族人繁衍人口及权势、财势大小来决定。

凤凰古城的祠堂，以田、杨两族的祠堂最大，而杨家祠堂也是凤凰城内保护最好的祠堂。太子太傅、果勇侯杨芳率族人于1836年开始建筑，由于杨芳官任三品，兵权在握，地位显赫，曾以总兵职务统辖部队镇守凤凰，且杨家本为名门望族，祠堂建筑的规模并不比一般寺庙逊色。

抬梁式 在立柱上架梁，梁上又抬梁，也称叠梁式。使用范围广，在宫殿、庙宇、寺院等大型建筑中普遍采用，更为皇家建筑群所选。抬梁式构架始于春秋时期，是我国古代建筑木构架的主要形式。

太傅 古代职官。处于专制统治者的核心位置，直接参与军国大事的拟定和决策，是皇帝统治四方的高级代言人。周朝设置，汉朝复置。东汉长期设立。历代沿置，多用为大官加衔，无实职。

阅读链接

南宋绍兴末年到淳熙初年，常德郡守鄢尔荣，无力征剿和收拾湘西骚乱的局面，便向南宋朝廷报告，请求派兵剿灭。宋孝宗便命令杨氏三兄弟出征。三兄弟设计诱敌到凤凰奇梁桥洞边进行决战，取得胜利。

三王替朝廷效忠，却并没得到行赏，反而因为他们相貌威严在朝廷上顾盼神威而遭人猜忌。皇帝听信他们日后要谋反的谗言，赐给他们有毒的"御酒"，三人死后成了冤魂厉鬼。

传说，1182年，三人变成3条金龙在朝廷现形，宋孝宗皇帝大骇，便封他们三人为"王"，在湘西凤凰和乾州立庙。

明清时期对古城的增建修缮

　　凤凰古城从建城之始，就受到历代统治者的高度重视。到了明清时期，在原有布局的基础上又增建了虹桥、南方长城、北门城楼、东门城楼、准提庵、崇德堂等。

　　虹桥横卧于沱江之上，这道风景，由下而上、由古而今穿越600多年的历史。

凤凰古城虹桥

这座桥始建于明代洪武初年，颇信风水的凤凰人都说，这座桥斩断的是一条龙颈，令一条巨龙身首异处。

据传，朱元璋听信一位阴阳先生的谗言，说这里早晚会有人出来问鼎中原，真命天子将出现。朱元璋于是朱笔一勾，龙颈被斩，凤凰风水遭毁灭性破坏，凤凰再也出不来皇帝了。

1554年，我国南方长城开始兴建，并于1622年竣工。长城南起与铜仁交界的亭子关，北到吉首的喜鹊营，被称为"苗疆万里墙"，是我国历史上工程浩大的古建筑之一。

南方长城的大部分在凤凰古城境内，城墙绕山跨水，大部分建在险峻的山脊上，沿途建有800多座用于屯兵、防御用的哨台、炮台、碉卡、关门。

明代，湘黔边境的苗人被划为生苗和熟苗，生苗是不服从朝廷政府管辖的少数民族，他们因不堪忍受

■ 亭子关 称王城，在湖南省凤凰县境内，是我国南方长城的起点。亭子关始建于1615年，是一个圆形屯堡。这个屯堡原设东、西、南3个大门。城墙内是兵房及守关兵丁家属居所。

天子 顾名思义，天之嫡长子。其命源天对封建社会最高统治者的称呼。他们为了巩固自己的地位和政权，自称其权力出于神授，是秉承天意治理天下，故称天子。一般认为，将封建社会最高统治者称为"天子"始于周代。

■ 苗疆长城敌楼

政府的苛捐杂税与民族欺压，经常揭竿而起。

为了安定边境地区，镇压反抗，明代朝廷拨出白银，在生苗与熟苗之间修筑起了长城。清代统治者后来也对苗疆长城做了部分增补修建。

但是，苗疆长城没有修筑得像北方长城那样雄伟高大。明清以来，苗疆长城上的石块不断地被当地人拆去建房、垒坎。后人只能看到时断时续的城墙和一些保存完好的城堡。

北门城楼本名"壁辉"，始建于明代。因位于凤凰古城北面，因而称为北门城楼，是凤凰古城的四大城门之一。

北门城门呈半圆形，深7米，由紫红条石砌成，上方刻有"壁辉门"三字。上有一幅石雕画，是《三国演义》中的诸多人物，具有百战百胜、胜利凯旋的寓意。城门之上是古砖砌就的城楼，上有8孔炮眼。

重檐歇山顶 歇山顶也叫九脊殿。除正脊、垂脊外，还有4条戗脊。正脊的前后两坡是整坡，左右两坡是半坡。重檐歇山顶的第二檐与庑殿顶的第二檐基本相同。整座建筑物造型富丽堂皇。在等级上仅次于重檐庑殿顶。宫殿建筑中重要大殿多采用重檐歇山顶。

站在城楼之上，可览沱江秀姿，观全城盛景。

古城楼两端沿江岸筑有城墙，也是由紫红条石砌成。凤凰古城在元、明时期曾是五寨长官司治所，筑有土城。

明代嘉靖年间从麻阳移镇竿参将驻防在这里，于1556年将土城改建为砖城，开设4扇大门，门上各盖一楼。

到了清代，古城的军事地位显得更为重要。清政府先后在这里设凤凰厅、镇竿镇辰沅永靖兵备道治所，古城的建设也得到加强。1715年，朝廷又将砖城改建为石城，北门定名为"壁辉门"，此后一直保存下来。

北门城楼采用本地红砂条石筑砌，做工考究，精钻细琢。城楼用青砖砌筑，重檐歇山顶，穿斗式木结构，石座卷顶。城楼对外一面有枪眼两层，能控制防

长官司 地方政权机构名。元朝于西南少数民族地区置，又称"蛮夷长官司"。秩如下州，设达鲁花赤、长官、副长官等，多以土人为之。明、清沿元旧称，只作为土官世袭的地方政权。设升官、副长官等职。此外，明朝又置蛮夷长官司，设官及品级均同于长官司。

431

湘西明珠

凤凰古城

■ 苗疆长城城墙

御城门外180度平面的范围。

■ 凤凰古城里的田家祠堂

北门城楼与东门城楼之间用城墙相连，前临沱江，既有军事防御作用，又有城市防洪功能，形成古城一道坚固的屏障，北门城楼和城墙，虽久经沧桑，仍雄伟壮丽，虽几经战火，仍巍峨耸立于沱江河岸。

清代，朝廷又对凤凰古城进行了增建，其中之一就是东门城楼。东门城楼就是"升恒门"，是凤凰古城四大城门之一。

该城楼始建于1715年，位于城东，面对东岭，紧靠沱江，古朴典雅。城楼仿照北京前门的式样，用青砖砌筑，工艺精湛，砌缝整齐，错落有致，层次分明，城楼巍峨耸立，庄严雄伟。

城门下部是由紫红砂岩砌成，上部城楼则用古砖砌筑。城门呈半圆拱形。城墙全部用红砂条石砌筑，规格一致。城楼大门上方有枪眼8孔。歇山屋顶，覆以腰檐，飞檐翘角，精美壮观。

《易经》 《周易》或《易》，是我国传统思想文化中自然哲学与伦理实践的根源，对我国文化产生了巨大的影响。据说是由伏羲氏与周文王根据《河图》《洛书》演绎并加以总结概括而来的，被誉为"群经之首，大道之源"。

城门上建有两层谯楼。楼内圆柱无斗拱，直接支承层顶。梁架结构为抬梁式与穿斗式的混合构架，大梁为"九架梁"。梁架上均有花虫鸟兽作装饰，古色古香。

主楼的重楼檐下原悬挂一幅青底黑字横匾"出乎震"，是1880年由邑贡生秦绳祖所书，与西门的"丽泽兑"匾额用典同出于《易经》，全楼俱油漆青色，寓东方属青之意。

正殿当中有关云长塑像，神龛两旁塑有关平捧印。关公神龛两旁塑有两尊佛像，顶楼有二十八宿木雕神像。

由于东门城楼采用重檐歇山顶式屋顶，穿斗式木构体系，此楼风格高古，庄重大方，为5个城楼之冠，极富南方古建筑的特点。

与东门城楼同年建筑的还有准提庵。准提庵位

433

湘西明珠

凤凰古城

■ 凤凰古城远景

于凤凰古城回龙阁古官道的南侧，是一栋单檐砖石抬梁式硬山顶古建筑。此庵于1870年重修。

入大门沿扇形石级而上就进入内门。内门也是半圆形，采本地红砂石为基，青砖砌墙，两侧各有两根石柱。石门两边各有一个圆形雕花木条窗，相传这是准提神的眼睛，与江对岸的万寿宫相望。庵内佛像、神像众多，金身熠熠，香火旺盛。庵后是风光秀丽的观景山，山泉鸟语，曲径通幽。

崇德堂始建于1844年，是一座典型的南方四合院，全木结构建筑。是清朝末期民国初年，凤凰当地的首富裴守禄先生的宅院。

崇德堂分为上下两层，下是由一间石雕展厅、两间木雕展厅、中间会客厅和后方的餐厅以及后花园5个部分所组成；上层是主人及亲属的卧房。院子里面种有两棵桂花树，表示富贵。还有一棵石榴树，则是意味着子孙满堂。

整座宅院共有大小匾额100多块，都是裴守禄先生所收藏的。

会客厅是以前主人接见重要商人的地方。膳房里面所摆设的一些用具都是主人曾经用过的，门口摆设一对抱鼓石，是以前大户人家的象征。

阅读链接

1902年，凤凰古城又增加了一处新的宅院，这就是陈斗南宅。它位于古城内吴家弄一号，在东门城楼和杨家祠堂之间，占地面积366.6平方米。

陈斗南建立了自家的宅院。宅院规模庞大，房屋为纯木结构，古典严谨。该院落由前进、天井、中堂及后进组成，是四水归堂回廊式院落。院的四周防火墙高深严密，是江南典型的四合院，也是凤凰古城四合院建筑的典型代表。

陈氏祖宗泥塑像是泥人张传人张秋潭大师的封世之作，被赞誉为国家级乃至世界级的泥塑艺术精品。

阆中古城

　　阆中位于四川省，自古以来就是古巴国蜀国的军事重镇，已有2300多年的历史。阆中古城传说是神仙居住的地方，素有"天上瑶池，地下阆苑"之说。

　　阆中的建筑风格体现了我国祖先的居住风水观，棋盘式的古城格局，融南北风格于一体的建筑群，形成"半珠式""品"字形等建筑群体，是我国古代建城选址"天人合一"的典范。因三面临水、四面山围、城居其中而闻名于世，素有"阆苑仙境"之美称。

周朝时期始建巴国别都

周朝时，阆中是巴国别都，公元前314年置县，已有2300多年历史。历代王朝均在此地设立郡、州、府、道治所，并一直是川东北的政治、经济、文化、军事中心。

古老城区，历经唐、宋、元、明、清的建设与发展，形成了大街小巷、民居宅院、官邸府衙、寺院庙宇等完整的建筑体系。到了明

阆中古城缩略模型

代，阆中城已有30多条街道，清末时增至40多条。

　　阆中的民居宅院多是由京式四合院和江南园林式建筑组合而成，并融合了巴蜀地方文化。形式各异的民居宅院，演绎出多样建筑架构。天井池台，回廊亭榭，无不让人流连忘返。

　　公元前206年，刘邦受项羽之封，在汉中称王，兼有巴蜀。214年，刘备平定益州，任张飞为巴西郡太守，郡治阆中。215年，魏将张郃自汉中入侵，张飞率万人精卒，在瓦口打败张郃，巴郡才开始安宁。

■ 刘邦塑像

　　到了南宋初期，金军试图经陕西攻入四川，吴玠奉命抵抗金军。经过吴玠在陕西境内几次大捷之后，金军突出奇兵，绕到吴玠背后，使吴玠不得不放弃陕西，退守四川，驻守阆中。此后吴玠、吴璘兄弟以阆中作为军事重镇，为南宋偏安的朝廷守住了西部的半壁江山。

　　明末清初，阆中发生3次大战。第一次是1647年秋天，清军首次入川，张献忠中箭而死，清军占领保宁、顺庆、达州等地。随后，又发生过两次大规模的战役，为以后清朝的建立起到了至关重要的作用。

　　阆中古城自古就是兵家必争之地，也是集本源文化、巴人文化、三国文化、科举文化、天文文化、宗

科举　一种官员，尤其是文官的选拔制度。因以分科考试选举官员，故名"科举"。它是我国古代的一项重要发明，对我国社会和文化均产生了深远的影响。它打破了我国自古在选拔官员时对出身的束缚。科举是我国，乃至世界第一种面向全国大多数人民的公平的官员选拔制度。

阆中 战国时曾是巴国最后一个都城。公元前314年，置阆中县，其后历设郡、州、府、道、县等，明清曾作为四川临时省，至今已有2300多年的历史。阆中被誉为四川最大的"风水古城"，是我国的四大古城之一，素有"阆苑仙境""天下第一江山"等美誉。

教文化和民俗文化等多元文化为一体的古城。

阆中古城民俗文化多姿多彩。阆中的山、水、城如唇齿般相衬相依，人居环境妙趣天成，堪称典范。自战国中期巴国迁都阆中以来，历代帝王都将其视为辖治西南的重镇，竞相在此设置郡、州、府、道并苦心经营。

尤其是唐朝初年鲁王灵夔、滕王元婴相继镇守阆中时，按宫苑格局大兴土木、广建殿堂，使阆中的建筑格调骤然上品位、成规模，始有阆苑之称。

此后历代王子皇孙，朝廷命官在羁留这块"风水宝地"期间，也纷纷聘能工巧匠，或兴土木以建府第，或择佳处以修别殿，逐渐使古城形成了独特的唐宋格局、明清风貌。

古城保存下来的古街巷达60余条之多，而古院落更是数以千计。阆中以其2300多年的悠久历史，原

■ 阆中古城中天楼

汁原味的古城风貌，已成为我国古代建筑史上的珍贵文化遗产，被誉为"巴蜀古建筑的实物宝库"。

阆中古院落、古民居融合北方四合院和江南园林建筑的特点于一身，形成"串珠式""品"字形、"多"字形、"倒插门式"等风格迥异的建筑群体，这些建筑为古城营造了浑厚而带有神秘色彩的文化氛围。

阆中古城水码头客栈及牌匾

玲珑剔透，变化万千的雕饰镂刻，是阆中古建筑的主要特征之一。房屋上的握挑、吊檐、檐头、门窗、门楣，大多有雕饰。这些雕刻图案质朴，做工精细，在整体结构中起到画龙点睛的作用。

特别是四合院中千奇百怪的镂空窗花，是这些古民居的精华和灵魂之所在。阆中古民居的窗花达百种以上，有"中国民间建筑的一大奇观"之誉。

阅读链接

公元前206年，随着秦王朝的土崩瓦解，各路诸侯开始瓜分地盘，项羽自封为西楚霸王。项羽为了扼制刘邦势力的发展，与谋士范增私下密谋一番后，把偏远的巴蜀地区分封给"汉王"刘邦。

当时，项羽的真实用意很明显，就是想限制刘邦势力的发展，给他来个英雄无用武之地。谁知如意算盘却最终落空。到头来吃亏的不是刘邦，而是项羽自己。

项羽万万没有想到，被自己视为鸡肋的巴蜀之地却成就了刘邦一代伟业，并导致了自己功亏一篑，自刎于乌江的结局。

见证古城沧桑的遗址和遗迹

作为中华民族本源文化的发祥地，阆中古城不仅人文景观蔚为大观，历史遗迹也极为众多。古城区内的重要历史遗迹有汉桓侯祠、永安寺、五龙庙、瓦口关、滕王阁、川北道贡院和清真寺等。

汉桓侯祠又称张飞庙。东汉末年张飞跟随刘

■ 刘备（161—223年），字玄德，东汉末年人，三国时期蜀汉开国皇帝，谥号昭烈皇帝，史家又称为先主。刘备为人谦和、礼贤下士，宽以待人，素以仁德为世人称赞，是三国时期著名的政治家，公元221年在成都称帝，国号汉，史称蜀或蜀汉。

备起兵，情同手足。刘备定益州称帝后，封张飞为司隶校尉、巴西太守镇守阆中前后7年之久。

■ 阆中古城内的张飞庙

221年，张飞为了急于报东吴杀害关羽之仇，逼迫部下赶制白盔白甲，被部将范强、张达杀害，葬于阆中，死后被追封为桓侯。

阆中人追慕张飞忠勇，在张飞墓前建阙立庙。唐时庙称"张侯祠"，明代称"雄威庙"，清代以来才叫"桓侯祠"。张飞庙是一组唐代风格的明、清建筑四合院，规模宏大，建造精美。是由山门、敌万楼、牌坊、大殿和厢房等建筑组成。

明代时期重建了雄威庙山门，正门上端悬挂"汉桓侯祠"大匾。跨进"八"字形的大门，便是高耸的敌万楼。这一时期又增建了敌万楼，以张飞"力敌万人"而名。

敌万楼是重檐歇山式屋顶，华拱两侧出象鼻状的

张飞 字益德，三国时期蜀汉重要将领。官至车骑将军，领司隶校尉，封西乡侯，追谥"桓侯"。史书记载张飞是贵族，有智有谋。在我国传统文化中，张飞以其勇猛、鲁莽、疾恶如仇而著称。

砖雕 我国古建雕刻艺术及青砖雕刻工艺品，由东周瓦当、汉代画像砖等发展而来。在青砖上雕出山水、花卉和人物等图案，是古建筑雕刻中很重要的一种艺术形式。主要用来装饰寺、庙、观、庵及民居的构件和墙面。

斜拱，下檐斗拱繁复。内柱4根，形成井口，直承上檐，每柱用四瓣镶成梅花方柱，以银锭榫卯咬合。

清代同治年间重修大殿。大殿在五级台阶上，是歇山式大屋顶，砖雕拼合屋脊。

外廊置巨鼎，右有张飞立马铭："汉将军飞，率精兵万人大破贼首张郃于八蒙，立马勒铭"，据说是张飞亲笔书写，足见张飞不仅是一员猛将，还是一位造诣颇深的书法家。

走进大殿，殿内正壁塑有清嘉庆年间追封张飞为"桓侯大帝"的冠冕坐像，左壁有张飞使用的兵器丈八矛和点钢鞭。

左右两壁是岳飞草书的诸葛亮"前后出师表"，将大殿烘托出一派威严而儒雅的气氛。

桓侯祠左右各有多间厢房，均配以雕花槅扇门，左厢房为雕塑厅，内有描绘张飞生前重要事迹的塑

■ 阆中古城内的张飞墓

像。后殿为墓亭，古雅肃穆。墓亭塑有张飞威武像，范强、张达跪于两侧。

墓亭下的拱穴内，端坐着"豹头环眼，龙颌虎须"的张飞威武身像。他的像前摆有盘龙石斗窝，就是"长明灯"。

张飞墓全用黄土垒成，宛如一个椭圆形的小山峦，岁月沧桑，墓穴无恙。墓上古木森森，碧草茵茵，似乎印证出千百年来无数后人对这位勇猛刚强、疾恶如仇的"张三爷"的敬爱。

滕王阁位于阆中市城北的玉台山腰。它由滕王李元婴亲自督建，是一座唐代风格的歇山式双垂檐屋顶的古典建筑。整座建筑气势宏大，富丽堂皇。

679年，唐高祖的第二十二子李元婴接任隆州，即阆中刺史期间亲自督建滕王阁，同时建有玉台观。把它作为娱乐和田猎场所。

阁前耸立一座鱼状石舍利塔，建于4世纪，比滕王阁早200多年。此塔给人一种非常奇妙、梦幻般的视觉效果。石塔右边就是岿然屹立于叠级屋台之上的滕王阁主体建筑。

朱红巨柱，托举层楼，雄伟壮丽。登楼南眺，锦屏之秀，蟠龙之奇，远山近水，尽收眼底。

443

■ 张飞庙中的塑像

李元婴 唐太宗李世民的弟弟，639年被封为滕王。因从小受宠，骄纵失度，屡犯宪章。是盛唐时期的风流王爷，潇洒倜傥，喜爱音乐、舞蹈，能画一手好画。唐代张怀瓘的《画断》中称他"工于蛱蝶"。

■ 阆中古城宁静的
街道

在滕王阁后面就是青石崖，崖上有洞，洞内壁刻有明代官吏邵元善写的杜甫《滕王亭子》一诗的行书。外壁刻有历代文人游滕王阁题咏的诗文。

除了汉桓侯祠和滕王阁外，还有永安寺、五龙庙、瓦口关、川北道贡院、孔家大院、天宫院、清真寺等著名古建筑。

永安寺建于唐代，宋、元、明时期，屡经修缮。后世所存的都是元代和清代建筑组成的古建筑群。

五龙庙是元代建筑，整个建筑，既具宋代《营造法式》中某些建筑特点，又有明显的地方特色。其"叉手"用料为同期建筑所罕见。五龙庙文昌阁虽仅存后殿，是保存不多的元代建筑之一。

瓦口关曾是三国时期的古战场，又名"瓦口隘"，山上原有一道顺山势起伏而建的石砌城墙，城墙中段有拱形石门，上刻"瓦口隘"大字，并有清代咸丰年间培修隘墙的碑记。后来只存隘墙痕迹和砌墙的石灰印痕。

川北道贡院又叫考棚，具体建于何时，已无确切记载。川北道贡院是唯一保存全貌的古代乡试贡院，也是保存最好的一处高等级科举考场。

孔家大院是明代孔子第七十六代孙所建的住宅，已有400多年的历史。该院坐南朝北，正院10间房屋左右对称。中间为主庭，东西两侧为花厅，占地300多平方米，建筑布局为四合院，是典型的川北古民居大院。

天宫院位于阆中城南的天宫乡。始建于唐代，1459年重建。天宫院因唐代天文学家袁天罡、李淳风晚年先后来阆定居，在此著书立说，死后埋藏于此地，为了纪念他们二人而建天宫院。正殿为双重檐歇山式屋顶，台梁式屋架，用料粗大，观音殿面阔3间，进深3间，是叠梁式和穿斗式结构相结合的建

445

■ 阆中古城城墙

■ 有中式建筑风格的清真寺巴巴寺

筑。

清真寺建于1669年，由陕甘土木专家仿西安华觉寺设计建造。大殿为传统宫殿式，取明五暗三格局，无中梁，俗称"二郎担山"，其造型古朴庄重，气势雄伟，整个大殿雕梁画栋，古雅清静，是我国著名的清真寺之一。并且以其小巧奇绝、精工富丽的建筑艺术，吸引着四方游客。

阅读链接

张飞在阆中驻守7年，屡立战功。据说，有一次曹魏大将张颌带领5万大军进攻巴蜀首府阆中，当时张飞的守卒不到1万人。但是张飞率领兵士在宕渠与张颌相抗衡，前后长达50天。后来，张飞依靠当地人民的支持，从梓潼山小路直奔张颌的大本营——瓦口隘，在那里把张颌打得落花流水，从而取得保境安民的胜利。

阆中人非常感戴他，在他死后，特意选取最好的石头精工雕成一座"长明灯"。千百年来，每到清明节，人们都要为张飞扫墓，给长明灯献油。

襄阳古城

　　襄阳古城地处汉江南岸，与北岸的樊城隔江相望，是襄阳市委市政府机关所在地。它三面环水，一面靠山，不仅是历代区域性政治、经济、文化的中心，更是一座古今闻名的军事重镇。因城墙坚固，城高池深，易守难攻，素有"铁打的襄阳"之称。

　　城墙始筑于汉代，时兴时废，保留至今的是明洪武年间重筑的新城。古朴典雅的城池，与新近修复的仲宣楼昭明台等历史名胜融为一体，交相辉映，成为我国历史文化名城之一。

见证众多历史战争的古城

提起襄阳，人们最先想到的是《三国演义》中魏、蜀、吴在其所在地荆州所上演的一出出好戏，《三国演义》120回的故事中，有32回的故事都发生在这里。

我国古代的襄阳城主要由襄阳城和樊城组成，襄阳城因地处襄水

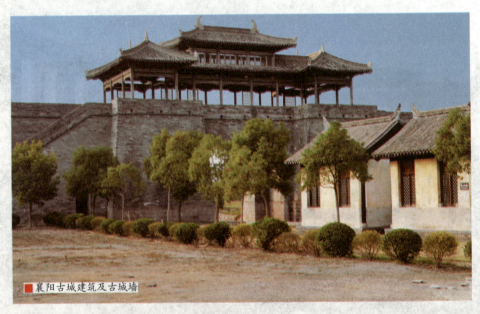

襄阳古城建筑及古城墙

之阳，因而得名为"襄阳"，其早在先秦时期就已经初具规模，距今已有2000多年的历史。樊城则因周宣王时樊侯仲山甫封地于此而得名。

襄阳位居祖国大陆腹地，扼守汉水中游，西接川陕、东临江汉、南抵湘粤、北至宛洛，交通十分便利，战略地位突出，因此成为历朝历代兵家必争之地，也几次成为我国历史进程的见证者。

207年，寄居于荆州新野的刘备来到襄阳城西的隆中，拜会了"卧龙"诸葛亮，请他出山辅佐自己，这就是历史上有名的"三顾茅庐"。

■ 隆中对古遗址

诸葛亮在隆中对当时的天下形势进行了深入的分析，并且为刘备构思了"先据荆州、后进巴蜀、再图中原、兴复汉室"的战略，史称"隆中对"。

从此，诸葛亮这位一代名相便活跃于三国这座历史舞台上，而其伟大的战略构想的形成，可以说与其隐居襄阳的经历有着密不可分的关系。

这座见证了我国众多历史的城池，到底是何年所建，几经维修呢？据东晋著名史学家习凿齿的《襄阳

习凿齿 字彦威，东晋著名文学家、史学家。其世代为荆楚豪族，东汉襄阳侯习郁之后人。其主要著作有《汉晋春秋》《襄阳耆旧记》《逸人高士传》《习凿齿集》等。

■ 襄阳古城墙上的
亭子及塑像

记》中记载：城本楚之下邑。

这就是说在春秋战国时，这里还只是楚国的一个小村庄，并没有修建城池。后来的史志记载，襄阳建城应始建于汉，后历经维修、扩建。

现存的襄阳古城地处汉江南岸，与北岸的樊城隔江相望。它东、西、北三面环水，南面傍山，形势险要，自古易守难攻。

襄阳古城略呈方形，墙体土夯筑，外砌城砖。城墙高大，气势雄伟，堪称襄阳胜景。

襄阳城垣不仅以它的高大著称，而且四面建有6座城门，每座城门外又建有瓮城，襄阳人俗称月城，城门上又建有城楼，使古城垣更显雄伟。

由于历代兵燹，城门与城楼屡坏屡修。据志书记载，明成化间都督王信重建南门城楼。弘治中，副史毛宪重建东、西门与大、小北门及东长门诸城楼及各面角楼。

1576年，知府万振孙首次为六门题别称，他题东门为"阳春"，南门为"文昌"，西门为"西成"，大北门为"拱宸"，小北门为"临汉"，东长门为"震华"。

1641年，城楼被毁。其后御史袁继咸亲督标兵修复城垛如旧。都御史王永祚随之重建六门城楼。1648年，都御史赵兆麟檄副史苏宗贵重修西门城楼，知府冀如锡重建南门城楼，同知徐腾茂、张仲重建大北门、小北门城楼。

知县董上治接着重建东门城楼后，又为各城门再题别称，题东门为"保厘东郊"，南门为"化行南

王粲（177—217年），字仲宣，东汉末年著名文学家，"建安七子"之一，由于其文才出众，被称为"七子之冠冕"。他以诗赋见长，《初征》《登楼赋》《槐赋》《七哀诗》等是他代表作。王粲还撰有史书《汉末英雄记》。明代人辑录其作品，编就《王侍中文集》流传后世。

■ 襄阳的夫人城

■ 襄阳城内的建筑

国"，西门为"西土好音"，北门为"北门锁钥"。1826年，知府周凯重修六门城楼。

1933年，大北门城楼被飓风摧毁。1939年，日本侵略者对襄阳二城狂轰滥炸，为便于群众疏散，将西门南侧和南门西侧的城墙连同西门、南门月城及城楼拆除。后长门城楼坍塌。目前襄阳城独存小北门城楼。新中国成立后经多次维修，焕然一新、巍峨屹立。

此外，城垣上还有3座古雅、庄严的城楼，三楼是仲宣楼，又名王粲楼。在东南城角上。雍正年间副史赵宏恩重建。1760年署知府胡翼重修。

仲宣即王粲，东汉末文学家，为"建安七子"之一，17岁时，诏任黄门侍郎，辞不就，避难于荆州，依从刘表，在襄阳时常同刘表登楼作赋，后人以其名命楼名。

魁星楼也处在东南角城上，仲宣楼西侧，即状元峰，南距文昌宫不远。由清顺治年间知府杜养性所建，雍正年间知府尹会一重修，乾隆年间再修。楼高3层，六角形，碧绿琉璃瓦面。

狮子楼在西南城角上。明洪武初建，绘狮子于楼内壁上，以示镇城，西南望虎头诸山，后改建3只石狮，各高丈许。1641年，都御史王永祚重建襄阳城六门时，也将狮子楼修葺。

襄阳城垣以它历史悠久，城高池深而著称，并以它坚固而闻名。在历史上，它不仅是防御的有效堡垒，而且又多次力敌洪水的侵袭。人们记忆最深的莫过于1935年的一次洪水，当时沿汉水两岸的城镇、村庄，均被淹没，唯独襄阳城内未进水，这全靠襄阳城防水性能良好的缘故。

人们常赞美襄阳城固若金汤，易守难攻。除了城南环山这天然的屏障外，护城河也为襄阳起到铜墙铁壁的作用。襄阳护城河比我国北京、开封、洛阳等城的护城河都要宽，可以说，襄阳护城河是全国最宽的护城河，有"华夏第一城池"之称。

阅读链接

在襄阳城西北角，有一段为了纪念韩夫人而筑建的夫人城，它来源于这样一个故事：378年，前秦王苻坚为灭东晋独霸中原，命长子苻丕率领十几万大军，分四路围攻襄阳。

襄阳守将朱序认为，襄阳城易守难攻，前秦军队不善水战，不可能从汉水北岸的樊城渡江攻取襄阳，并不在意。朱序的母亲韩夫人，见儿子忙于全面防务，便亲自登城巡视，察看地形。她看出城西北角地形险要，必先受敌，便带领家婢和城中妇女，夜以继日筑起一座高6米、长60米的内城。

果不其然，苻丕率兵直扑襄阳城西北角，韩夫人新建的内城成为东晋军坚守的屏障，最终保住了襄阳城。后人为纪念韩夫人，将新修的这段城墙尊称为夫人城。

沧桑古城留下的文物古迹

萧统

襄阳古城是一座历史厚重的城，自东周至新中国成立前，上下3000多年，襄阳一直是群雄角逐的重要战场，战争的硝烟不断弥漫在它的上空。

如今，古城内尚存许多著名的文物古迹，这些古迹主要有新城湾、昭明台、王府绿影壁等，它们的存在为我国的历史研究提供了重要的实物资料。

其中，新城湾位于襄阳城东

■ 萧统（501—531年），字德施，小字维摩，南朝梁代文学家，南兰陵即江苏常州人，梁武帝萧衍长子。萧统英年早逝，死后谥号"昭明"，故后世又称"昭明太子"。他主持编撰的《文选》又称《昭明文选》。

■ 襄阳城内的水镜
庄牌坊

北角。明以前，襄阳城为一正方形城池，但东北角偏离汉水，对设防不利。为了加强襄阳城东北的防御及控制水上通道，明朝在1382年加修此段城墙，所扩圈进来的部分称为新城湾。

在新城湾的东北是有名的长门，是古渡闸口之进出襄阳之门户。今汉江大桥东还保留着两道门洞。

昭明台位于襄阳古城正中。为纪念南朝梁昭明太子萧统而建。昭明台为襄樊标志性建筑。昭明台原名"文选楼"，唐代改称"山南东道楼"，旧有唐代书法家李阳冰篆书"山南东道"四字石刻。

明代更名"钟鼓楼"，嘉靖时称镇南楼。清顺治重建后定名昭明台。建筑面南，青砖筑台，中有条石拱砌券洞。台上建三檐二层歇山顶楼房东西各建横房，台南有鼓楼、钟楼各一。昭明台雄踞城中，巍峨壮观，古誉为"城中第一胜迹"。

李阳冰 唐代文学家、书法家。字少温。李阳冰五世祖李善权为后魏谯郡太守，将家徙至谯郡，即安徽省亳州。于是，在安徽亳州一带有了赵郡李氏的后裔。宝应元年，为当涂令，白往依之，曾为白序其诗集。历集贤院学士，晚为少监，人称李监。

抗日战争期间，襄阳沦陷，楼毁台存。新中国成立后，又在原址得以重建。重建的昭明台是用现代建筑材料建造的，台基上按魏晋风格建3层楼阁，集购物、游览、文化娱乐于一体。

明藩王府位于襄阳城东南隅，运动路南侧，为正统元年（1436年）襄宪王朱瞻墡自长沙徙襄时所建，距今500多年。在此王府的门前，有一著名的影壁，名为绿影壁。1641年王府被毁，仅存此绿石影壁。

绿影壁由底座、壁身和顶盖3部分组成，壁身分为三堵，面北而立，底座为须弥座，满雕游龙，顶为庑殿式，飞檐脊吻，瓦面皆用石块雕成。壁身为大块绿色砂岩，深雕奔龙云水拼装而成。中堵为二巨龙戏珠于云水间。东西两堵各浮雕一出水蛟龙，向中间飞腾，似有夺珠之势。

壁身用雕龙汉白玉条石嵌边，绿白相映、鲜明醒目。壁两侧浮雕海中琼岛仙山，全壁浑然一体。绿影壁设计之妙，雕刻之精，嵌镶之巧，堪称我国古代建筑和雕刻艺术之珍品。

除了以上古迹之外，在襄阳古城内，还有目前我国历史名城中规模最大的一条仿古街襄阳北街，街道内主要建筑物包括古城门楼、仿古建筑群、牌坊等。

这些建筑物与古襄阳城墙有机地融合为一体，形成了既有传统风貌，又不失现代气息的街区文化。

阅读链接

据新城湾近年出土的文物证明，襄阳城的新城湾因靠近汉江码头，运输方便，土地开阔，这里是明代的冶炼作坊区。

1935年筑堤时挖出原料银锭500多斤。新中国成立后也出土了银锭、银制品，还有官府铜印等。

据说，在明清时，新城湾附近还有很多寺庙和书院。如白衣庵、净心庵、斗姥殿、千佛寺、鹿门书院等。

兴城古城

兴城古城位于辽宁省兴城市区，是我国现存最完整的4座明代古城之一，也是唯一的方形卫城。

古城始建于1430年，当时称宁远卫城，清朝时改称宁远州城。1623年，驻守此地的宁前道兵备副使袁崇焕主持重修。古城也逐渐发展为明朝末年关外第一军事重镇。

作为山海关外明朝的重要卫城，古城经历了580多年的风雨侵蚀和战争洗礼。1988年，古城被列入国家重点风景区。

明朝为防御女真袭扰建城

兴城古城门

兴城古城是一座明代的古城。兴城之名源于辽代，990年，迁兴州民至桃花岛筑城设县，称兴城。1428年，驻守在这里的总兵巫凯，都御史包怀德为了防御女真族对明军的袭扰，呈请曹庄驿监督造了这座城池，并取名为宁远卫城。

这宁远城是明朝末年山海关外的防御重镇，随着这座城池的修建，这个地方在军事上的意义也就显得愈发重要。

1618年，居住在我国东北地区的女真族领袖努尔哈赤乘明王朝腐败而又摇摇欲坠之际，突然向明王朝正式宣战。

1618年至1621年，努尔哈赤带领的女真族部队旗开得胜，他们先后占领了沈阳和辽阳等城池，这让明廷震惊不已。

为保卫明朝京都不被努尔哈赤攻下，袁崇焕毛遂自荐，辅兵部尚书孙承宗驻守宁远。袁崇焕提出若保关内，必守关外；若保关外，必守宁远的积极方略。他抓紧修筑城池，将宁远建成屏障山海关的军事重镇。

清朝建立后，撤卫建州，宁远卫城也改称宁远州城，宁远州管辖山海关以东至锦州以西的广阔区域。

1914年，恢复使用辽代的兴城县县名，宁远城也就随之称为兴城古城。

现存的兴城古城位于辽宁省兴城市。兴城市归属于葫芦岛市管辖，于葫芦岛市西南部，在辽东湾西岸，居辽西走廊中段。东南濒临渤海，西南依六股河与绥中县相邻，西北与建昌县接壤。

■ 明清时的古炮

女真族 女真，又名女贞、女直，我国古代生活于东北地区的古老民族，现今满族、赫哲族、鄂伦春族等的前身。6—7世纪称"黑水靺鞨"，9世纪起始更名女真。12世纪前期完颜阿骨打建立了金朝，统治我国北方地区100多年之久。

■ 兴城古城城墙上
的古炮

钟鼓楼 我国古
代主要用于报时
的建筑。钟楼和
鼓楼的合称。钟
鼓楼有两种，一
种建于宫廷内，
一种建于城市中
心地带，多为两
层建筑。宫廷中
的钟鼓楼始于隋
代，止于明代。
它除报时外，还
作为朝会时节制
礼仪之用。

兴城古城是我国目前保存最完整的4座明代古城
之一，是唯一的方形卫城，城墙设有东南西北四门，
城中心设有钟鼓楼，城门外筑有半圆形围城叫作瓮
城。这里取的是瓮中捉鳖之意，它的功能是保护城
门。城墙四角仍筑有炮台，用来架设红夷大炮。

古城平面呈正方形，墙体为外条砖内毛石，外设
垛口，内设女墙，中填夯土。墙顶设海墁砖一层。城
墙四角设炮台，东南角炮台上为清代增建的魁星楼。

城墙四面正中各设城门，城门上皆筑箭楼，为两
层楼阁。城墙四角设台，突出于城角。

4道城门，东为春和，南为延辉，西为永宁，北
为威远。四门均建城楼，重檐歇山顶，面阔3间，进
深一间。城门外有半圆形瓮城，内、外均以条砖筑
成，城门内左侧设马道。

古城内的4条大街，是古城的主干道，因循4座城

门而得名，分别称为春和街、延辉街、永宁街和威远街，城中百姓根据方位分别称为东街、南街、西街和北街。

街道两旁分布着许多老字号店铺，其中以南街最为集中，因此有"明代一条街"的美誉。4条大街呈十字形规则分布，因此又统称为十字大街。城内街坊布局，基本上仍保持着清末的体制。

十字大街的交叉点坐落着一座始建于1454年的钟鼓楼，现存的为1777年至1779年重建的格局。钟鼓楼是为战时击鼓进军、平时报晓更辰所用。

钟鼓楼分为3层。基座平面为正方形，高如城墙，下砌通向4条大街的十字券洞，全部由大青砖砌成，分东、西、南、北各筑拱形通道。

钟鼓楼上为两层楼阁，内部辟为兴城出土文物陈

红山文化 距今五六千年间一个在燕山以北、大凌河与西辽河上游流域活动的部落集团创造的农业文化。红山文化有近千处遗址，其中著名的有辽宁喀左东山嘴和建平牛河梁遗址群。

■ 兴城古城城楼遗址

■ 袁崇焕雕像

列馆。展出五六千年前的"红山文化"时期，以及春秋战国时期的骨针、陶器、刀币等珍贵出土文物。还架设一面巨型牛皮大鼓。大鼓由整张牛皮绷制，实为罕见。

鼓楼的三层为民族英雄袁崇焕将军蜡像馆。此蜡像经过能工巧匠的精雕细刻，使人物表情丰富细腻、栩栩如生，似乎正在向人们宣布"我与此城共存亡"的决心。

周围廊式，歇山卷鹏、飞檐凌空、朱廊画栋，西北开涵洞小门，有石阶可上下。当登上鼓楼，古城风光尽收眼底，令人心旷神怡。

另外，兴城城墙的内壁也是很有特色的。为了使城墙坚固，形成强大的支撑力，避免内心的夯土松动，城墙在建筑之初就用不规则城石砌筑内壁，然后将壁面凿平，所以称为"毛石墙"；由于石料大多是就地取材，远望去颜色近似虎皮，所以又被称为"虎皮毛石墙"。

兴城古城墙是我国古代城市规划的典范。从建筑科学上来讲，兴城城墙的选址得体，恰好处在山水环绕的平原地带，十分有利于形成良好的生态环境和局

蜡像 一门被称为"立体摄影"的超级写实主义雕塑艺术。蜡像艺术比一般雕塑更接近人物原形，它所塑造的人物往往栩栩如生，具有很强的观赏性，更有还原历史人物的独特功能。

部小气候。

背山可以抵挡冬天北来的寒流，向阳可以得到良好的日照，近水可以保障生活及灌溉供水，还可以防止风沙侵袭，对城内居民生活十分有利。

我国古代的传统哲学思想在兴城城墙的规划和建筑中，体现得淋漓尽致：兴城城墙建成正方形，是取传统宇宙观的"天圆地方"，予以大地沉稳、永无销毁之意；兴城城墙的周长及城门数、街路数均为偶数，体现了古代哲学中数的思辨。

经过历代对古城的整修，兴城古城墙保存较好。既是历史名城，又是无数游人向往之地。

阅读链接

兴城首山脚下的茶棚庵原名叫永宁寺，后来有两尼姑在此修行，改名为庵。

相传这两个尼姑乐善好施，为解除来往行人的干渴疲劳，用首山清泉肾金菜做茶水，供人们饮用，一年到头从不间断。随着四面八方的来客过往，她们的名声也流传千里。

一天，俩尼姑听说乾隆皇帝东巡要路过此地，便摆下了香案跪在地上接驾。传信官把此事告诉了乾隆，乾隆起身下了龙辇，来到俩尼姑跟前说："下跪何人？"

俩尼姑回禀："闻皇上东巡路经此地，贫尼特备香案，跪接龙驾，请进庵一饮，此茶祛风祛湿，开脾利肾，皇上饮后可消除劳顿。"

乾隆就来到庵内，饮过了尼姑献上的茶，疲劳顿消，神清气爽，抬头望去，首山风光尽收眼底。于是，乾隆即兴挥毫题写："首山胜境"四字，并封此庵为茶棚庵。

兴城古城内现存名胜古迹

兴城古城始建于1428年，初为宁远卫城，清代重修，改称宁远州城。它与西安古城、荆州古城和山西平遥古城同被列为我国迄今保留完整的4座古代城池。

经历了580多年的风雨侵蚀和战争摧残，古城外城现已荡然无存，内城经历代维修，基本保留了原貌，城内的主要建筑有魁星楼、祖氏牌坊、周家住宅、文庙、郜家住宅和蓟辽督师府等。

■兴城古城建筑及古城墙

其中，古城东南角是一座魁星楼。古城的魁星楼因其地理位置而被誉为"关外第一魁星楼"。

此楼共有两层，八面八角，建筑精良，内有魁星像一尊，头部像鬼，青脸红发，一脚向后跷起，一手捧

斗，一手执笔，犹如用笔点中应试人的姓名，就是古书中说的"魁星点状"。

魁星楼始建年代无法考证，后经1782年、1818年两次维修。1847年发生一场大火，魁星楼"无寸椽片瓦存，碑证已遭烧毁"。经宁远知州强上林进行维修，重修时"废者举之，缺者完之，倾者植之，卑鄙者宏壮之"。后来此楼历经6次修葺，存留至今。

在古城内，最为著名的是延辉街，也称南街，街道两侧是以经营商业为主的旧式建筑，建筑不高，多为一二层。延辉街中央矗立着两座由明思宗朱由检为辽西守将祖大寿和祖大乐立的石牌坊。

这两座石牌坊，南为明前锋总兵祖大寿"忠贞胆智"坊，建于1631年。因有倒塌危险曾被拆除，现存牌坊为后来重修。北为明援剿总兵祖大乐"登坛骏烈"坊，建于1638年。两坊均为四柱三间五楼式，单檐庑殿顶，柱高楼小，雕饰细腻。

石坊宏伟壮观，雕刻工艺精美，手法细腻逼真。

知州 我国古代官名。宋以朝臣充任各州长官，称"权知某军州事"，简称知州。"权知"意为暂时主管，"军"指该地厢军，"州"指民政。明、清以知州为正式官名，为各州行政长官，直隶州知州地位与知府平行，散州知州地位相当于知县。

楹联 对联，又称对子，是写在纸、布上或刻在竹子、木头、柱子上的对偶语句言，对仗工整，平仄协调，言简意深，字数相同，是一字一音的中文语言独特的艺术形式。对联相传起于五代后蜀主孟昶，源于桃符。

虽已经受300多年风雨剥蚀，但仍保存完整，这对于研究明清以来劳动人民创造的石刻艺术和研究明清历史提供了珍贵的实物资料。

两座石坊一是祖大寿石坊，一是祖大乐石坊。祖氏均为兴城人，祖大寿为大乐堂兄。祖大寿石坊正面刻有两块横匾。上为"忠贞胆智"；下为"四世元戎少傅"；背面横书"廓清之烈"。最上层殿顶下方立匾上刻"王音"二字。

祖大乐石坊正面横匾额：登坛骏烈，楹联为：

桓纠兴歌国依干城之重；

丝纶锡宠朝隆铭鼎之褒。

背面横匾为：元勋初锡，楹联为：

松槚如新庆善培于四海；

琳琅有赫贲永誉于千秋。

■ 兴城牌楼遗址

■ 兴城古城四合院

这些刻字全部为阳文。楹联与牌匾多为歌功颂德的溢美之词。但无论从书法角度还是从考古角度来看，均极具价值。

两座牌坊均为岩石料雕琢而成，造型都是仿木结构，显得高架凌空，竣严矗立，气势雄伟。

中柱和边柱下端南北两侧下蹲大小石狮两对，造型生动逼真，弓背昂首双双微作互相欲视之态。这两座石雕艺术瑰宝犹如一首凝固的音乐，其优美的旋律时刻回荡在古城内外，给人以美的享受。

在延辉门路口，还有一座著名的辽西传统民居住宅四合院，因宅院主人姓周而得名"周宅"。据说，它的建造者周永吉是一个拥有上千亩良田、两家绸缎庄的地主兼商人。

周家住宅是典型的具有辽西民俗特色的四合院建筑，临街修有门房6间，进入天井，7间正房出廊抱

石雕　造型艺术的一种。又称雕刻，是雕、刻、塑3种创制方法的总称。石雕的历史可以追溯到距今一二十万年前的旧石器时代中期。从那时候起，石雕便一直沿传至今。

■ 兴城文庙遗址

柱，左右各有厢房3间，房屋古朴典雅、美观大方，屋顶采用当地民居通用的囤顶，既防雨，又耐寒。

周家住宅在近一个世纪的变迁中，几经波折，经历了近百年的风雨剥蚀，但还是较完好地保存了下来，现在是葫芦岛市级文物保护单位。

除了这两座石牌坊和周家住宅，在兴城古城内东南隅，还有古城内保存最完好的一处庙宇，名为文庙，亦称孔庙，为旧时古城百姓祭祀孔子的地方。

孔庙始建于1430年，是东北三省最古老的、辽宁省境内最大的一座文庙。1984年被列为辽宁省省级文物保护单位。

文庙分为内外院，内院有棂星门、泮桥、戟门、大成殿、崇圣祠、祭器库、更衣亭、乡贤祠、名宦祠等建筑。外院以绿化为主。

院内古柏参天，曲径通幽，体现了浓厚的历史文

厢房 又称护龙，是指正房两旁的房屋，在三合院、四合院中，由于正房通常坐北朝南，因此厢房通常为在东西两旁相对而立，其中东厢房位于东侧，坐东朝西，西厢房位于西侧，坐西朝东。厢房在等级上低于正房，一般长辈住正房，晚辈住厢房。

化。整个建筑群，结构严谨、布局合理。照壁、棂星门、泮桥、戟门、大成殿、崇圣寺主要建筑安排在整个建筑中轴线上。

东西两角各有一块石碑，上刻"文武官员军民人等至此下马"，这就是下马碑，彰显出这位功盖天地"至圣先师"的威严。

文庙为三进院建筑，东西垣墙南端，各有角门一座，东称毓粹门，西称观德门。院内入门为第一进院。院南为照壁与南垣墙连立，院北有棂星门，与两侧的圆月门相接，圆月门旁边筑碑亭一座，亭内共立碑碣6通。

过圆月门，便是第二进院。院中泮桥纵跨，桥头有戟门立于高台之上。庭院两侧配以更衣亭、祭品亭、多贤祠和名宦祠，显得分外雅致。入三进院，飞檐斗拱、画栋雕梁的大成殿便映入眼帘。

棂星　本来称灵星，是天田星。汉高祖刘邦为了风调雨顺，百姓安乐，就命令祭祀天田星。到宋代，儒家把孔子与天相配，所以在孔庙和儒学中，也都把祭祀孔子当作祭天，所以都筑有灵星门楼。演变到后代，就把"灵星"改为"棂星"了。

469

方形卫城

兴城古城

■ 兴城周家古宅

殿中供奉着孔子神位，两侧有四配十二哲。门额高悬康熙年间刻制的"万世师表"巨匾一块。大成殿两侧配有东庑和西庑，里面供奉先贤、先儒。

在大成殿后，院中有崇圣祠，祠内供奉孔子的五世祖。此建筑群体例完整、布局合理、结构严谨，工艺精雕十分考究。

苍松荫翳，古柏参天，曲径通幽，廊柱朱漆，雕梁画栋。这里曾是古时人们对圣贤顶礼膜拜的地方，步入庄严肃穆、儒气十足的孔庙，给人一种庄重虔诚之感。

青史留芳的古都古城

阅读链接

兴城古城内祖大寿石坊上的"玉音"二字，原意是朽木或琢玉之功，音是借用字，表示皇上首肯的意思。关于这里的"玉"字来历，还有一个故事：

据说，当年祖大寿欺骗皇帝，当了宁远总兵。为标榜自己功勋，他两次征集能工巧匠为其建牌坊，并吩咐石匠在牌坊上端刻"玉音"，这样就假借此牌坊是遵照皇帝旨意而建的。

两位石匠不满祖大寿欺上瞒下的行为，便将"玉音"刻成了"王音"。在牌坊落成之后，老石匠说："奉圣旨修牌坊应刻'玉音'，皇帝亲口答应应刻'玉音'，你修牌坊一无谕旨，二没有皇帝的亲口允诺，就得刻'王音'了，这叫'万岁点了头'，否则皇帝就要怪罪下来。"祖大寿一听觉得还挺有道理的，不但没杀他们俩反而奖赏了他们。